産経NF文庫
ノンフィクション

毛沢東秘録

下

産経新聞「毛沢東秘録」取材班

潮書房光人新社

毛沢東秘録　下——目次

第六部　若干の歴史問題に関する決議 261

中国共産党第10回党大会前後の党政治局の構成　（1973年）

【旧】	【新】	
【政治局常務委員】		
1　毛沢東	主席1　毛沢東	
2 ×林彪	※2 ○周恩来	
	※3 ●王洪文	△
×陳伯達	※4 ●康生	
周恩来	※5 ○葉剣英	
康生	※6　李徳生	
	○朱徳	
	●張春橋	
	○董必武	
【政治局員】		
×葉群	韋国清	△
葉剣英	○劉伯承	
劉伯承	●江青	
江青	許世友	
朱徳	華国鋒	△
許世友	紀登奎	
陳錫聯	呉徳	△
李先念	汪東興	
×李作鵬	陳永貴	△
×呉法憲	陳錫聯	
張春橋	○李先念	
×邱会作	●姚文元	
姚文元		
×黄永勝		
董必武		
×謝富治		
【政治局候補委員】		
紀登奎	呉桂賢	△
×李雪峰	蘇振華	△
李徳生	倪志福	△
汪東興	サイフジン	△

四人組逮捕当時の政治局の構成　（1976年）

【政治局常務委員】	
1	華国鋒（党第一副主席）
2	王洪文（党副主席）＝逮捕
3	葉剣英（党副主席）
4	張春橋＝逮捕
【政治局員】	
5	韋国清
6	劉伯承
7	江青＝逮捕
8	許世友
9	紀登奎
10	呉徳
11	汪東興
12	陳永貴
13	陳錫聯
14	李先念
15	李徳生
16	姚文元＝逮捕
【政治局候補委員】	
17	呉桂賢
18	蘇振華
19	倪志福
20	サイフジン

※は党副主席、●は文革派、○は行政・軍長老派、×は失脚または死去、△は新委員、数字序列。【旧】の3位以下、【新】の7位以下は簡体字での姓の筆画順

中国共産党8期11中総会で決まった党政治局の公式序列　（1966年）

【旧】	【新】
【政治局常務委員】	
1　毛沢東	1（1）毛沢東
2　劉少奇	2（6）林彪
3　周恩来	3（3）周恩来
4　朱徳	4（—）●陶鋳
5　陳雲	5（21）●陳伯達
6　林彪	6（7）鄧小平
7　鄧小平	7（22）●康生
	8（2）劉少奇
	9（4）朱徳
	10（11）李富春
	11（5）陳雲
【政治局員】	
8　董必武	12（8）董必武
9×彭真	13（10）陳毅
10　陳毅	14（13）劉伯承
11　李富春	15（14）賀童
12×彭徳懐	16（15）李先念
13　劉伯承	17（16）李井泉
14　賀竟	18（17）譚震林
15　李先念	19（—）徐向前
16　李井泉	20（—）聶栄臻
17　譚震林	21（—）葉剣英
【政治局候補委員】	
18　ウランフ	22（18）ウランフ
19×張聞天	23（23）薄一波
20×陸定一	24（—）李雪峰
21　陳伯達	25（—）謝富治
22　康生	26（一）宋任窮
23　薄一波	

×は失脚　●は中央文革小組メンバー
（　）内は旧序列

中国共産党9期1中総会で代わった党政治局の構成　（1969年）

【旧】	【新】	
【政治局常務委員】		
1　毛沢東	1　毛沢東	
2　林彪	2□林彪	
3　周恩来		
4×陶鋳	●陳伯達	
5　陳伯達	○周恩来	
6×鄧小平	●康生	
7　康生		
8×劉少奇		
9　朱徳		
10　李富春		
11　陳雲		
【政治局員】		
12　董必武	□葉群	△
13×陳毅	○葉剣英	
14　劉伯承	○劉伯承	
15×賀竜	●江青	△
16　李先念	○朱徳	
17×李井泉	許世友	△
18×譚震林	陳錫聯	△
19×徐向前	○李先念	
20×聶栄臻	□李作鵬	△
21　葉剣英	□呉法憲	△
	●張春橋	△
	□邱会作	△
	●姚文元	△
	□黄永勝	△
	○董必武	
	●謝富治	△
【政治局候補委員】		
22×ウランフ	紀登奎	△
23×薄一波	○李雪峰	
24　李雪峰	李徳生	△
25　謝富治	汪東興	△
26×宋任窮		

×は失脚　△は新委員、●は文革派
□は林彪派、○は行政・軍長老派
【新】の3位以下は姓の筆画順

第四部

毛主席的親密戦友

【第四部　あらすじ】

ここまでは、プロレタリア文化大革命を発動した毛沢東が死去したあと、文革を急進的に進めた毛沢東未亡人の江青《こうせい》たち四人組が逮捕されるまでを第一部とし、その十年前の一九六六年に始まった文革の高揚と国家主席の劉少奇《りゅうしょうき》が失脚して非業の死を遂げるまでを第二部で描いた。第三部では、毛沢東が文革を発動する遠因がつくられた一九六〇年前後にさかのぼった。この時期、毛沢東の大躍進・人民公社化など急進的な共産化政策が破綻《はたん》したため、劉少奇や鄧小平《とうしょうへい》ら実務派が経済調整を推進した。

しかし、毛沢東はこうした調整策が共産主義の道を外れた「修正主義」だとみなし、劉少奇を「司令部」とする修正主義者に党と国家の実権を奪われたという危機感にとらわれる。そして、修正主義者を一掃するための第二革命を決意する。それが文化大革命であった。これからの第四部では話を先に進め、第二部の劉少奇失脚に続く六〇年代後半へと移る。

文化大革命は、その支持を叫ぶ造反派らの行動が過激化し、造反派同士の抗争などで混乱をきわめた。このため、毛沢東は文革の終息を決意し、党組織の建て直しに着手する。文革中に劉少奇と入れ替わって台頭したのは国防相の林彪《りんぴょう》だった。林彪は一九六九年の党大会で、文革の忠実な推進者として毛沢東の「親密な戦友であり、後継者」と規定され、毛沢東に次ぐ地位へと駆け上がった。

だが、行政や経済の再建に手腕を発揮したのは国務院総理（首相）として実務を握る周恩来《しゅうおんらい》であった。国境地帯でのソ連軍との軍事衝突は毛沢東に深刻なソ連への警戒感を抱かせ、国際的孤立からの脱却を図る狙いもあって、米国との関係改善に動き出す。米大統領ニクソンの特使キッシンジャーの秘密訪問とそれに続く劇的なニクソン訪中は毛沢東の指示を受けて周恩来が全面的に取り仕切った。

米中接近に批判的だった林彪の焦燥感は深かった。毛後継者の地位を手にしたものの、その影は薄くなるばかりだ。林彪は周恩来の握る国務院を統括する国家主席の座を得ようと画策するが、毛沢東に強い不信感を抱かせる結果となった。

毛沢東はまず、林彪の国家主席就任工作に動いた林彪の側近たちへの批判を強め、しだいに林彪自身に対しても厳しい姿勢をとるようになる。文革推進で共闘してきた毛沢東の妻、江青たちからも見放され、追いつめられた。林彪と妻子らの搭乗した軍用機が中国北方のモンゴルの砂漠に墜落炎上し、無惨《むざん》な遺体で見つかったのはキッシンジャーの秘密訪中から二カ月後のことであった。

武漢視察　流血の地に列車は向かった

毛沢東の文革発動に呼応して紅衛兵《こうえいへい》など「造反派」が登場し、その熱狂がまたたく間に各地へと広がってから一年以上が過ぎた六七年七月、「劉少奇打倒《りゅうしょうき》」のスローガンが全土で叫ばれていた。党と国家の重要機関や劉少奇ら要人の居宅がある北京《ぺきん》・中南海《ちゅうなんかい》の門前には「劉少奇引きずり出し最前線」と称して紅衛兵らが終日、集結している。

その七月の十三日夜、毛沢東は中南海にほど近い人民大会堂の「北京の間」に江青ら中央文革指導小組のメンバーを呼び、連絡会議を開いた。

「文革は、一年かけて店を開き、二年で基礎の上に見通しを立て、三年で終わる」

毛沢東の思いがけない言葉に、文革急進派として党内外の大量粛清《しゅくせい》の先頭に立ってきた江《こう》青《せい》らは静まり返り、毛沢東の表情から真意を探ろうとした。が、まるでそれに気づかないかのように毛沢東は言った。「七月に入った。外に出てみたい。そう、武漢《ぶかん》で泳ごう。あそこの水はいいからな」

この連絡会議の前に、国務院総理（首相）の周恩来《しゅうおんらい》は毛沢東から湖北《こほく》省の省都、武漢を視察に訪れる意向を聞いていた。しかし、ここで改めて再考を求めた。「武漢は乱れています。

泳がれるなら、密雲ダムなど北京にもいい場所はあります」。林彪《りんぴょう》も周恩来に同調した。「主席が不在中、判断できないこともあります」

毛沢東は反対を押し切った。「三時間後に出発する。武漢には謝富治《しゃふじ》と王力《おうりき》を呼んでおけ」。すでに午後十一時を回っている。このとき国務院公安部長の謝富治と中央文革小組の王力は状況視察のため湖北省の西に隣接する四川《しせん》省の重慶《じゅうけい》にいた。

《会議の様子は毛沢東の警衛隊長だった陳長江《ちんちょうこう》ら著『毛沢東の最後の十年』（中共中央党校出版社）などによる》

周恩来が「乱れている」と言った通り、武漢では人民解放軍武漢軍区の司令員（司令官）、陳再道《ちんさいどう》が支持する「百万雄師」と、それを「真の左派ではない」と批判する急進派の「工人（労働者）総部」という二つの大きな革命組織による流血の武力衝突が相次ぎ、緊迫した非常事態が続いていた。

その衝突の深刻さは、当時、北京市内に張り出された大字報（壁新聞）からも、うかがい知ることができる。

▽四月十九―六月三日＝武漢で百二十余件の武闘が発生。死傷者、行方不明者七百余人、うち重傷者百六十余人

▽六月十六―二十四日＝武漢で五十数件の武闘、死者三百五十人以上、重傷者千五百余人

文革を発動する前、毛沢東は中央や地方の党組織が「修正主義者」や「資本主義の道を歩

一九六七年、「革命派」同士の武力衝突が広がった。捕らえた反対派をトラックの荷台に乗せ、市中を引き回す労働者たち

む実権派」に牛耳《ぎゅうじ》られているとみなしており、それら党組織を革命派（造反派）の手に取り戻す「奪権闘争」は、六七年が明けると激しさを増した。

それとともに、革命派を標榜《ひょうぼう》するいくつもの組織が対立し、武装闘争に発展するなど混乱を極めた。毛沢東にとって人民解放軍の介入による以外、混乱を収拾する手段はなかった。一月二十三日、党中央は毛沢東の指示として「人民解放軍は積極的に革命左派を支持せよ」との通達を発した。

これによって国防相、林彪の発言力はいっそう強まることになったが、同時に林彪の〝突出ぶり〟を苦々しい思いで見ていた軍長老ら反林彪派との確執も先鋭化することになった。武漢における「二つの革命派」のうち、急進派の「工人総部」の背後には林彪がいた。

毛沢東は自ら発動した文革がもたらした混乱の極致

にある武漢の実情を、その目で確かめたいと思ったのに違いなかった。毛沢東が中央文革小組との連絡会議で武漢行きを表明する三日前の七月十日、周恩来は武漢軍区司令員の陳再道に電話をかけ、武漢滞在中の毛沢東の安全を確保するよう厳命した。

《長江《ちょうこう》と漢水《かんすい》の合流点に位置し、交通の要衝である武漢は、かつて武昌《ぶしょう》(湖北省省都)、漢口《かんこう》(開港場)、漢陽《かんよう》(製鉄工業地帯)に分かれ、「武漢三鎮《さんちん》」と総称された。一九一一年(辛亥《しんがい》の年)十月十日、武昌に司令部を置く清朝の新式陸軍(新軍《しん》)の下士官や兵士が決起した武昌蜂起《ほうき》が発端となった辛亥革命により、翌十二年一月一日に孫文《そんぶん》を臨時大総統とする中華民国が成立、清朝の崩壊につながった》

七月十四日午前三時、毛沢東を乗せた専用列車が北京駅から武漢に向けて滑り出した。武漢到着の予定は十四日夜である。毛沢東を見送った周恩来は、先回りをするため、すぐに飛行機で武漢に飛んだ。

《周恩来の武漢入りの場面については権延赤《けんえんせき》著『微行——一九六七年の楊成武《ようせいぶ》』(広東旅遊出版社、九七年)に詳しい》

周恩来には空軍司令員の呉法憲《ごほうけん》と海軍政治委員の李作鵬《りさくほう》が同行した。二人とも林彪の腹心であった。武漢の空軍空港に着くと、呉法憲は周恩来を空軍招待所(宿泊所)に案内した。するとまもなく、軍用ナンバーのソ連製高級車ジルが招待所の玄関に猛スピードで走り込んできた。周恩来の来訪を知って、大あわてで駆けつけた陳再道だった。陳再道は、周恩来が武漢空軍を通じて朝食に招いたことから、初めて周恩来が武漢にやってきたのを知った。林彪派の呉法憲は周恩来が武漢入りすることを地元の軍区司令員で反林彪派の陳再道には知らせていなかったのだ。

「陳司令、ご機嫌はいかがですか」。李作鵬が声をかけた。「いいわけがないだろう。なんで呉法憲はおれに何も言わなかったんだ?」

周恩来が取りなした。「いっしょに朝食としようじゃないか。さあ、みんなの取り皿とイスを持ってきてくれ」。呉法憲も加わって、一同は同じテーブルを囲んだ。

だが、それはつかの間の休戦にすぎなかった。党中央を震撼《しんかん》させた「武漢事件」が六日後に引き起こされるのを、このときはだれも知らない。

王力拉致　武漢は内乱状態に陥った

一九六七年七月十四日朝、中国共産党主席の毛沢東を乗せた専用列車は湖北《こほく》省の省都、武《ぶ》漢《かん》に向かっていた。武漢では、毛沢東の発動したプロレタリア文化大革命を担う「真の革命派」はだれかをめぐって二つの勢力が流血の対立を続けているさなかであった。

先回りして武漢に着いた国務院総理（首相）の周恩来《しゅうおんらい》は空軍の招待所（宿泊所）で毛沢東を迎える準備を指揮していた。毛沢東の武漢到着は十二時間後に迫っている。「東湖《とうこ》賓館《ひんかん》の状況はどうなっているんだ？」

宿泊施設の東湖賓館は武漢郊外の東湖のほとりにある。林の中の別荘風の「梅嶺《ばいれい》一号楼」が毛沢東の〝定宿〟だった。「炊事員や服務員までが対立していて仕事にならず、客室は使い物になりません」。人民解放軍武漢軍区司令員（司令官）の陳再道《ちんさいどう》は言った。

陳再道は武力衝突を繰り返す二大勢力のうち、党組織、行政府、労働者らで作る革命組織「百万雄師」の強力な後ろ盾であった。しかし、対立する急進革命組織「工人（労働者）総部」は百万雄師を革命派とみなしてはいなかった。

工人総部の背後には、軍長老や陳再道のような古参幹部を煩《わずら》わしい存在と見る国防相、林《りん》彪《びょう》の存在があった。林彪は急進派の造反を鼓舞し、軍内で実権を確立しようとしていた。それを知っている陳再道が工人総部の解散を命じ、両派の武力抗争はいっそう激化していた。

「東湖掃除に行こうじゃないか」と周恩来は陳再道を促した。東湖賓館に着いた周恩来は、陳再道の姿を見ていきり立つ工人総部派の職員と、それに反発する百万雄師派の双方を一喝《いっかつ》し、準備を急がせた。


　十四日午後九時八分、東湖に近い武昌駅に着いた専用列車から降り立った毛沢東は、東湖賓館の梅嶺一号楼に落ち着いた。翌朝、毛沢東は周恩来のほか、視察先の四川《しせん》省重慶《じゅうけい》から呼んだ国務院公安部長の謝富治《しゃふじ》、中央文革指導小組の王力《おうりき》らを集め、武漢問題についてこう指示した。

「軍区は両派を支持すべきだ。陳再道が造反派を支持すれば、造反派も陳再道を擁護する。大連合せよ」。造反派とは文革急進派を指しており、この場合、工人総部のことだ。

　三日後の十八日、周恩来は武漢軍区党委員会の拡大会議で、「軍区が工人総部の解散を命じたのは路線の誤り」「百万雄師は保守派だが、大衆組織であり、支持する」と痛み分けの裁定を下した。その夜、毛沢東は東湖賓館で陳再道と会見した。

《このときの模様は、のちに陳再道自身が、楊勝群《ようしょうぐん》ら編『共和国領袖《りょうしゅう》の重要珍聞』（中央文献出版社、九八年）などの中で語っている》

　陳再道によると、毛沢東は顔を見るなり、「君たち、どんな様子だね」と声をかけた。陳再道は少し怒ったそぶりで「われわれは方向や路線を誤ったとは思いません」と言った。

毛沢東は笑いながら「何が怖い？　誤ることは大したことじゃない。誤れば改めればよい。だれにでも誤りはあるさ」と言い、こう続けた。「大連合をするんだ。彼ら（工人総部）が君らを打倒するなら、私が君らを擁護する。古参幹部は党と国家の財産なんだよ」

毛沢東と陳再道の会見を見届けた周恩来は十九日早朝、毛沢東を残して北京《ぺきん》に帰った。しかし、周恩来が武漢を離れた直後から再び雲行きが怪しくなった。引き金を引いたのは林彪を支持する謝富治と王力だった。

十九日午前、二人は「工人総部」の拠点である武漢水利電力学院を訪れ、「党中央、中央文革小組の君らへの支持は変わらない」と演説した。工人総部はこの演説の録音を街頭宣伝車で市内に流して回り、「百万雄師」を刺激した。

さらにその日の午後、謝富治とともに武漢軍区の施設に三百人以上の幹部を集めた王力は、「軍区は方向、路線を誤った。百万雄師を支持することはできない。工人総部こそ造反派の代表である」とぶち上げて火に油を注いだ。

これらをきっかけに武漢一帯は内乱状態に陥った。七・二〇事件とも呼ばれる武漢事件の勃発《ぼっぱつ》である。

《事件の状況は陳長江《ちんちょうこう》ら著『毛沢東の最後の十年』などに詳しい》

軍区の特務工作を担う八二〇一部隊は「打倒謝富治、打倒王力」を叫んで街頭に繰り出した数十万人もの百万雄師派の群衆とともに主要道路を封鎖し、駅、テレビ局、空港などの拠点を占拠したため工人総部と銃撃戦となり、血で血を洗う衝突が夜を徹して展開された。

一九六七年、激化する武力抗争で炎上する建物

戦闘は毛沢東が滞在する東湖賓館に迫った。百万雄師が狙う謝富治と王力も東湖賓館の百花二号楼を宿泊先にしていたからだ。二十日未明になって、百万雄師派の約二百人がついに東湖賓館に突入、百花二号楼を包囲した。「謝富治出てこい。王力はどこだ！」

そこに陳再道が駆けつけ、百花二号楼から謝富治も姿を現し、取り囲んだ百万雄師派の説得にあたった。騒ぎがようやく沈静化しかけたとき、百万雄師を支援する完全武装の部隊が到着し、毛沢東を警護する中央派遣の部隊と乱闘となった。百万雄師派の怒りは、謝富治より激烈な演説をぶって回った王力に向けられており、百花二号楼になだれ込んだ一部の百万雄師派は姿を隠していた王力を引きずり出し、軍区内の施設に拉致《らち》して監禁、「百万雄師こそ革命的大衆組織だと認めて署名しろ」と迫った。

毛沢東に随行して武漢入りしていた人民解放軍総参謀長代理の楊成武《ようせいぶ》は、王力の安全を確保するよう陳再道に厳しく命じ、毛沢東警護のため長江を上って武漢港にいつでも入れる態勢をとっていた海軍の東海艦隊も八二〇一部隊に強い警告を発した。軍同士の衝突さえ招きかねない最悪の事態となった。

北京の人民大会堂。武漢から刻々と入る緊迫した報告を受けた毛沢東の妻の江青《こうせい》は、林彪らと協議するため中央文革小組の陳伯達《ちんはくたつ》、康生《こうせい》、張春橋《ちょうしゅんきょう》とともに「浙江《せっこう》の間」に詰めかけた。

「これは軍事クーデターにほかならない。王力は中央文革のメンバーじゃないか。王力への攻撃は、中央文革に対する公然たる攻撃だ」

江青たちが激高しているところに、武漢から前日の十九日に戻ったばかりの周恩来が入ってきた。葉永烈《ようえいれつ》著『陳伯達伝』によると、いまにも軍事行動に出かねない林彪や江青たちを抑えて周恩来が言った。

「いま大切なのは主席の安全を確保することではないか。私が武漢に飛んで主席を守り、上海《しゃんはい》に連れ出す」

武漢脱出　トラックで護衛、暗闇に紛れ

湖北《こほく》省の武漢《ぶかん》では中国共産党主席、毛沢東のプロレタリア文化大革命を推進する「革命派」の旗を掲げた二つの組織が対立し、一九六七年七月十九日から二十日にかけ、銃撃戦を展開するなど内乱状態に入った。

その渦中で毛沢東の妻、江青《こうせい》ら文革急進派の中央文革指導小組から派遣された王力《おうりき》が、地元党機関を含めた革命組織「百万雄師」を支える人民解放軍武漢軍区の武装部隊に拉致《らち》されたのだった。

北京《ぺきん》の中央指導部は極度に緊張した。百万雄師や武漢軍区司令員（司令官）の陳再道《ちんさいどう》らと敵対する急進革命組織「工人（労働者）総部」を支持する江青や党第一副主席兼国防相の林《りん》彪《ぴょう》らは、軍事行動も辞さないほどの怒りようであった。

しかも、武漢には毛沢東が視察で滞在中だ。「主席救出」を口実に血気にはやった林彪らが武漢軍区制圧に動けば、長老や古参幹部らを中心とする軍内の反林彪派を刺激し、一気に人民解放軍同士の内戦へと発展しかねない深刻な危機を招く。

それを恐れた国務院総理（首相）の周恩来《しゅうおんらい》は、林彪らを制して自ら事態処理を指揮し、毛

沢東の身の安全を図ろうとしたのだった。周恩来は、前日までいた武漢にとんぼ返りするという。林彪が反対する口実はなかった。が、腹心の空軍司令員、呉法憲《ごほうけん》を周恩来に同行させることを林彪は忘れてはいない。

二十日午後三時五十四分、周恩来らは武漢の王家墩《おうかとん》空港に向け、ソ連製イリューシン18型機の三機編隊で北京郊外の西郊空港を飛び立った。この中には中央警衛団の武装兵士二百人も乗っていた（李克菲《りかつひ》ら著『秘密専用機上の指導者たち』中共中央党校出版社、九七年）。

周恩来たちがまだ機上にあった二十日午後五時、武漢の宿泊施設、東湖《とうこ》賓館《ひんかん》に滞在している毛沢東は、江青と林彪からの手紙を渡しにきた解放軍総後勤部部長の邱会作《きゅうかいさく》と面会していた。読み終えた毛沢東は「私を上海《しゃんはい》に誘拐しようとでもいうのか」と薄笑いを浮かべたあと、不機嫌そうに押し黙った。

邱会作は恐る恐る毛沢東に声をかけた。「林彪、江青同志は主席の身を心配し、上海に行かれるよう勧めています。すでに（中央文革小組副組長の）張春橋《ちょうしゅんきょう》同志が上海入りしています」

邱会作はさらに言った。「返信を書いていただければ、林彪、江青同志も安心します」。そのとたん、毛沢東は言い放った。「手紙は書かない。戻って彼らにそう伝えろ」

《毛沢東と邱会作の会話は曹英《そうえい》ら著『特別別荘』（改革出版社、九八年）から引いた。毛沢東が不機嫌になった理由について曹英らは、林彪や江青が今回の事態を武漢軍区による

クーデターとみなし、毛沢東にその同意を求める意図が透けて見えたからだという》

「着陸地を王家墩から山坡《さんは》に変更せよ」。武漢に向かっている周恩来らの飛行機に、林彪が主導する中央軍事委員会から突然の指示があった。王家墩空港は武漢軍区の直轄だが、武漢から六十キロ離れた山坡空港は武漢空軍の管轄下にあった。

「陳再道の武漢軍区部隊が王家墩を占拠し、周総理を誘拐しようと企てている。着陸するのは山坡空港しかない」。北京からの変更指示に戸惑う機内で呉法憲はそう主張した。出発前に林彪とした打ち合わせ通りだった（陳長江《ちんちょうこう》ら著『毛沢東の最後の十年』など）。

山坡空港に降り立った周恩来は、武装兵士が戦闘態勢で展開する空港を見渡し、呉法憲に詰問した。「これは何のまねだ」。「林彪副主席の命令です。（武漢軍区による）軍事クーデターから防衛するため、空軍空てい部隊を展開させました」と呉法憲は答えた。

「緊張を高めるな。私は陳再道が軍事クーデターを引き起こしたなんて考えちゃいない」。周恩来はこう言って毛沢東のいる東湖賓館に向かった（『特別別荘』）。

周恩来到着の一報は毛沢東に同行している党中央弁公庁主任の汪東興《おうとうこう》のもとにも届いた。「なぜ山坡なんだ？」。汪東興はいぶかりながらも、軍総参謀長代理の楊成武《ようせいぶ》、国務院公安

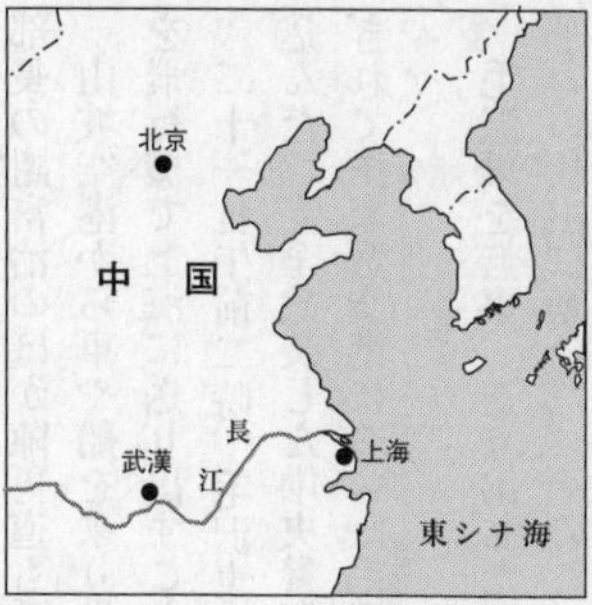

部長の謝富治《しゃふじ》のほか陳再道も呼び、周恩来の到着を待った。
山坡空港から車や船を乗り継いで東湖賓館に入った周恩来は、汪東興らと協議して毛沢東を飛行機で上海に送り出すことにし、北京からのイリューシン機を王家墩空港に移動させた。二十一日午前二時、毛沢東は要人専用車ではなく四輪駆動車の「吉普（ジープ）」に乗り込んだ。完全武装した中央警衛団の二台の大型トラックに前後を護衛されながら、暗闇《くらやみ》にまぎれて王家墩空港に着いた毛沢東は、そこから上海に出た。

毛沢東を無事、送り出した周恩来は、百万雄師と共闘する独立師団の兵士らに拉致された王力の救出に動いた。そのころ、王力は武漢郊外の山中にある武漢軍区第二九師団に移送されていた。軍区司令員の陳再道は百万雄師を支持していたが、毛沢東から対立をやめて「革命的大連合」をするよう厳命されたこともあって、軍区政治委員の鐘漢華《しょうかんか》を派遣して王力の身柄を独立師団から取り戻し、第二九師団司令部に保護していた。

しかし、二九師団の政治委員、張昭剣《ちょうしょうけん》は陳再道に反発し、林彪派の武漢空軍に内通していた。王力の盾となった張昭剣は、陳再道への王力引き渡しを拒否し、周恩来が派遣した武漢空軍副司令員の劉豊《りゅうほう》に王力をゆだねたのだった。こうして王力は二昼夜ぶりに解放された。

上海に着いた毛沢東を張春橋らが出迎えた。張春橋が武漢でクーデターが起きたかのように言うと、毛沢東はすぐに切り返した。「（クーデターの話は）林彪たちが言っているんじゃないか？　もし陳再道がクーデターを起こしたなら、どうして私が武漢から脱出できるんだ？」

毛沢東は、武漢から同行してきた軍総参謀長代理の楊成武を呼んで武漢の周恩来に電話をかけさせ、こう伝えた。

「（周恩来）総理は至急、北京に戻れ。武漢問題は一日や二日では解決できない。私にもうしばらく考えさせてくれ」（『特別別荘』など）

人民解放軍の亀裂による内戦の危機をはらんだ武漢事件は、毛沢東に文革がもたらした混乱収拾への思いを強く抱かせた。この事件で急進派の造反を煽《あお》った江青、張春橋ら「四人組」と、林彪派の呉法憲、邱会作らは、毛沢東死後、「林彪・江青反革命集団」として断罪されることになる。

責任転嫁「英雄」は突然追放された

一九六七年七月二十二日午後、北京《ペきん》の西郊空港上空で、要人専用のソ連製イリューシン機が旋回を続けていた。管制塔からの着陸許可はいっこうに下りない。機内には国務院公安部長の謝富治《しやふじ》と中央文化革命指導小組メンバーの王力《おうりき》がいた。

謝富治と王力は湖北省《こほく》の武漢《ぶかん》で、人民解放軍武漢軍区に敵対する急進的な造反組織を「真の革命派」と持ち上げたため、対立する勢力の怒りを買い、武力衝突の内乱状態を引き起こした。二人は激高した軍区部隊につるし上げられ、王力は二昼夜にわたって監禁されてようやく解放されたばかりだ。

王力らが北京上空で旋回をしている間に、もう一機の要人専用機が先に着陸体勢に入った。王力らとともに武漢から戻った国務院総理（首相）、周恩来《しゆうおんらい》の搭乗機だった。空港に降り立った周恩来の目に異様な光景が飛び込んできた。

数万人もの群衆が空港にあふれ、口々に「中央文革に反対する者はだれであろうと打倒せよ」「謝富治、王力同志の勝利帰還を歓迎する」などと叫んで熱気に包まれていた。

謝富治らの北京帰着は秘密行動なのに、なんで大衆がこんなに集まって歓迎するのか？

謝富治たちは私より武漢を三十分も前に離陸したのに、なんでまだ着いていないんだ？

怪しむ周恩来に、毛沢東の妻で中央文革小組を実質的に率いる江青《こうせい》が近づき、「総理、謝富治と王力の飛行機がもう降りてきますよ。彼らの歓迎に行かないんですか」と言った。

周恩来はようやく事態がのみ込めた。謝富治と王力の搭乗機の着陸を遅らせたのは、二人を周恩来が出迎える情景を演出するための仕掛けであった（曹英《そうえい》ら著『特別別荘』）。

果たして翌二十三日付の党機関紙「人民日報」は、一面全部を使って謝富治、王力の北京到着を大々的に報じ、そこには周恩来らが出迎えたとある。二人の「栄光ある帰還」を周恩来が権威付けた格好となった。

中国共産党主席の毛沢東が発動したプロレタリア文化大革命は、既成の党機関や行政組織を造反派（革命派、急進派）の手に奪い返す「奪権」闘争を巻き起こした。造反派に抵抗する者は「資本主義の道を歩む実権派」や「修正主義者」などとされ、粛清《しゅくせい》の対象となった。

奪権闘争は六七年に入って人民解放軍にも及んだ。国防相の林彪《りんぴょう》は、軍内での実権掌握を目指して軍長老や古参幹部らへの批判攻撃を強めていた。その林彪と江青の中央文革小組が共闘して始めたのが「軍内のひとつまみの者を引きずり出せ」という摘発運動であった。中央文革小組のメンバーで人民日報の評論員論文執筆の中心である王力も先兵の一人となった。

造反派に軍幹部攻撃のお墨付きを与えたこの運動は、全土で軍機関襲撃の嵐《あらし》を呼んだ。武漢軍区司令員の陳再道《ちんさいどう》に対する造反派の攻撃はこうした中で起き、内乱状態となった武漢事件につながっていく。武漢での「ひとつまみの者」摘発工作を担った王力と謝富治の「凱《がい》旋《せん》」を華々しく演出することは、林彪と江青の急進路線の正当性を誇示することでもあった。

王力と謝富治が北京に戻って三日後の七月二十五日、天安門《てんあんもん》広場が百万人の群衆で埋まり、「謝富治・王力の武漢からの帰還を歓迎する大会」が開かれた。林彪、江青らのほか周恩来も出席したこの大会で、紅衛兵や急進派の労働者代表らが「誓って武漢地区の造反派の強固な後ろ盾となる」「軍内のひとつまみの走資派（資本主義の道を歩む実権派）をつまみ出せ」「陳再道を打倒せよ」と叫んだ。

謝富治・王力歓迎大会のあと、人民解放軍の長老らに対する造反派の批判が再び活発化した。大会翌日の七月二十六日、北京の紅衛兵組織が十万人を動員し、毛沢東の急進経済路線の見直しを求めて五九年に国防相を解任された彭徳懐《ほうとくかい》を引きずり出してつるし上げなど暴行を加える集会を開いた。

翌二十七日、清華《せいか》大学の紅衛兵組織などが、彭徳懐と同じく「十元帥」の一人で党政治局員の徐向前《じょこうぜん》への批判を一斉に再開した。徐向前はこの年二月、文革を批判する「二月逆流」を企てたとして他の軍長老とともに江青らから批判されていたが、武漢事件でも「陳再道の黒幕」とされたのだった。

人民解放軍には革命前の軍編制を引き継ぐ五大派閥が形成されているが、うち「旧第二野戦軍系」（旧紅第四方面軍系）」には党軍事委副主席の劉伯承《りゅうはくしょう》—徐向前が影響力を持っていた。

陳再道はこの直系である。林彪が陳再道率いる武漢軍区への造反闘争に力を注いだのは〝旧二野系つぶし〟でもあったのだ。

《一九〇九年生まれの陳再道は武漢事件のとき五十七歳の上将（大将と中将の間）。三五年、徐向前が総指揮を務める紅第四方面軍第四軍長となり、長征《ちょうせい》に参加した。建国後は河南《かなん》軍区司令員を経て武漢軍区司令員となった》

陳再道は北京に召喚され、王力らが武漢から「栄光の帰還」を果たした二日後の七月二十四日未明、宿泊施設の京西賓館に軟禁された。林彪らは「武漢事件は陳再道らが操った反革命反乱である」と厳しく責め立てたが、武漢から上海《しゃんはい》に出てそのまま滞在していた毛沢東は二十七日、陳再道の武漢軍区司令員を解任する中央軍事委の決定に、こう返電した。

「重大な誤りをした幹部、その中には諸君と広範な革命大衆が打倒したがっている陳再道同志も含まれているが、彼らが真剣に誤りを改め、かつ広範な大衆が了承したあとであれば、元通り立ち上がって、革命の隊列に参加してよい」

陳再道は「反革命反乱の首謀者」としては異例の寛大な処置で済まされることになった。七一年に林彪が失脚死したあと、陳再道は公職に復帰し、中央軍事委顧問、中央顧問委員などを歴任する。

毛沢東はさらに八月に入り、中央文革小組の関鋒《かんほう》が中心となって党機関誌「紅旗《こうき》」に書いた「軍内のひとつまみの者を引きずり出すのは、文革の新たな段階」とする論文を「大毒草」と批判し、林彪が持ってきた部隊配布文書の草案にあった多数の「軍内のひとつまみの者」という語句に「不要」と書いて返却した。毛沢東は林彪らの暴走が予想を超える厄災《やくさい》を広げていく状況を強く憂慮し始めていたのだ。

これまで、この語句を黙認していた毛沢東の変心で、はしごを外された林彪と江青はあわてた。八月下旬になって江青は「『軍内のひとつまみの者』の摘発は王力が勝手に言い出したものだ」と責任転嫁に躍起となり、王力と関鋒は中央文革小組から追放された。王力が「英雄」として北京に帰還してから、わずか一カ月後のことである。

南方巡視「文革……私はもうやらない」

自ら発動した「プロレタリア文化大革命」の状況を知るため、中国共産党主席の毛沢東は一九六七年の七月中旬から九月下旬まで二カ月あまり、華北・華中・華東の視察に出かけた。

のちに毛沢東が米国人ジャーナリストのエドガー・スノーに「六七年七月と八月はひどかった。天下は大いに乱れた」と語っているように、この時期は全国各地で文革支持を叫ぶ造反派（革命派）らによる武闘─武力衝突が絶えなかった。

毛沢東は混乱を収拾しようといくつか具体的な措置をとる。人民解放軍の武器や軍用物資の略奪を禁止する命令の発布を承認したり、あまりに混乱した省や市、機関には軍事管制を敷く決定をしたりした。

自分が沈静化に乗り出したことで最も危険な時期は過ぎたと考えた毛沢東は、引き続き文革を自賛する発言を行った。

「全国のプロレタリア文化大革命の情勢はすばらしい。全体の情勢は過去のいかなる時期と比べてもよい。大衆運動としてこれまでになく広範で深い」

「一部の地方では最初のうち非常に混乱したが、実はあれは敵をかく乱させ、大衆を鍛えるものだった」

この「南巡講話」がのちに全国に伝えられたため、毛沢東の思惑とは裏腹に動乱はさらに続くことになった。

だが、毛沢東の側近だった権延赤《けんえんせき》の著した『微行——一九六七年の楊成武《ようせいぶ》』(広東旅遊出版社、九七年)によると、このころ毛沢東は「二度と起こしてはいけない」と文革を収束させる腹を固めていたのだった。

南方巡視中の九月十九日、混乱の収まった武漢《ぶかん》に戻った毛沢東は、武漢軍区の新司令員(司令官)、曽思玉《そうしぎょく》らと会い、「過ちを犯した者にも一筋の活路を与えねばならない。陳再道《ちんさいどう》もだ」と言った。

曽思玉の前任者である陳再道は、武漢軍区が支持する大衆組織と国防相の林彪《りんぴょう》や毛沢東の妻の江青《こうせい》らが支持する造反派が武力衝突した武漢事件で、林彪から「反乱の首謀者」と断罪され、解任されていた。

「文革は一年やるのは長い。来春には必ず終わらせ、続けて第九回党大会を開く」「党大会では古くからの同志、党員はみな代表にならねばならない。賀竜《がりゅう》、鄧小平《とうしょうへい》、ウランフらは中央委員にならねばならない」

毛沢東は文革の渦中で急進派の批判にさらされ、失脚した古参党員の復活を考えていた。

毛沢東は九月二十二日に武漢をたった。北京《ぺきん》に向かう専用列車の中で、江青が二週間以上前に北京で行った講話の録音を聞いた。安徽省《あんき》の造反派代表と会ったときのもので、「プロレタリア司令部の重要指示」として録音が大量にコピーされ、全国各地に送られていた。

「私は宣言する。もし私と武闘する者がいたら、必ず自衛し反撃する」「私は武闘には断固反対だが、階級の敵が進攻してくるとき、手に寸鉄もなくてどうするのか」

江青は「文攻武衛（文筆で攻撃し、武力で防衛する）」を口では言いながら、実際は盛んに武闘を鼓舞しているとしか思えなかった。

毛沢東は録音を聞き終わるなり、「大毒草！」と吐き捨てるように言うと、立て続けにたばこをふかした。

「党内に潜む資本主義の道を歩む実権派」や「修正主義者」に党や国家の権力が侵食されているという危機感にとらわれ、その「敵」とのあらゆる闘争を呼びかけたのは毛沢東自身であった。

しかし、「革命性」や「急進性」の競い合いは、やがて武力や暴力の横行を招き、社会にある種の無政府状態を生み出したのだった。

事態の思わぬ進展に驚がくした毛沢東は、「労働者階級の内部には根本的な利害の衝突はない」として「革命的大衆組織の大連合」を訴え、軌道修正に躍起となってきた。江青の発言はそれに水を差しかねない。

毛沢東は立ち上がって大声で言った。「私は分かっている。一部のものは言うことを聞かず、まだ（文革を）続けようとしている。やりたければやるがいい。私はやらない」

毛沢東は随行していた人民解放軍総参謀長代理の楊成武に「お前が責任者となって古参幹部を復活させよ」「党幹部に集団講習を施せ」と指示した。

「はい」。楊成武は記録をとりながら答えた。毛沢東は続ける。

「私はいまは『四つの偉大』が気に入らない。厭《いと》わしい」と言ったあと、すぐ「この話は(周恩来《しゅうおんらい》)総理にし、林彪に話してはならない」と付け足した。

「四つの偉大」とは「偉大な教師、偉大な領袖《りょうしゅう》、偉大な統帥者《とうすいしゃ》、偉大なかじ取り」のことで、林彪が毛沢東への個人崇拝を高めるために広めた言葉だった。これに毛沢東がはっきりと嫌悪を示し始めたことは、林彪に対する微妙な感情の揺れを示していた。

《北京に向かう車中での毛沢東と楊成武の様子は『微行——一九六七年の楊成武』に描かれている》

北京に戻った毛沢東は三日後の九月二十六日夜、京西賓館でさっそく開かれた幹部のための集団講習会に出かけた。会場には緑の軍服と赤い「紅宝書」(毛沢東語録のことを当時はこう表現した)が波打ち、歓声がこだました。九百人ほどの参加者に毛沢東は笑顔で何度も手を振った。あとに続いた林彪はいつものように固い笑みを浮かべ、毛語録を持った手を機械的に振っていた。

やがて拍手がやむ。壇上から何かを探すように会場を見回していた毛沢東は、出し抜けに言った。

「陳再道は来ているか？」

大きな声がホール中にこだました。林彪や江青が標的とし、「反革命反乱」の首謀者と断罪した、その人物が名指しされたのだ。場内は不意の落雷にあったかのように凍りついた。

「主席！」

一九六七年八月、南方巡視のため立ち寄った江西省の南昌で、身辺の世話をする執務員や警衛隊員らに囲まれるガウン姿の毛沢東

顔にあばたのある将軍が一人、右手を挙げて立ち上がり、震える声で言った。「私が陳再道です。来ました」

「よし、よし」。毛沢東は陳再道に向かってうなずき、落ち着かせるように優しい声で言った。

「来たなら良い、気を落とすことはない。革命を継続せよ……座りたまえ」

林彪は青ざめた顔でひとこともしゃべらず、北京・中南海《ちゅうなんかい》のすぐ西にある毛家《もうか》湾《わん》の自宅に帰ると客間のソファに長いこと沈んだ。やがて声を振り絞って言った。「不意打ちだ！」

毛沢東は文化大革命の障害となる陳再道を解任して軍権をはく奪したかと思えば、陳再道と敵対していた中央文革指導小組の王力《おうりき》らを失脚させた。そしてこんどは陳再道にやさしい言葉をかける。

「主席の考え方には……ついていけない」(『微行——一九六七年の楊成武』)

個人崇拝は一転否定された

林彪の不安

一九六七年夏から秋にかけ、中国共産党主席の毛沢東が中国南部を視察のため巡回していたとき、随行している人民解放軍総参謀長代理の楊成武《ようせいぶ》に、ある論文の草稿が事前審査のため送られてきた。

執筆したのは総参謀部政治部で署名は「総参謀部プロレタリア革命派」とある。標題は「大樹特樹毛主席的絶対権威（毛主席の絶対的権威を大いに樹立し、特に樹立しよう）」。

楊成武は毛沢東の裁可を仰いだ。ぱらぱらとページをめくった毛沢東は「すべて私を褒めそやすものだ」と言い、「私は見ない。陳伯達《ちんはくたつ》、姚文元《ようぶんげん》同志に送り、適当に処理するように」と草稿に書き付けた。

毛沢東の指示通り、草稿は党中央文化革命指導小組組長、陳伯達のもとに送られた。葉永《ようえい》烈《れつ》著『陳伯達伝』によると、「適当に処理せよ」というのは毛沢東が謙遜《けんそん》しているからで、それなら全文を発表したほうが毛沢東は喜ぶと陳伯達は思った。そして文章の権威を高めるために、総参謀部を代表する「楊成武」の名を借りることにし、その提案とともに草稿を党第一副主席兼国防相の林彪《りんぴょう》に送った。

陳伯達から届けられた「大樹特樹……」の草稿を手に、林彪は北京《ぺきん》・中南海《ちゅうなんかい》にほど近い毛《もう》家湾《かわん》の自宅で思いをめぐらせた。

毛沢東に随行した楊成武は北京に帰ってきて国務院総理（首相）の周恩来《しゅうおんらい》に報告に行ったが、林彪には会いにも来なかった。林彪の腹心で空軍司令官の呉法憲《ごほうけん》が、南巡中に毛沢東が林彪のことをどう言っていたかを尋ねても、「何もない」と言い張った。

実際には毛沢東は南巡中、林彪がたきつけた毛沢東崇拝を批判する発言をした。「なにが『永遠の健康を』だ！　永遠に死なない人間がいるとでもいうのか。マルクス主義万歳を宣伝すべきで、個人を宣伝すべきでない」。もちろん楊成武はこのことも言いはしなかった。

天華《てんか》編著『毛沢東と林彪』（内蒙古人民出版社、九八年）によると、楊成武は毛沢東から「林彪に話してはならない」と指示されていたのだが、林彪は楊成武に疑いを抱いた。別の筋から、林彪が盛んに広めた毛沢東崇拝の形容詞「四つの偉大」（偉大な教師、領袖《りょうしゅう》、統帥《とうすい》、舵《かじ》取り）について毛沢東が批判したという情報を得ていたからだ。

《権延赤《けんえんせき》著『微行——一九六七年の楊成武』によると、初め個人崇拝を肯定していた毛沢東が否定に回ったのには、二つの原因が考えられた。一つは国家主席の劉少奇《りゅうしょうき》と党総書記の鄧小平《とうしょうへい》の打倒に成功し、前ほど個人崇拝を必要としなくなったこと。二つには、劉・鄧がいなくなったため、こんどは劉・鄧打倒に利用していた林彪を押さえる必要があったこと、だった。

無用な造反を煽《あお》ったとしてこの夏、中央文革小組から追放された王力《おうりき》の回想によると、毛沢東は南巡中、武漢《ぶかん》で「林彪の体がだめになったら、やはり（鄧）小平を出さねばならない」と話していたという（薛慶超《せつけいちょう》著『歴史転換期における鄧小平』中原農民出版社、一九九六年）》

陳独秀《ちんどくしゅう》（中国共産党初代総書記）から劉少奇、鄧小平に至るまで、毛沢東と長く一緒にやってこれた者がいただろうか？　林彪は身震いした。

総参謀長の羅瑞卿《らずいけい》が打倒されたあと、総参謀長「代理」に楊成武を推薦したのは林彪だった。林彪は部下の楊成武を信頼していた。しかし、その楊成武はいま、毛沢東と周恩来をつなぐ連絡員となり、林彪らが批判して失脚させた軍長老ら要人の復活準備を進めている。「楊成武は私を封じ込めようとしている！」。林彪は決心した。毛沢東が嫌う話を楊成武の名で発表し、様子をうかがおう。

毛沢東（左）と林彪

《『微行――一九六七年の楊成武』は林彪の心境をこのように描

いている》

林彪は「大樹特樹……」の草稿に楊成武の署名を使うことに同意する旨を陳伯達に伝えた。楊成武は「私の名で発表するのは適当でない」と固く拒んだ。「マルクスやレーニンをよく知らない自分にこんな理論的な文章は書けない」というのが理由だった。だが、林彪の妻で林彪弁公室（執務室）主任の葉群《ようぐん》は、「『一〇一（林彪の暗号名）』はすでに決定した。決定したことにとやかく言うの？」と取り付く島もなく、従うしかなかった。

論文は六七年十一月三日付の党機関紙「人民日報」に発表され、果たして毛沢東は激怒した。「あの文章は標題を見ただけだが、標題からして間違いだ！　形而上学《けいじじょう》だ」

驚いた楊成武が恐る恐る「発表の経緯はご存じでしょう」と尋ねると、毛沢東は「分かっている。お前がやったのではない。陳伯達の一味がお前をつるし上げているのだ」と言った。楊成武はほっとしたが、自分の名を出した以上は、と自己批判した。毛沢東の真意をはき違えたと悟った陳伯達もあわてて自己批判した。

だが、党機関紙に載ってしまったことで、「毛沢東と毛沢東思想の絶対的権威を大いに、特に樹立しよう」というスローガンはまたたく間に流行語になり、あちこちで引用され、会議で叫ばれ、街頭に張り出された。

十二月下旬、毛沢東はある会合でこの問題を持ち出し、「本は読めば読むほど愚かになる」「標題からして反マルクス主義だ」と論文を再び激しく批判した。

十二月二十六日は毛沢東の七十四歳の誕生日だった。この日、湖南《こなん》省革命委員会から届いた報告にも「絶対権威」を「大いに特に樹立」すると書かれていた。毛沢東は不満で、報告書にこう書き付けた。

「絶対権威という言い方は妥当ではない。およそ権威とは相対的なものである」「大いに特に樹立せよという言い方も妥当ではない。権威と威信はただ闘争と実践の中から自然に打ち立てられるもので、人工的に樹立するものではない。このようにして作られた威信は必ず瓦《が》解《かい》する」

この毛沢東のコメントは全党、全土に伝達された。だが、これは楊成武にとって逆に不利となった。論文が楊成武の署名で発表されていたため、人々は毛沢東が楊成武を批判していると信じたのだ。林彪の思惑通り、そのことが楊成武の運命を暗転させることになる。

試された忠誠心　軍高官は権謀術数にはまった

一九六八年三月八日、人民解放軍総参謀長代理の楊成武《ようせいぶ》は、呼び出されて党第一副主席兼国防相、林彪《りんぴょう》の居宅兼執務室に出かけた。林彪は北京《ぺきん》・天安門《てんあんもん》広場にほど近い要人居住区の毛家湾《もうかわん》に住んでいた。

このところ楊成武と林彪との関係はぎくしゃくしていた。半年ほど前に中国共産党主席、毛沢東の南方巡視に随行して帰って以来、林彪は楊成武に疑心を抱いているようであった。林彪の居宅に行くのは気が重かったが、上官の命に服さないわけにはいかなかった。

客間には林彪とその妻の葉群《ようぐん》がいた。「ひとつ手伝ってほしいのだ」。林彪は軽くせきをして言った。「葉群同志が十六歳で入党したのは事実だ。ところがこれをうそだと言う陰謀家がいる。君に本当だという証明を書いてほしい」

楊成武は冷や汗がどっと出た。林彪はわざと難題を吹きかけて忠誠心を試そうとしているのに違いない。

「葉群が十六歳で入党したと、だれが証明するのですか?」。楊成武は慎重に言葉を選んで言った。「呉法憲《ごほうけん》は証明を書いた」。林彪は「忠実」な部下である空軍司令員（司令官）の名を出した。

《林彪より十歳年下で当時五十歳の葉群は、長く夫の秘書をしていたが、文化大革命の直前ごろから林彪の反対派追い落としなどで政治的な動きを活発に行うようになった。六七年七月に成立した党軍事委員会管理小組などで林彪の代理人を務め、軍内での発言力を強めていたが、それを苦々しく思い、足を引っ張ろうとする勢力も当然、あった》

「私では不適当でしょう。私は六〇年に初めて会うまで葉群のことは知らなかったのですし……」。楊成武は無理に笑顔を作ってみせた。

「この件は（だれかに）調査させ、問題がなければ（調査結果を）見せてください。その後でどう処理するか相談するということでいかがでしょうか」

林彪は数分押し黙り、空気が張りつめた。やがて手を内から外に向かって三度振った。出て行けという合図だった。

《林彪と楊成武のやりとりは権延赤《けんえんせき》著『微行——一九六七年の楊成武』に詳しい》

楊成武が林彪の居宅を訪ねたのと同じ三月八日、人民解放軍北京衛戍《えいじゅ》区司令員の傅崇碧《ふすうへき》は、秘書ら五人と毛沢東の妻の江青《こうせい》が主導する党中央文化革命指導小組のある政府迎賓館、釣魚台《ちょうぎょだい》に赴いた。〝盗難事件〟の捜査が目的であった。

文革が始まって間もないころ、北京の魯迅《ろじん》博物館から多数の魯迅の自筆原稿が何者かに持ち去られた。傅崇碧が調査を命じられ、事件に中央文革小組の工作員が関与していることがつきとめられていた。

傅崇碧は中央文革小組から疎まれていた。国務院総理(首相)の周恩来《しゅうおんらい》の指示で、江青や林彪らの批判を受けていた古参幹部の保護に努めていたからだ。中央文革小組メンバーは傅崇碧を脅して幹部がひそかに保護されている場所を聞きだそうとしたこともあったが、傅崇碧は「上のほうが知っている」と言うだけだった。

江青には個人的な恨みもあった。上海《しゃんはい》で女優をしていた江青の三〇年代の写真など江青をおとしめる「黒い資料」を上海の造反派(文革急進派)が傅崇碧のところに送っていたからだ。傅崇碧は資料を公にせず、結局焼き捨てられたが、江青の不信感は消えなかった。

李健《りけん》編著『紅船交響曲』(中共党史出版社、九八年)によると、魯迅の原稿紛失事件の捜査のため、傅崇碧は受付で許可を得たうえで中央文革小組のある建物内に入った。しかし、江青は怒って「だれに断って入ってきたのか」と怒鳴りつけた。

傅崇碧は江青に事情を説明し、調べたところ、魯迅の自筆原稿の入った四つの木箱が中央文革小組の機密室から出てきた。工作員は「紅衛兵らの略奪から守ろうとした」と弁明したが捕らえられた。しかし、事件はそれで終わらなかった。

林彪の居宅から帰った三月八日の夜、楊成武はなかなか寝つくことができなかった。「あなたは板挟みだわ」。楊成武の妻は嘆き、憤った。「主席の言うことを聞く一方で、林彪の言うことも聞かないといけない。総理や軍長老の言うことを聞く一方で、江青ら中央文革

一九六八年、人民解放軍軍政大学に進駐する毛沢東思想宣伝隊。林彪は思想的締めつけと並行して軍内の粛清を進めた

の言うことも聞かなければならない」

突然、電話が鳴った。江青からであった。傅崇碧がこの日、中央文革小組を「武装襲撃」したという。原稿紛失事件の捜査が「部隊を率いて武装襲撃した」ことにされたのだ。

「江青同志、落ち着いてください。明日、私が行きますから」。受話器を置いて楊成武は長いため息をついた。「ああ、傅崇碧が誤って『白虎堂（敵の陣地）』に入ってしまった」（『微行——一九六七年の楊成武』）

傅崇碧の「武装襲撃事件」の処理も任され、楊成武は心身ともに疲れ果てた。上は権力闘争で権謀術数が渦巻き、下は大衆闘争で無法地帯である。

三月十日、夜遅く帰宅した楊成武は食事中ついにこん倒した。極度の緊張と過労で自律神経が乱れたと診断された。

このころ、楊成武のもとに匿名の手紙が何通か届いていた。空軍党委員会弁公室の一部の者の横暴や素行を告発したものだった。楊成武は告発された連中が林彪の息子、林立果《りんりつか》とその取り巻きであることを知っていた。楊成武は林彪が林立果らに忠告してくれることを期待し、「これが事実ならば厳正に処分します」と書いて告発文を林彪のもとに送ってあった。

しかし、林立果のグループは告発文の差出人を割り出した。それは空軍政治委員、余立金《よりつきん》の秘書であった。林彪側近の空軍司令員、呉法憲はこの秘書を逮捕し、さらに、空軍の新聞社に入ったばかりの楊成武の娘がその秘書と不倫関係にあったとうわさを流して楊成武を苦しめていた（『紅船交響曲』）。

心労が高じて倒れ、自宅で療養していた楊成武に三月二十三日の午前一時すぎ、電話があった。余立金の別の秘書からだった。

「たったいま余政治委員が呉法憲に手錠をかけられ連れて行かれた！」

楊成武の身辺に、じりじりと不気味な影が近づいていた。

反林彪の「陰謀」「第一の黒幕はこの私だよ」

人民解放軍の空軍政治委員、余立金《よりっきん》が自宅で逮捕された。一九六八年三月二十三日午前一時すぎ、軍総参謀長代理の楊成武《ようせいぶ》のところに余立金の秘書があわてて電話でそう知らせてきた。余立金を連行したのは空軍司令員（司令官）の呉法憲《ごほうけん》だという。呉法憲は中国共産党第一副主席兼国防相、林彪《りんぴょう》の腹心だ。

一階で電話を受けた楊成武の秘書は二階の寝室で寝ていた楊成武を起こした。ベッドわきの赤電話（軍専用電話）や長距離電話はすでに通じなくなっていた。楊成武は状況がまるでつかめなかった。

そうこうするうち、完全武装した「八三四一部隊」（要人警護や要人の特命任務にあたる中央警衛団の別称）の兵士がどっと楊成武の居宅に押し入ってきた。楊成武の妻、母親、子どもらはみな拘束された。楊成武の寝室に踏み込んできたのは、やはり林彪の腹心で軍総後勤部長の邱会作《きゅうかいさく》と海軍副司令員の李作鵬《りさくほう》だった。

「林彪副主席が会議を招集しました。あなたも行ってください」

「こんな夜更けに何の会議だ。何をたくらんでいる？」

「われわれも知りません。行けば分ります」

楊成武はシャツと下着の上にコートだけを羽織った姿で、左右を挟まれて連行された。ソ連製高級車のジルは遠回りして人民大会堂に着いた。

楊成武は西大広間の一室で休まされ、会議に呼び出されたときはもう朝の十時だった。「福建の間」にいたのは、林彪と妻の葉群《ようぐん》ら林彪グループ、江青《こうせい》や康生《こうせい》ら中央文化革命指導小組メンバー、それに国務院総理（首相）の周恩来《しゅうおんらい》らだった。

会議は林彪が主催し、楊成武の「罪状」が言い渡された。一つ、派閥を作ったこと。二つ、余立金と結託し呉法憲を打倒して空軍の権力を奪おうとしたこと、（人民解放軍北京衛戍《べきんえいじゅ》区司令員の）傅崇碧《ふすうへき》と結託し（国務院公安部長で北京市革命委員会主任の）謝富治《しゃふじ》を打倒しようとしたこと。第三、毛沢東の「絶対権威」を「大いに特に樹立せよ」と宣伝したこと。

楊成武の反論は認められず、江青が一方的に宣言した。「散会！」

《逮捕前後の模様は楊成武本人が著者の権延赤《けんえんせき》に語ったという『微行――一九六七年の楊成武』による》

楊成武と余立金が逮捕されたこの日、楊成武と結託したという傅崇碧は配置転換の名目で遼寧省《りょうねいしょう》の瀋陽《しんよう》に送られ、隔離された。これが「楊《よう》・余《よ》・傅《ふ》事件」であった。

割れんばかりの拍手の中、緑色の軍服を着た数千人の士官が赤い表紙の毛沢東語録を手に中央指導者の入場を迎えた。三月二十四日夜九時半、北京の人民大会堂で開かれた北京駐屯

一九八一年八月十一日、台湾から亡命した空軍少佐と談笑する楊成武（右）。このとき楊成武は福州軍区司令員として復活していた

部隊と軍関連機関の幹部会議はこうして始まった。

演壇に現れたのは林彪夫妻や周恩来のほか江青、陳伯達ら中央文革小組メンバーらだった。陳毅《ちんき》や葉剣英《ようけんえい》といった軍長老の席は舞台の下にあった。

「同志諸君、これより開会します」。最初に林彪がかん高い声で演説した。

「党中央は最近、主席自ら主催した会議で以下のことを決定した。人民解放軍総参謀長代理、楊成武の職を解き、余立金を逮捕し、北京衛戍区司令員、傅崇碧の職を解く」

会議は深夜一時半まで続き、最後に厳粛な顔をした党主席の毛沢東が現れた。発言はしなかったが、三人の〝打倒〟に自分が同意を与えたということを暗に示すものだった。

「楊・余・傅事件」の中心人物とされた楊成武は当時五十三歳。十六歳で中国共産党に入党し、紅軍時代に長征《ちょうせい》に参加、抗日戦では八路軍、国共内戦では華北野戦軍で戦い、建国後は朝鮮戦争にも従軍した歴戦の将軍（上将）である。

もともと林彪の信任厚い部下で、失脚した羅瑞卿《らずいけい》に代わって林彪が総参謀長「代理」に推したのだが、林彪にとって楊成武もまた羅瑞卿と同じだった。林彪より毛沢東に従い、林彪を「封じ込め」ようとした。ことに、六七年夏から毛沢東の南方巡視に随行して信任を受け、毛沢東と周恩来の連絡役として活躍したことで、林彪の不信感は一気に高まった。

このため、林彪は毛沢東が一転して個人崇拝に否定的になったのを知りながら、総参謀部メンバーが執筆した「（毛沢東の）絶対権威」を「大いに特に樹立せよ」という論文をわざと楊成武の署名で発表させ、それを今回の解任の理由のひとつに利用した。

余立金も、楊成武と同じく毛沢東に信頼され、南巡に随行していた。だが、毛沢東が南巡中に語った内容を林彪の側近に教えようとしなかったため、「林副主席に反対した」という罪状を着せられた。

「楊・余・傅事件」は、権力基盤強化のため林彪が反対派の排除を進める中で生まれたが、それにしても奇妙な解任劇であった。三人が具体的にどんな罪を犯したか説明する公式文書も党中央から出されなかった。楊成武は六年間、地方都市で拘禁生活を強いられたが、毛沢東は楊成武をつるし上げなどの「批判闘争」にかけないよう指示していた。

「楊・余・傅」の解任が幹部大会で発表されて数日後、毛沢東と会った軍長老で党政治局員の聶栄臻《じょうえいしん》は「林彪らは私が楊成武の黒幕だと言っています」と話した。毛沢東はふんと鼻を鳴らした。「なにが黒幕だ。楊成武の第一の黒幕はこの私、毛沢東だよ」（『微行——一九六七年の楊成武』）

毛沢東は七三年末になって「事件はすべて林彪がやったのだ。私は片方の林彪の言い分だけを聞いて、過ちを犯した」と弁明したが、林彪は幹部大会で「主席のもとで四回会議を開いて処分を決めた」と発言している。

この時期、毛沢東は文化大革命の初期に失脚した軍長老や古参幹部を徐々に復活させつつあった。林彪や江青ら急進派はこれに強い危機感を抱き、自分たちに有利な報告を毛沢東にしていた（李健《りけん》編著『紅船交響曲』）。軍長老らを復活させることで林彪派が突出しないよう均衡を図ろうとした毛沢東にしても、それで「右派」が勢力を盛り返すことは望んではいない。

しかも、毛沢東は「資本主義の道を歩む実権派」や「修正主義者」を一掃しようと発動した文革で、あまりに軍や林彪に頼りすぎ、すでに、その権力は毛沢東といえども容易には排除できないほどになっていた。

毛沢東は林彪死去後の七四年、自ら「楊・余・傅」三人の名誉を回復させる。

決別　そして紅衛兵は消えていった

プロレタリア文化大革命で、反対派から実権を奪うために武力を使う造反派（革命派、文革急進派）の「武闘」は一九六八年になっても衰えなかった。暴力的風潮が中国全土にまん延し、造反闘争に名を借りた殺人や放火、略奪行為が頻発して社会秩序は混乱を極めていた。

広西チワン族自治区では五月から六月にかけ、大衆革命組織が人民解放軍の部隊や機関を襲撃して武器を奪い、将兵を殺傷した。鉄道輸送は破壊され、北ベトナムに向かう軍用列車までが襲われて、支援物資が略奪される事件も起きた。

「天下大乱して大治に至る」として文革発動の当初は混乱を肯定していた中国共産党主席の毛沢東も、自ら統制できないほど情勢が乱れたため、中国共産党中央、国務院、中央軍事委員会、中央文革小組を通じて七月に続けて二つの布告を出し、ただちに武闘をやめるよう指示した。

文革が始まってすぐ大学入試は廃止され、全国の学校は「革命をやる」ために授業を中止した。学内は混乱する一方で、紅衛兵組織同士が殺し合う流血の抗争にまで発展していた。

最初の紅衛兵が登場した北京《ぺきん》の清華《せいか》大学は武闘が最も激しかった。六八年四月から断続的に三カ月間続いた「清華百日大武闘」は、紅衛兵の〝五大領袖《りょうしゅう》〟の一人、蒯大富《かいだいふ》を頭とし、毛沢東らの最初の革命根拠地から名づけた「井崗山《せいこうざん》兵団」と、紅衛兵組織「四・一四派」との抗争事件である。

中国随一の理工系大学ということもあって、両派は大小の銃やカノン砲、焼夷弾《しょういだん》、果ては装甲車まで自作し、ともに校内の建物を武装占拠して数十人の死傷者を出す衝突を繰り返していた。七月に入り、井崗山兵団は四・一四派の約百人がろう城する科学館の包囲戦に出た。このときも四・一四派の学生二人が撃たれて死亡した。

四・一四派の敗色が濃厚となった二十七日、校内に「工人（労働者）毛沢東思想宣伝隊」が進駐してきた。首都鋼鉄公司や北京内燃機総工場の労働者と人民解放軍兵士ら約一万人の宣伝隊は、赤い表紙の「毛沢東語録」を手に「文闘は必要、戦闘は不要」のスローガンを叫びつつ学内の制圧に出た。

これに対し、蒯大富らは小銃、手りゅう弾、長やりなどで夜を徹して激しい抗戦を続け、宣伝隊員の五人が殺害されて七百人以上が負傷した（李健《りけん》編著『紅船交響曲』中共党史出版社、九八年）。

七月二十八日未明、毛沢東を乗せた乗用車が中南海《ちゅうなんかい》の新華門から飛び出し、人民大会堂に向かって駆け抜けた。

毛沢東は眠気が覚めぬ様子で、見るからに疲れて不機嫌だった。深夜零時に中南海の居宅に戻ってきたばかりなのに、午前二時に国務院総理（首相）の周恩来《しゅうおんらい》からの電話で起こされたのだ。「清華大学の武闘が急を告げている」

人民大会堂の「北京の間」と呼ばれる一一八号室には党政治局員や中央文革小組メンバーが続々と集まってきた。労働者宣伝隊の代表もいた。毛沢東は報告を受けると、ただちに蒯大富や北京大学の女性リーダー、聶元梓《じょうげんし》ら紅衛兵の五大領袖を引見することを決めた。

「分かっているな、（呼び出しによる）引見だぞ！（親しく会う）接見ではなく」。党中央弁公庁主任の汪東興《おうとうこう》は要人警護にあたる中央警衛団に指示を出すとき、こう念を押した。

蒯大富が何台かの乗用車に護衛されて人民大会堂に着いたときはすでに夜が明け、午前六時ごろになっていた。

「私は蒯大富だ。毛主席が私を呼んで会議を開かれた」。横柄に歩哨に告げ、中に入ろうとしたが遮られた。「銃や弾薬、刀剣類など危険物を持っていれば、みな出しなさい」

何度も人民大会堂の演壇に登ったことのある「時代の寵児《ちょうじ》」に対して今回は容赦なかった。

「文化大革命は二年やったが、君たちは一に闘争せず、二に批判せず、三に改革せずだ」

毛沢東は蒯大富ら五大領袖を前に厳しい口調で言った。

《この引見の模様は毛沢東の警衛団長だった陳長江《ちんちょうこう》ら著『毛沢東の最後の十年』（中共中央党校出版社、九八年）による》

一九六八年十二月、「上山下郷」運動が始まり、紅衛兵たちは再教育を受けるため続々と農村に向かった

「闘争するにはしているが、君たちの少数の大学でやっているのは武闘だ。今や労働者、農民、兵士、住民だれもが歓迎しておらず、君たちは大衆から離脱している」

青年領袖が低い声で「紅衛兵は実際は労働者の抑圧を受けている」と労働者宣伝隊の大学進駐に不平を鳴らすと、毛沢東は大声で言った。

「紅衛兵を鎮圧した黒手（黒幕）は私だ」

毛沢東が文革発動期に青年領袖に対して抱いた期待感はすでに失望に変わっていた。

学生の暴走を制止するため党中央がとった緊急措置のひとつが、北京の六十あまりの工場や農場から組織された労働者ら約三万人の毛沢東思想宣伝隊だった。清華大学への派遣も毛沢東自らが下した指示だった。

「いま全国的な布告を出そう。だれかが引き続き法に違反し、解放軍を攻撃し、交通を破壊し、殺人、放火をすれば犯罪だ。少数のものが制止勧告を聞き入れず、頑《がん》として改めないのならば、これは土匪《どひ》であり（革命期に共産党と内戦をした）国民党であるから、包囲し……」

ここで毛沢東は腹立たしげに腕を振り上げると、どすんと振り下ろし、声を荒らげた。

「それでもまだ頑固に抵抗を続けるのなら、せん滅する」

かつて文革の先兵として利用した紅衛兵に対し、毛沢東自らが下した断罪であり、そして決別の宣言であった。毛沢東は学生が農村に行き「貧農・中農からの再教育」を受けるよう言い渡した。

毛沢東は八月、パキスタン外相から贈られた果物のマンゴーを「われわれが食べてはいけない」と清華大学に進駐した労働者宣伝隊の八団体に贈って「絶大なる支持」を表明する。このマンゴーがさらに全国に分け与えられると各地で大群衆が集まって「歓迎大会」が開かれるなど異様な熱狂を巻き起こした。

これに刺激され、わずか数日のうちに全国の都市部の大学、中学、小学校は労働者宣伝隊の管理下に、農村の学校は貧農・中農小組の管理下に入ったのだった。

九月から大学・高等専門学校の卒業生が続々と農村や工場に下放され、年末には中等教育を受けた都市の学生ら「知識青年」が辺境地区の農村に定住する「上山下郷」運動も全国規模で始まった。文革初期に「孫悟空《そんごくう》のように閻魔《えんま》殿を騒がせた」紅衛兵はこうして、政治の表舞台から姿を消していく。

林彪の野心「党大会は権力再配分の場だ」

一九六九年三月二日午前四時十分、中ソ国境を流れる烏蘇里（ウスリー）川に浮かぶ珍宝島（ダマンスキー島）で、中ソ両軍が武力衝突した。国務院総理（首相）の周恩来《しゅうおんらい》は北京《ぺきん》・中南海《ちゅうなんかい》の豊沢園《ほうたくえん》を居宅としていた毛沢東のもとに急ぎ、現場部隊からの第一報を伝えた。

「主席、本日早朝、ソ連国境警備隊が珍宝島《ちんぽうとう》に侵入、わが国境警備隊に発砲し、応戦を余儀なくされました。戦闘は一時間にわたり、双方に死傷者が出ました。たったいま瀋陽《しんよう》軍区から入った報告です」

周恩来の報告を聞き終わると、毛沢東はソファに座ったまま感情を押し殺したようにうなずき、こう言った。「連中の最初の攻撃は小さくても、今後は大きくなるだろう。だからわれわれは早くから準備を進めてきたんだ。怖がる必要はない」

そして、やおら立ち上がると、「九大（中国共産党第九回党大会）の準備は進んでいるか」と聞いた。周恩来が基本的な準備は整ったと答えると、「九大代表に珍宝島の英雄を入れろ。私はぜひ彼らに会いたい」と言い、最後に付け加えた。「珍宝島は小さな所だ。だが、主導権を握らねばならない。主導権を握ってこそ、さまざまな複雑な局面を適切に処理できるんだ」

《中国共産党機関誌『紅旗《こうき》』編集部内のグループが党外交部の文献などをもとに編集した『釣魚台檔案《ちょうぎょだいとうあん》』（紅旗出版社、九八年）は、珍宝島事件が発生した直後の毛沢東と周恩来のやりとりを以上のように描く。

珍宝島事件について、ソ連政府は中国側が国境を越えて侵入し、発砲してきたとして厳しく抗議している。中国専門家の間でも、文化大革命発動以来、初の党大会を一カ月後に控えた中国側が、引き締めを図るため対外的な危機を作り出そうとしたとの見方がある。最近の中露共同研究では、ソ連側から先に攻撃したとの研究結果が出たとされるが、いずれにしても、毛沢東がこの事件を巧みに国内政治に利用しようとしたことは間違いない》

「打倒ソ連修正主義」「毛沢東思想で武装した中国人民は必ず勝利する」。衝突が起きた当日の三月二日から、さっそく各地で反ソ連デモが組織された。毛沢東も天安門《てんあんもん》の楼閣上に立って、「一致団結し、死を賭《と》して祖国を守り、あらゆる侵略者をせん滅せよ」と労働者、学生らの群衆に檄《げき》を飛ばした。全土で展開されたデモの参加者は、五日間で実に延べ四億人にも達したという。

《中ソは約七千キロにわたって接する。中国側は清朝時代の不平等条約で押しつけられた国境線だと主張してきた。五〇年代後半に始まった共産主義の路線などをめぐる中ソ対立の先鋭化で、国境線画定交渉は六四年に決裂したままだった。

その年十月にフルシチョフが失脚し、ブレジネフがソ連共産党第一書記に就任すると国境紛争は急増した。中国側によると、六四年十月から珍宝島事件が起きた六九年三月までに、侵犯事件などによる紛争は四千百八十九件にのぼる。しかし、本格的な軍事衝突は初めてであった》

珍宝島では三月二日に続いて十五日にもさらに大規模な戦闘が火を噴いた。中国側によると、零下三十度を超す極寒の中で、ソ連軍は二十両以上の戦車、装甲車に戦闘機三機を動員して猛攻撃を加えた。中国側は対戦車ロケット砲や対空砲などで応戦し、激しい交戦が展開された。十七日にも戦闘があり、二日からの衝突でソ連側は死者五十八人、負傷者九十四人、中国側の死者は二十九人、負傷者六十二人となった。

《ソ連側はこの衝突も中国側が攻撃を仕掛けたとし、中国側の死傷者は八百人以上という米国での研究報告がある》

珍宝島事件が起きる半年前の六八年九月五日、チベット自治区と新疆《しんきょう》ウイグル自治区で革命委員会ができ、全土二十九の省・市・自治区すべてで革命委員会の成立が完了した。

プロレタリア文化大革命の前、毛沢東は中央や地方の党と行政組織が、革命を忘れた官僚的な「実権派」や「修正主義

一九六九年三月、装甲車のソ連軍兵士（向こう側）とにらみ合う中国の国境警備隊員

者」に牛耳られていると信じ、大衆の革命運動でその打倒を目指した。それが文革であったが、文革発動から二年以上たってようやく形の上で革命派の「奪権」が成ったことになる。

しかし、毛沢東には最後に決着をつけねばならないことがあった。「実権派の司令部」と毛沢東がみなし、事実上、失脚して監禁状態にあった国家主席の劉少奇《りゅうしょうき》の最終処分であった。

六八年十月、党第八期中央委員会拡大第十二回総会（八期十二中総会）が開かれ、劉少奇に対し、「党からの永久除名と党内外のいっさいの職務解任」が決議された。劉少奇はそれから一年一カ月後、監禁されたまま非業の死を遂げる（これについては第二部で詳しく描いた）。

毛沢東が文革の幕引きの場にしようとした第九回党大会の準備は、このときすでに始まっていた。「こんどの党大会は権力の再配分の場だ。そして、必ず後継者問題が焦点となる」。北京の毛家《もうか》湾《わん》の居宅で、党第一副主席兼国防相の林彪《りんぴょう》は、空軍司令員(司令官)の呉法憲《ごほうけん》ら腹心を集めて言った。林彪の妻の葉群《ようぐん》も口をはさんだ。「(後継者となるために)何をしようと大義名分さえあれば、筋は後から自然に通る」(『釣魚台檔案』)

各地で生まれた革命委員会で軍は大きな勢力であった。林彪らはそれらを背景に党内での実権掌握を目指していたが、文革の混乱を経て経済の立て直しを図ろうとする周恩来ら実務派にとって、急進派の台頭は好ましくなかった。

珍宝島事件の直後、周恩来は対ソ軍事研究班を軍内に設けるよう毛沢東に提案した。林彪らに排除されてきた軍長老らに活動の場を与える必要があったからだ。毛沢東もまた、軍長老らの復活を徐々に進めつつあった。「ソ連の脅威」は解放軍団結を旗印に掲げる毛沢東が林彪らの突出を抑え、軍事的主導権がだれにあるかを誇示する好機であった。

「ソ連との衝突は、大局に影響を及ぼすことになるわ。これで老師(軍長老)たちが再び得意となり、全員が政治局入りなんかを果たしたら、私たちはどうするの」。党大会を目前に控えたころ、葉群は夫の林彪に不安をぶつけた。

せき立てる葉群には答えず、林彪は両目を閉じて黙りこくった。

深謀「鄧小平は二年の失脚で十分だ」

「鄧小平《とうしょうへい》は劉少奇《りゅうしょうき》とは違う。政治報告の中で鄧小平には触れるな」

中国共産党主席の毛沢東は一九六九年三月下旬、開幕が目前に迫った第九回党大会で発表される最も重要な「政治報告」の起草にあたる党政治局常務委員で中央文化革命指導小組組長の陳伯達《ちんはくたつ》に、そう注文をつけた（葉永烈《ようえいれつ》著『陳伯達伝』）。

国家主席だった劉少奇と党総書記だった鄧小平は、毛沢東のプロレタリア文化大革命で「資本主義の道を歩む党内第一と第二の実権派」と糾弾され、「劉・鄧打倒」のスローガンが全土を覆った。監禁状態にあった劉少奇は半年前の六八年十月、正式に党から永久除名の処分を受け、鄧小平は「観察処分」の扱いを受けていた。

党大会の政治報告は党第一副主席兼国防相の林彪《りんぴょう》が読み上げることになっている。文革の成果と意義を強調するなら、当然、劉少奇と並んで鄧小平批判にも触れることになるが、それはならぬと毛沢東は言うのだ。

鄧小平に対する毛沢東の特別の思いは、文革小組メンバーとして毛沢東の妻、江青《こうせい》のもとで鄧小平への「追撃」を画策していた王力《おうりき》が六七年七月に毛沢東から直接、聞いている。

「鄧小平をさらに攻撃したい連中がいるようだが、しばらくは（鄧小平を）ほうっておけ。一年……せいぜい二年も失脚させれば十分だ。鄧小平は『文』では劉少奇、周恩来《しゅうおんらい》にひけを取らず、『武』でも林彪、（林彪の前任の国防相）彭徳懐《ほうとくかい》と肩を並べる。林彪の体がだめになったら、やはり鄧小平を出すことになる」

《王力の述懐は薛慶超《せつけいちょう》著『歴史転換期における鄧小平』（中原農民出版社、九六年）から引いた》

江青は毛沢東が鄧小平を劉少奇とは違った目で見ていることにもちろん気づいていた。しかし、政治報告で鄧小平批判を盛り込んではならない、という指示を毛沢東が出したことは聞いていなかった。ほどなくそれを知った江青は陳伯達を呼びつけ、中央文革小組顧問の康《こう》生《せい》とともに激しくののしった。「陳伯達、あんたは毛主席の指示を勝手に封印したんだよ」

陳伯達はこうした仕打ちを深く恨んだ。主席の妻という特別の身分をかさに着て、組長である自分をまるで部下のように扱う江青の傲慢《ごうまん》さには、がまんならなかった。

党大会用の政治報告は陳伯達のほか中央文革小組の張春橋《ちょうしゅんきょう》、姚文元《ようぶんげん》も執筆しており、互いにつき合わせてまとめることになっていた。しかし、陳伯達はそれを無視して、自ら書き上げた草稿を事前審査のため毛沢東のもとに届けた。

数日後、封書が返ってきた。表面には毛沢東の署名と書き込みがあった。「伯達同志に返却す」。開封された形跡もない。江青が毛沢東に、陳伯達が勝手な振る舞いをしたと吹き込み、働きかけたに違いなかった。
蔣介石《しょうかいせき》の中国国民党との内戦時に革命根拠地とした延安《えんあん》で毛沢東の政治秘書となった理論派の陳伯達は、文革中の多くの重要文書の起草に携わってきた。第九回党大会以後、林彪と急速に接近して保身を図るが、そのことによって、やがて政治の舞台から追われていくことになる。

林彪と江青はまもなくやってくる党大会で、「毛沢東以後」の政治権力を確実なものにしたいと考えていた。

林彪の人民解放軍と江青の中央文革小組は、毛沢東が文革を推進し、実権派や修正主義者から「革命派」が権力を奪い返すための両輪となってきた。二人が打倒してきたおびただしい「反革命分子」の恨みと憎しみを封じ込め、その反撃の芽を完全に断ち切るには、これからも共闘していくことが互いの利益であった。

金聖基《きんせいき》著『人民大会堂見聞録』などによると、党大会を半年後に控えた六八年十月十七日、党規約改正に関する討議の席で江青が提案した。
「林彪同志はプロレタリア階級の革命家としての風格と謙虚さがあります。後継者は林彪同志ではどうでしょう」。江青は自分の提案にひどく固執し、「この一カ条を明記するまでは採択できない」と言い張った。

六九年四月の第九回党大会前夜にも、ある会議で「林彪の名を党規約に盛り込めば、ほかの野心家の高望みを打ち消すこともできるではないか！」と主張した。江青は鄧小平の復権を恐れていた。

一九六九年四月、第九回党大会での中央文革小組メンバー。
（左から）陳伯達、康生、江青、張春橋、姚文元

党大会直前の六九年三月には、中ソ国境の珍宝島《ちんぽうとう》で本格的な軍事衝突が起き、情勢は緊迫していた。最大の戦闘が発生した十五日、中央文革小組の連絡会議に出席した毛沢東は珍宝島事件に触れて、こう発言した。

「ソ連修正主義が攻め入り、指導機関がやられても、下部組織が戦う。（ソ連が）攻めれば、われわれを立ち上がらせる。ものが打ち壊され、大半の人が滅亡しようとも、地球はこれまで通り回り続けるんだ」

そして話はいきなり飛んだ。

「過ちを犯した者も、一、二年が過ぎたら解放すべきではないか？　彼らに大きな権力を握らせはしないが、『二月逆流』に関与した者たちが党大会の代表に選任されても、地球はこれまで通り回り続けるのさ」

「二月逆流」は江青や林彪ら文革急進派の批判に軍長老らが強く反発したことを江青らが右派の反撃という

意味で使い、政治事件に仕立てたものだ。毛沢東の発言は、この「二月逆流」で失脚した軍長老たちを党の公務に復帰させるということであった。

林彪は平静ではいられなかった。党大会で「後継者」の地位を獲得できると信じてきたが、軍長老を復権させるというのはどういうことか。党大会が近づくにつれ、その重圧から病弱な体質に心労が重なり、不安定な状態に追い込まれた。

党文献などをもとに党機関誌「紅旗《こうき》」編集部員がまとめた『釣魚台檔案《ちょうぎょだいとうあん》』（紅旗出版社）などによると、第九回党大会が開幕する四月一日の朝、林彪は居宅で朝食をとったあと、急に冷や汗をかいて体がぐったりし、立ち上がれなくなった。

「まずい、まずい、首長（林彪）が汗をかいた」。妻の葉群《ようぐん》はあわてた。発汗すると林彪の体調がさらに悪化することを葉群は知っていた。駆けつけた医師団は「安静が必要」と判断したが、政治報告を読むことすらできないとなれば、「後継者」の地位はどうなるのか。

決断を迫られた医師団は注射器を取り出した。うわごとを繰り返す林彪に打ち込まれたのは、麻薬のモルヒネであった。

緊急動議「林彪が主席、私が副主席だ」

中国国営放送は一九六九年四月一日午後七時、中国共産党第九回全国代表大会（九全大会＝第九会党大会）が北京《ぺきん》で開幕した、と何の前触れもなく伝えた。党大会が近いことは新聞などで示唆されてはいたが、日程は公表されていなかった。

五六年九月に建国後初めて開かれた第八回党大会以来、十二年半ぶりの党大会である。党主席の毛沢東にとって、この大会は自ら発動したプロレタリア文化大革命を収束させ、党を再建の軌道に乗せる新たな時代への転換点となるはずのものだ。

だが、海外の「友党」から賓客を招くこともなく、地方代表たちは宿舎からの外出や電話も禁止されるなど秘密保持が徹底される重苦しい雰囲気がただよう中での開催であった。

午後五時、二千二百万党員の代表千五百十二人が人民大会堂を埋めた。壇上には指導部の百七十六人がずらりと並んだが、第八回大会と同じ顔はわずか四十三人しかいない。

思えば、この間、反右派闘争、反右傾闘争、文化大革命……と党内外には粛清《しゅくせい》の嵐《あらし》がやむことなく吹き荒れ、党規約では原則として五年ごとに開催するはずの党大会を開くことさえできなかった。第八回大会で、党内序列第二位の副主席として党活動の総括と基本方針を提起する「政治報告」を行った劉少奇《りゅうしょうき》や、大会で総書記に選出されて「党規約改正報告」をした鄧小平《とうしょうへい》も文革で失脚し、姿を消している。

毛沢東によれば、劉少奇を頂点とする党内にはびこった「資本主義の道を歩む実権派」や共産主義を裏切った「修正主義者」を追い出し、「革命派（造反派、急進派）」が奪権する階級闘争が文革であった。

《全土に広がった奪権闘争で地方党委員会は混乱し、人民解放軍軍区代表、大衆造反組織、地方党幹部の「革命的三結合」による革命委員会も産声を上げたばかりだった。

李健《りけん》編著『紅船交響曲』によると、各省、市、自治区の革命委員会から党大会代表としてやってきた参加者の中には、代表に決まった後に入党手続きを行ったり、大会初日にもまだ入党していない代表もいた》

劉少奇や鄧小平に代わって舞台に躍り出たのは、党第一副主席兼国防相の林彪《りんぴょう》や、毛沢東の妻で中央文化革命指導小組を実質的に率いる江青《こうせい》である。

毛沢東に忠実な文革急進派として党内序列二位に昇り詰めた林彪はこの日、第九回大会の政治報告に立つことになっており、その後に予定される党規約改正で「毛後継」の座を射とめようとしていた。

「同志諸君。私は、われわれの大会が団結の大会、勝利の大会としての実をあげるよう希望する」。毛沢東が第九回党大会の開会を宣言すると、「毛主席万歳！　万歳！　万々歳！」という決まり文句の歓呼と長い拍手が大会会場にこだました。

「われわれの党は一九二一年に成立してから、すでに四十八年というかくも長い時間を経た」と毛沢東は前置きして党大会の歴史を振り返り、過去に誤った指導者の名前を次々と挙げ、文革で激しく批判されて失脚した劉少奇らにも言及した。

一九六九年四月一日、中国共産党の第九回党大会が人民大会堂で開幕した

「例えば劉少奇とか、（党政治局員だった）彭真《ほうしん》、（党政治局員候補だった）薄一波《はくいっぱ》だとか、こういった連中については、われわれは彼らがよくないことを知らなかった。彼らの政治的経歴が、われわれにははっきりしておらず、選挙して入れてしまった。八大（第八回党大会）を経てから現在までに、政治路線においても、組織路線においても、思想面においても比較的はっきりさせた」

結党の年に入党し、三四年以降は毛沢東とともに歩み、五九年には毛沢東が国家主席の座を譲った劉少奇が何者であるかが分からなかったという。苦しい釈明であった。

「したがって、われわれは今回の大会が団結の大会として実をあげることができるよう希望する。この団結の基礎の上に、われわれは勝利を獲得することができるだろうか。私が思うに、それはできるのだ。大会の後、全国においてより大きな勝利を獲得することができる」

毛沢東の演説はこれだけであった。いつもの人の心を刺すような痛烈な諧謔《かいぎゃく》や、鋭い言葉の攻撃はまったく影を潜めていた。だが、会場には恒例の「毛主席の万寿長寿を祈る！」の唱和が拍手とともに続いたのだった。

林彪は精彩がなかった。「後継者」の地位獲得を目前にした大事な党大会初日のこの朝、不安と緊張が高じてか、居宅で倒れ、医師からモルヒネの注射を受けて、ようやく大会会場にやってきていた。その林彪をひどく狼狽《ろうばい》させる事態が起きた。

毛沢東の開会演説が終わり、大会議長団の名簿承認と大会主席（議長）の選出に移るとき、毛沢東が突然、発言した。

「林彪同志を（大会）主席に推挙したい」

党主席の毛沢東が大会主席を務めることを疑う者はいなかったから、この毛沢東の緊急動議に会場はざわついた。

毛沢東の左横に座っていた林彪は驚き、あわてて立ち上がると、大声を出した。

「偉大なる領袖《りょうしゅう》、毛主席が主席です！」

それにかまわず、毛沢東は続けた。「林彪同志が（大会）主席となり、私が副主席をやる。みんな、どうだこれで？」

真顔の林彪はもう必死だった。「だめです。主席は毛主席です。同意する者は挙手！」

会場からは一斉に手が挙がり、続いて拍手がわいた。毛沢東はそれ以上、自分の提案には固執せず、予定通り大会の主席は毛沢東、副主席が林彪、そして秘書長は党副主席兼国務院総理（首相）の周恩来《しゅうおんらい》が務めることになった（陳長江《ちんちょうこう》ら著『毛沢東の最後の十年』）。

毛沢東がまるで林彪をからかい、困惑させるような行動に出たのはなぜか。後継者への野心を隠さない林彪が、どう出るか試そうとしたのか。林彪への党内の支持がどの程度のものかを確かめようとしたのか。

その後、「政治報告」を五十五分間にわたって読み上げ、居宅に戻った林彪は、まるで空気が抜けたゴムまりのようになってそのままベッドに倒れ込み、動けなくなった（『釣魚台《ちょうぎょだい》檔案《とうあん》』）。

異様な党規約「後継者・林彪」が書き込まれた

中国共産党主席の毛沢東は、発動から三年が過ぎたプロレタリア文化大革命を収束させる時期がきたと考えていた。再び「反動派」が党内外でうごめくようになれば、「第二、第三の文革」を起こさねばならないが、全土の行政単位で「革命委員会」が成立したいま、当面は幕を引くころ合いであった。

一九六九年四月一日に開幕した第九回党大会の「政治報告」には、そうした毛沢東の思いがにじんでいた。大会初日に党第一副主席兼国防相の林彪《りんぴょう》が読んだ政治報告は、文革の正当性を強調し、革命委員会と人民解放軍の重要性を力説したうえで、党組織を再建する必要性を訴えたのだった。

党大会前の二月、毛沢東は林彪に、党大会で政治報告を行うよう指示し、「事前に原稿を作成せず、口頭で演説せよ」と言った。だが、林彪は「必要なら口頭でしますが、対外発表には党中央が正式に採択した文書を使ったほうがいいのではないでしょうか」と答えた。

結局、中央文化革命小組の陳伯達《ちんはくたつ》、張春橋《ちょうしゅんきょう》、姚文元《ようぶんげん》が共同執筆するよう指示されたが、小組内部の対立で張春橋と姚文元の草稿が基礎となった。この草稿には毛沢東自身が何度も筆を入れており、事実上、毛沢東の政治報告であった。林彪はこれを党大会で読み上げるまで、一度も目を通そうとはしなかった。

李剣《りけん》ら編『重要会議体験実録』などによると、党大会直前の三月下旬、林彪のところに政治報告の草稿が届いたが、林彪は毛沢東の筆が入った部分を秘書から聞いただけだった。その後、党政治局常務委員で国務院総理（首相）の周恩来《しゅうおんらい》から最終草稿が送られてきた。それでも林彪はページを繰ることもなく、表紙に「主席の審査批准を乞う」と書き、そのまま毛沢東のもとに送った。

その直後、周恩来から確認の電話があった。「目を通して同意するなら、印刷したいので大至急、党中央弁公庁に回してほしい」。電話を受けた林彪の秘書は、すでに毛沢東に回したことを伝えた。周恩来は驚いた。「主席はおととい会議を開き、林彪同志に決定稿にするよう直接指示されたんだ。その場には（林彪の妻の）葉群《ようぐん》同志もいたのに、なぜ……」

林彪は「後継者」への道が開けるという大事な時期に、毛沢東が同意した草稿に筆を入れ、思わぬへまをやらかすような危険を冒したくはなかった。

「毛主席にぴったり付き従う」は林彪の口癖だった。五九年に国防相となって以来、その姿勢は一貫しており、毛沢東への個人崇拝を高める努力を怠ったことはなかった。

「マルクス・レーニン主義を学ぶ最も良い方法は、毛主席の著作を学習することだ」「毛主席は国内でも世界でも最高の威望を持ち、最も卓越した、最も偉大な人物である」「毛主席は天才である」

六六年に文革が始まってからは、毛沢東の妻の江青《こうせい》が加わる中央文革小組とともに人民解放軍を文革の推進役に仕立てあげ、あらゆる手段を講じて軍内外の反対派追い落としに動き、その決意が揺らぐ素振りはけっして見せなかったのだ。

「林彪同志は一貫して毛沢東思想の偉大な紅旗《こうき》を高く掲げ、最も忠誠心を抱き、最も確固として毛沢東同志のプロレタリア革命路線を執行し、守ってきた。林彪同志は毛沢東同志の親密な戦友であり、後継者である」

党大会が半ばにさしかかった四月十四日、林彪を毛沢東の後継者と規定した中国共産党規約改正案が満場一致で採択された。大会最終日の二十四日に発表された大会コミュニケでも、林彪は「毛主席的親密戦友和接班人（毛主席の親密な戦友であり、後継者）」とされた。

党内序列二位にあった林彪は、ついに毛沢東の「後継者」と公式に認知された。毛沢東の後を継ぐ党主席として中華人民共和国を独裁支配する中国共産党を率いていくことがあらかじめ約束されたのだった。世界の共産党史でもきわめて異様な党規約であった。

《――これからは推測になる。文化大革命を収束させれば、混乱した社会と経済の回復に力を注ぐ時期がくる。周恩来をはじめとする実務派の役割が大きくなるが、その中から「革命を忘れた実権派」となった第二の劉少奇《りゅうしょうき》が出てくる危険がつきまとう。いや、そうなるに違いない。そのとき、毛沢東の「継続革命」路線を発動するには林彪の「力」が必要であったのだろうか。

毛沢東はすでに七十五歳である。死後を考えないわけにはいかない。ソ連の独裁者スターリンが、その死後にソ連共産党の指導者となったフルシチョフによって徹底的に否定された五六年の衝撃を毛沢東はけっして忘れてはいない。その轍《てつ》を踏まないために、「毛沢東の親密な戦友」という後継者の〝前提条件〟を党規約で明文化し、党の指導原理として「毛沢東思想」の明記を復活させることで、死後否定の裏切りを阻止することができると望んだのだろうか》

第九回党大会が閉幕した四日後の四月二十八日、新たに選出された中央委員と中央委員候補によって党指導部を選出する第九期中央委員会第一回総会（九期一中総会）が開かれた。

中国共産党９期１中総会で代わった党政治局の構成

【旧】	【新】
【政治局常務委員】	
1　毛沢東	1　毛沢東
2　林彪	2　林彪　（□）
3　周恩来	（以下は姓の筆画順）
4×陶鋳	陳伯達（△）
5　陳伯達	周恩来（○）
6×鄧小平	康生　（△）
7　康生	
8×劉少奇	
9　朱徳	
10　李富春	
11　陳雲	
【政治局員】	
12　董必武	◎葉群　（□）
13×陳毅	葉剣英（○）
14　劉伯承	劉伯承（○）
15×賀竜	◎江青　（△）
16　李先念	朱徳　（○）
17×李井泉	◎許世友
18×譚震林	◎陳錫聯
19×徐向前	李先念（○）
20×聶栄臻	◎李作鵬（□）
21　葉剣英	◎呉法憲（□）
	◎張春橋（△）
	◎邱会作（□）
	◎姚文元（△）
	◎黄永勝（□）
	董必武（○）
	◎謝富治（△）
【政治局候補委員】	
22×ウランフ	◎紀登奎
23×薄一波	李雪峰（○）
24　李雪峰	◎李徳生
25　謝富治	◎汪東興
26×宋任窮	

×は失脚、◎は新委員、△は文革派
□は林彪派、○は行政・軍長老派

最高指導部となる政治局員は中央委員の選挙で選ばれるが、その候補者名簿は毛沢東の事前の審査を経てすでに決まっており、中央委員はそれを承認するだけであった。

毛沢東とその「後継者」となった林彪を除き、序列三位以下は筆画順で発表され、林彪グループと江青ら中央文革小組メンバーの主要幹部全員が政治局入りを果たし、文革急進派が政治局の過半数を占めた。

しかし、大幅に権力を拡大した江青にはどうしても気になることがあった。文革中に国家主席だった劉少奇に次ぐ「実権派」とされて軟禁状態にあった実務派で元党総書記の鄧小平《とうしょうへい》の処遇のことである。

陳長江《ちんちょうこう》ら著『毛沢東の最後の十年』などによると、党大会会期中のある会議で、江青は「鄧小平の党籍をはく奪すべきだ」と提案していた。江青の提案に林彪も同調したが、毛沢東はまったく取り合おうとはしなかった。

鄧小平は、この大会で党政治局常務委員の職務を正式に外されたが、永久除名となった劉少奇と大きく異なり、党籍は今回も残されることになった。

毛沢東はかつて「林彪の体がだめになれば、鄧小平を出さねばならない」と漏らしたことがある。文革の収束で実務派の役割が増大するのを見越していた林彪は、毛沢東の鄧小平に対する態度にかすかな不安を感じていた。

対ソ緊張「核一発で脅したらどうだ？」

毛沢東の「親密な戦友」である国防相の林彪《りんぴょう》を「後継者」と定めた中国共産党第九回全国代表大会（党大会）は一九六九年四月末に閉幕した。プロレタリア文化大革命に一応の決着をつけようとする党主席の毛沢東は「団結の大会」と強調したが、三年間に及んだ文革の後遺症はあまりに重かった。

文革によって省・市・自治区の最高機関となった革命委員会は、「団結」どころか内部抗争が絶えなかった。文革急進派同士の対立に加え、秩序回復を図る実務派など穏健勢力が台頭し、むしろ亀裂《きれつ》は広がりつつある。それは、党中央指導部内で国務院総理（首相）の周恩《しゅうおん》来《らい》ら実務派が行政権を急速に復活させてきたのと同じだった。

党大会後、ただ一人の党副主席となった林彪や、党政治局員の座を手にした毛沢東の妻、江青《こうせい》ら文革急進派は、政治局内で多数を占めたとはいえ、行政の実務面ではほとんど無力だったからだ。

党大会直後の六月、毛沢東は周恩来に指示し、軍長老で実務派の陳毅《ちんき》、葉剣英《ようけんえい》、徐向前《じょこうぜん》、聶栄臻《じょうえいしん》に国際情勢を検討させた。文革中に林彪や江青の標的となった四人を毛沢東がわざわざ指名したことも、文革路線からの転換を象徴していた。

四人が国務院外交部（外務省）の担当幹部も加えて九月まで十六回の会合でまとめた分析報告によると、米・中・ソの相互関係における矛盾は、米ソ、中ソ、中米の順に小さい。近い将来、米ソが単独あるいは連合して中国侵略戦争を発動する可能性は低い。米、ソには外交交渉による闘争を行う必要があり、米国とは大使級の話し合いを復活させ、主導権を握ることに同意するとしている。

報告書を提出したあと、（元外相の）陳毅は周恩来に口頭で、米ソの矛盾を利用するには中米関係の局面を打開する必要があり、大使級より高いレベルの別の会談を提議すべきで、台湾問題は会談の中で一歩ずつ解決すればよいと提案した。

これらは、中国内部における最も早い段階での対米関係改善提案とみられ、きわめて重要な動きであった。

軍長老らが国際情勢の検討を続けていた七月、米国大統領のニクソンは、アジアに展開する米軍事力を縮小する「グアム・ドクトリン」を打ち出し、翌月には、ルーマニアを通じて間接的に対中接触への関心を示唆するなど、関係改善のシグナルを中国に発し始めていた。

「戦争は八割がた起こらないだろう。だが、二八割の可能性があるとして準備せねばならない。敵が明日の国慶節《こっけいせつ》（建国記念日）を狙って攻撃してきたらどうする？　モンゴルのソ連基地から北京《ぺきん》まで数百キロだ。弾道ミサイルならほんの数分だ」

赤いじゅうたんに目を落としながら部屋の中をゆっくり歩き回っていた林彪は、ソファに座ってかしこまっている将軍たちに目をやり、そう言った。

六九年九月三十日夜、林彪は北京の毛家湾《もうかわん》にある居宅兼執務室に、人民解放軍総参謀長の黄永勝《こうえいしょう》、空軍司令員（司令官）の呉法憲《ごほうけん》ら腹心を呼んでいた。

「西郊空港に行ってきたが、飛行機が無防備に整然と並んでいる。これではだめだ。北京付近にある飛行機は、作戦任務についているもの以外、すべて今夜中に地方に移せ」

その夜九時から夜半すぎまで、西郊空港周辺は緊急移動する軍用機の爆音が途絶えなかった（張雲生《ちょううんせい》著『毛家湾紀実――林彪秘書回憶録』）。

中ソ関係は相変わらず緊張していた。一カ月前の八月十三日朝、新疆《しんきょう》ウイグル自治区の国境警備隊とソ連軍機甲部隊との間で激しい武力衝突が起きた。三月にもウスリー川の珍宝島《ちんぽうとう》で両軍に多数の死傷者を出す衝突が発生しており、八月下旬、一部の米紙は「中国の核軍事施設にソ連が核ミサイルで先制攻撃を加える可能性がある」との情報も伝えた。

そうした情勢にあった九月十一日午前、ソ連首相のコスイギンが突然、北京を訪問した。十日にハノイで行われた北ベトナム大統領のホーチミンの葬儀出席を機に、中国側に訪問を打診していたのだった。

出迎えた周恩来と空港内の貴賓室で行われた会談は三時間四十分に及んだ。両国の首相会談は六四年以来、五年ぶりであった。会談では、双方の軍を紛争地域から後退させ、継続交渉で国境問題の解決を目指すことで合意した。また、共産主義の路線をめぐる長期の論争はあっても、関係発展の妨げにはならないことで一致した。

電撃的な中ソ会談の実現で緊張緩和の兆しが見えてきたが、それでも林彪はソ連の先制攻撃に備え、国慶節を前に軍用機の地方移動を命じたのだった。

「(ソ連共産党書記長)ブレジネフが怖いか? ニクソンが怖いか? 私は(国慶節当日に)天安門《てんあんもん》に行くぞ」

中ソ首相会談後の九月中旬、毛沢東は北京の中南海《ちゅうなんかい》の執務室で周恩来に言った。

「安心できないなら、核二発を爆発させて脅すというのはどうだ。連中も二日間は緊張するだろう。そうしているうちに(国慶節行事を)終えているという寸法だ」(安建設《あんけんせつ》著『周恩来の最後の歳月』)

中国は九月二十二と二十九の両日、初の地下核実験と水爆実験を実施した。米ソの地震観測所と軍事衛星は中国の核実験を確認したが、中国が発表したのは国慶節の祝賀行事を終えた十月四日のことだった。

国慶節は「無事」に過ぎたが、林彪は十月十七日、滞在先の江蘇《こうそ》省の蘇州《そしゅう》から総参謀長の黄永勝に電話し、「戦備を強化し、敵の突然の襲撃に備える緊急指示」を伝えた。黄永勝は翌十八日、この指示を「林彪副主席の第一号命令」として全軍に通達し、九十五師団、九十四万人、航空機四千百機、艦艇六百余隻が一級戦備態勢に入った。

北京では二十日から中ソ外務次官級の国境問題交渉が予定されており、「交渉を行うと見せかけてソ連が対中攻撃を仕掛けてくる可能性がある」というのだった。周恩来が緊張緩和に動いていることに、まるで反発するかのようであった。

これに伴い、反林彪派の古参幹部らも強制的に地方に分散隔離された。文革で失脚し北京で監禁状態にあった元国家主席の劉少奇《りゅうしょうき》は河南《かなん》省開封《かいふう》に移され、一カ月後、そこの倉庫部屋で命を失う。軟禁状態の元党総書記、鄧小平《とうしょうへい》も江西《こうせい》省南昌《なんしょう》に移封された。

杭州《こうしゅう》にいた毛沢東は、「第一号命令」発令の翌十九日、黄永勝から伝えられた命令の内容を記した電話記録を受けた。その場にいた党中央弁公庁主任の汪東興《おうとうこう》が当時を回顧した『毛沢東と林彪反革命集団の闘争』（当代中国出版社、九七年）によると、記録文を読んだ毛沢東はいらだたしげにたばこを吸い続けていたが、突然、汪東興に言った。

「焼いてしまえ」

汪東興が立ち尽くしていると、毛沢東はマッチに手を伸ばし、自ら記録文を燃やした。

国家主席廃止「私をあぶり殺しにするな」

「最近、私はニクソン大統領に会いました。大統領は貴国とわが国との重要かつ具体的な会談をしたいと言っています。このことをあなたの上司に報告してください」

一九六九年十二月三日の夜、ポーランドの首都ワルシャワで、着任したばかりの米国大使のストーセルが中国大使館二等書記官の李挙卿《りきょけい》を呼び止め、中断している米中対話の再開を求めるニクソンの意向を伝えた。

李挙卿は二週間前に中国と外交関係復活で原則合意したばかりのユーゴスラビアが主催する晩さん会会場から出てきたところだった。人目を避けるように、その李挙卿をストーセル大使が追いかけてきたのだ。大雪が舞う中での「米中接触」であった。

中国の反応はすばやかった。それから八日後の十二月十一日、ワルシャワの中国大使館で米中大使級会談が行われた。六八年一月に中断して以来、約二年ぶりの再開は中国側の最近の外交姿勢の変化を明らかに象徴していた。共産主義を裏切った「修正主義」と批判してやまなかったユーゴスラビアとの関係改善も、その表れだ。

三年間にわたって粛清《しゅくせい》と武力闘争に明け暮れたプロレタリア文化大革命の区切りをつける

四月の中国共産党第九回全国代表大会（党大会）が終わってから、これまでの強硬な外交姿勢に柔軟さが生まれている。

党大会後に決まった最高指導部の政治局員二十人（毛沢東を除く）のうち、党主席の毛沢東の「後継者」と党規約に明記された党副主席兼国防相の林彪《りんぴょう》派と、毛沢東の妻で党政治局員の江青《こうせい》派の文革急進派が合わせて十二人を占め、党政治局常務委員兼国務院総理（首相）の周恩来《しゅうおんらい》ら実務派系は八人と少数派だ。しかし、党大会後の柔軟外交や内政では実務派の活動が目立つ。

そうした中で、文革では共闘関係にあった人民解放軍を基盤とする林彪派と、中央文革小組を中心としてきた江青派とのきしみが目立ってきた。党大会で林彪が読み上げた「政治報告」の草案内容を批判され、執筆陣から外された党政治局常務委員で中央文革小組組長だった陳伯達《ちんはくたつ》が林彪の側についたことも、両派の関係を悪くさせた。

「資本主義の道を歩む実権派」や「修正主義者」とみなした人物を粛清し追い落とす〝革命〟に熱中している間はよかったが、その文革はすでに収束期を迎えている。両派にとっては、握った権力をいかに守り、あるいはどう拡大するかが重大な問題であった。その権力闘争では互いが敵となる。

林彪は毛沢東の「後継者」として次期党主席の座を約束された。しかし、後継者とはいっても現実には何の権限もない。行政や外交は周恩来ら実務派が牛耳っており、入り込む余地はほとんどなかった。しかも、後継者の地位さえ不安定なものだ。

天華《てんか》編著『毛沢東と林彪』によると、林彪は「私が後継者だという保証はない。劉少奇《りゅうしょうき》も後継者だったではないか？」と語ったことがある。劉少奇と違って林彪の地位は党規約に明記されたが、毛沢東の考えが変わればそれも空文にすぎない。

林彪は後継者にふさわしい、実質的な権限を欲した。それは「国家主席」であった。憲法規定によれば、国家主席は法律の施行、政府責任者（首相）の任免、戒厳令や戦争状態の宣言など、国家元首としての権限を持つ。

これまでの国家主席だった劉少奇は「実権派、修正主義者」とされて解任され、六九年十一月十二日に監禁先の河南《かなん》省開封《かいふう》で非業の死を遂げている。国家主席は空席であった。国家主席をだれが継ぐのか。候補となるのは毛沢東か林彪である。

建国後、最初の国家主席となった毛沢東は急進的な経済政策「大躍進」の混乱を受け、五九年に自ら「第二戦線」に退いて国家主席の座を劉少奇に譲ることを余儀なくされた。十年前に一度辞職した国家主席に毛沢東が今さら就任するはずがない、ならば就任するのは自分だ。そう林彪は読んでいた（葉永烈《ようえいれつ》著『陳伯達伝』）。

しかし、林彪の思惑はまったく狂った。七〇年三月、周恩来から憲法改正草案の要約を受け取った毛沢東は、「国家主席は設けない」と条文削除を提案したのだ。

毛沢東が「国家主席廃止」を公言したとき、林彪は江蘇《こうそ》省の蘇州《そしゅう》にいた。すぐに自分の秘書から毛沢東の秘書に「林副主席は毛主席が国家主席になられるよう建議します」と電話をかけさせた。だが、毛沢東はこれには直接答えず、「林彪同志によろしく」とあいさつを返しただけだった。

「国家主席を設けないなら、林彪はどこに就けばいいの？」。林彪の妻で政治局員となった葉群《ようぐん》は、林彪の腹心で空軍司令員（司令官）の呉法憲《ごほうけん》に何度かそう嘆いたという（『毛沢東と林彪』など）。

「毛主席が国家主席を兼任するのが党内外、国内外の人民の心情に合う」。林彪は四月にも秘書を通して電話で政治局にそう意見を伝えた。しかし、この電話メモに毛沢東は「私は二度はやらない。この提案は妥当でない」と書き付けた。

追い打ちをかけるように、毛沢東は四月下旬、党中央政治局会議で「三国志演義《さんごくしえんぎ》」の故事を引いて戒めた。

「（三国時代の呉の）孫権《そんけん》が（魏の）曹操《そうそう》に皇帝になるよう勧めたとき、曹操は孫権が自分を炉の火の上に置いてあぶり殺しにしようとしているのだと言った。君たちに忠告するが、私を曹操にしないように。君たちも孫権にはなるな」

林彪を「後継者」とすることで共闘した江青派だったが、国家主席問題では否定的だった。林彪が国家主席の座に就けば、権限があまりに林彪に集中し、自分たちの弱体化は避けられないと考えていた。

こうした状況の中で、林彪派は七〇年八月、憲法改正問題を検討する党内会議で、こんどは、毛沢東「天才」論を持ち出してきた。憲法の序文に毛沢東を「天才」と明記するよう強硬に主張し始めたのだ。

林彪が「毛主席語録」の「再版の前言」に書いた「毛沢東同志は天才的に、創造的に、全面的にマルクス・レーニン主義を継承し擁護し発展させた」はよく知られていた。「天才的に、創造的に、全面的に」は毛沢東のためだけにある専用語であった。

毛沢東を「天才」とすることで、その「親密な戦友」と党規約に規定された林彪自身をも高めることができる。林彪にとっては国家主席に近づくための戦術とみられた。

だが、毛沢東は第九回党大会の政治報告と党規約の草案からこの「天才的に、創造的に、全面的に」を削除していたのだった。

「国家主席」と「天才」問題が、まもなく林彪の運命を決定的に狂わすことになる。

林彪敗北「私を早く死なせたいか？」

「毛沢東主席は天才である、とわれわれは言ったが、私はいまもこの観点を堅持する。毛主席の学説は科学であり、人類を解放する科学である」

中国共産党副主席兼国防相の林彪《りんぴょう》が、かん高い声で熱弁をふるっている。一九七〇年八月二十三日、江西《こうせい》省の山間にある保養地の廬山《ろざん》で、党第九期中央委員会第二回総会（九期二中総会）が開幕した。

議題は憲法改正や経済計画などで、党政治局常務委員兼国務院総理（首相）の周恩来《しゅうおんらい》と、党政治局常務委員の康生《こうせい》が発言することになっていた。だが開幕直前、林彪が急に「少し意見を述べたい」と言い出した。

林彪は演説で、これまで繰り返し語ってきた党主席の毛沢東を礼賛する言葉を盛んに並べ、「しかし今、毛主席を天才ということに反対する者がいる」と、語気を強めて言った。

林彪は一年四カ月前の党第九回全国代表大会（党大会）で毛沢東の「後継者」と公認されたが、現実の国家運営は周恩来ら実務派に握られていて、自分の地位がひどくあいまいなものだと思い始めた。

外交や内政は現実主義に傾きつつあり、文化大革命で毛沢東に従い、急進左派（革命派）としてのし上がってきた林彪から見れば周恩来は「右派」だ。この現状を打破するには、いま空席の「国家主席」を置く必要がある、と考えていた。

だが、毛沢東は憲法改正案から「国家主席」を削除し、廃止するという。林彪は自分が国家主席になるという野心を隠し、毛沢東が国家主席に復帰すべきだと言い続けることで、国家主席廃止をなんとしても阻止したかった。

毛沢東「天才」論を改めて強調したのも、その「後継者」である自分が国家主席となる道を残しておく戦術であった。しかし、毛沢東の妻で党政治局員、江青《こうせい》のグループは林彪の隠された意図を知っており、江青派の政治局員、張春橋《ちょうしゅんきょう》は憲法改正案を検討する党内会議で、毛沢東が「天才」だと憲法序文に明記するのに反対していた。

林彪とそのグループは、この廬山における九期二中総会で、「毛主席が天才であることを否定しようとしている」として張春橋ら江青派に攻勢をかけようとしていた。そうして党内世論を林彪側に引き付け、国家主席存続—林彪就任への道を切り開こうというのだった。そのための「天才」論の理論づくりを毛沢東の長年の秘書だった党政治局常務委員の陳伯達《ちんはくたつ》が担った。

林彪の演説は一時間半に及んだ。その後、林彪側近の党政治局員で空軍司令員（司令官）の呉法憲《ごほうけん》は、林彪演説をさらに「学習」するよう提案し、翌二十四日からの華北、西南など地域別に分かれた会議で録音を聞いて討論することになった。

総会二日目の八月二十四日早朝、林彪の妻で政治局員の葉群《ようぐん》は、地域別会議で各組に分かれる林彪の腹心らに、発言の注意点を伝えた。

一、林副主席の講話を擁護し、天才論を堅持すること

二、国家主席の設置を堅持すること

三、張春橋を集中攻撃すること。ただし名指しはしない

四、発言するときは涙で感情を表現すること

「天才論」を権威づけるため、陳伯達がエンゲルス、レーニン、毛沢東の著作から探し出し、編集した「天才をたたえた数編の語録」の資料も用意した（葉永烈《ようえいれつ》著『陳伯達伝』）。

その陳伯達は華北組の会議に出席し、「世界にはもともと天才はいないという者がいるが、実は、その者が自分を天才だと思っているのだ。歴史の愚か者だ」と名指しはしないが張春橋を痛烈に皮肉り、「レーニンによれば、天才を否定することは指導者を否定することであり、プロレタリア独裁を否定することだ」と決めつけた。

陳伯達の発言は会議の雰囲気を支配した。会議後、陳伯達は華北組の討議のもようをまとめた「簡報（速報）」を印刷に回した。その中で陳伯達は「毛主席が当代の最も偉大な天才であると認めない者」を「引きずり出して見せしめにし、党から除名して徹底的に批判し、バラバラに切り刻むべきだ」という声が上がった、などと書いた。

陳伯達の簡報は二十五日早朝に配布され、その過激で扇動的な調子が大きな反響を巻き起

こした。

その日の午前、江青が張春橋らと毛沢東に「直訴」に行ったという情報が葉群のもとに入った。何を話したのかは知れない。だが、林彪派が仕掛けた闘争の行方は毛沢東の裁決にかかっていた。

午後、毛沢東は政治局常務委員と地域別会議各組の組長を緊急招集した。毛沢東は厳しい表情で、林彪の演説に関する討論会をやめること、華北組の簡報を回収すること、個人批判はならず団結すること、

党内序列四位から転落した陳伯達

の三つの指示を出した。

「国家主席の問題は二度と持ち出してはならない」。毛沢東は陳伯達を見据えて言った。「私を早く死なせたいなら私を国家主席にすればいい。……どのみちなるつもりはない」。次いで林彪のほうを向いてクギをさした。「君も国家主席にならないよう忠告する」

陳伯達が敗北したその瞬間、林彪は自分の敗北も悟った。

八月三十一日、毛沢東は「私の若干の意見」を書き、翌日、中央委員に配布された。この中で毛沢東は、陳伯達が引用したレーニンらの文献を引いて反論し、「陳伯達という天才理論家」が「多くの同志を欺いた」と名指しで批判した。

文革で中央文革小組組長となり、毛沢東、林彪、周恩来に続く党内ナンバー4にまで昇り詰めた陳伯達の政治生命はこうして断たれたのだった。

しかし、毛沢東は林彪を批判の外に置いた。林彪はなんといっても自分の「後継者」である。党規約にもそう明記されており、いま批判すれば全党に動揺を招く恐れがあった。

九月六日の総会最終日、毛沢東は改めて、国家主席の問題に触れ、こう言った。「人民を代表する目印が国家主席になることなら、十数年前に国家主席をやめた私は、なんと十数年間、人民の代表をしていないことになるじゃないのかね？　だれか人民を代表したかったら、その人間がなればいい。私はやらない、と言っておく」

その夜、葉群は呉法憲ら林彪の腹心を引き連れて江青のもとを訪れ、「私たちは陳伯達にだまされ、過ちを犯しました」と謝罪した。のちの呉法憲の供述によると、林彪ははっきりと「過ちは陳伯達に押しつけ、だまされたと強調せよ」と指示していたという。

総会が終わったあと、林彪はいっそう寡黙になり、自室にこもってますますイライラし、孤独だった（林彪の秘書だった張雲生《ちょううんせい》著『毛家湾《もうかわん》紀実——林彪秘書回憶録』）。

落日「お前たちは崖っぷちにいる」

国防相となった一九五九年以来、一貫して中国共産党主席の毛沢東への個人崇拝を高めるために努力を惜しまず、毛沢東が発動したプロレタリア文化大革命の熱狂をもたらす下地を作って「後継者」の座を手にした林彪《りんぴょう》は、いま、深い挫折《ざせつ》感を味わっていた。

これまでと同じように「天才」とたたえ、国家主席を廃止する憲法改正案に反対し、毛沢東江西《こうせい》省の廬山《ろざん》で七〇年八月に行われた党第九期第二回総会（九期二中総会）で、毛沢東をが国家主席に就任するよう主張した。それが、毛沢東の逆鱗《げきりん》に触れた。「君も、国家主席にならないよう忠告する」と毛沢東が林彪に向かって厳しい表情で言ったとき、毛沢東は林彪の野心を見抜いていた。

しかし、党規約で毛沢東の「後継者」と明記され、ただ一人の党副主席となった林彪にしてみれば、国家主席への道を確保することは野心でも何でもなかった。ただ、毛沢東が国家主席の廃止を言い出したために、焦《あせ》った。九期二中総会で、党指導部内の腹心や妻の党政治局員、葉群《ようぐん》らとともに国家主席存続の党内世論を盛り上げようと騒ぎすぎ、墓穴を掘ってしまったのだった。

林彪は毛沢東からの直接の批判は免れた。その身代わりに、林彪を支援して国家主席を存続させる理論づくりを行い、最も活発に発言した党政治局常務委員の陳伯達《ちんはくたつ》が犠牲になった。毛沢東に言わせると、陳伯達の言動は「突然、大砲をぶっぱなし、火をつけてあおり立てた」ということになる。

九期二中総会は急きょ、陳伯達を糾弾する場に変わった。陳伯達は、党内有数の理論家とされ、文化大革命の司令部となった党中央文化革命指導小組の組長となり、毛沢東の妻の江《こう》青《せい》と「実権派」や「修正主義者」を粛清《しゆくせい》する論陣を張った。その論功で毛沢東、林彪、周恩《しゆうおん》来《らい》に次ぐ党内序列四位という権力の高みに昇り詰めたが、林彪が「後継者」となる前後に江青派内の内紛から林彪陣営に加わり、落とし穴にはまったのだった。

天華《てんか》編著『毛沢東と林彪』によると、九期二中総会の終盤に陳伯達批判の討議が始まると、葉群は会議記録から自分の発言を削除するよう指示し、党政治局員で空軍司令員（司令官）の呉法憲《ごほうけん》も、自分の発言が記された「簡報（速報）」の配布を中止させた。北京《ぺきん》に残っていた人民解放軍総参謀長の黄永勝《こうえいしょう》は関係資料をすべて処分した。

葉群は呉法憲に言った。

「心配することはない。まだ林副主席と黄永勝がいるわ。二人に累が及びさえしなければなんとかなる。『大きな釜《かま》にご飯があれば、小さな釜に分けられる』よ」

九月六日に九期二中総会が閉幕しても林彪と葉群は廬山から北京に戻らず、翌七日、飛行機で河北《かほく》省の渤海《ぼっかい》沿岸にある保養地、北戴河《ほくたいが》に向かった。

林彪弁公室（執務室）の秘書の回想によると、林彪は九期二中総会後、党中央の会議にも出たがらなくなり、出ざるをえない場合でもいい加減に済ませていた。ほとんどずっと北戴河に〝療養〟に出かけていたという。

林彪の没落が始まっていた。表だって批判されていたのは陳伯達だったが、毛沢東は林彪の腹心の将軍たちにも自己批判を迫るようになる。

葉永烈《ようえいれつ》著『陳伯達伝』によれば、林彪派の中で最初に自己点検文（自己批判書）を書いたのは呉法憲で、九月二十九日に提出した。しかし、陳伯達に乗せられてしまったという弁明調であったため、毛沢東はその自己点検文にこう書き付けた。「一人の共産党員としてなぜこうも公明正大な気概に欠けているのだ」

二番目に自己批判書を出したのは葉群だった。葉群は北京に帰ったあとの十月十二日に毛沢東のもとに送っている。葉群が「陳伯達と闘争したが、力が足りなかった」などと書いた部分に、毛沢東は「闘争したことがあるのか？　思想上、政治上は言いなりになっていながら、どうして闘争ができるのか」と冷笑する言葉を書き付けた。

それでも、最後に「党の政策は、失敗を戒めとし、病を治して救うというものだ。陳伯達のペテンに引っかかった者全員にこの政策を適用する」と書いた。立ち直る機会を与えるというのだった。葉群はその後、再び自己批判書を書いている。

第九期二中総会から二カ月が過ぎた七〇年十一月六日、党中央は「党を分裂させる陰謀活動を行った」陳伯達に対する批判を全国規模の運動に盛り上げるため、全党全軍に「批陳整風（陳伯達を批判し、思想を整とんする）」を呼びかけた。

一九七〇年夏、九期二中総会での毛沢東（右）と林彪

　しかし、葉群をはじめ林彪派で固められた党中央軍事委員会弁事組（事務局）の動きはにぶかった。七一年一月から、軍事委員会が一カ月にわたって開いた「批陳整風座談会」について、毛沢東は「一カ月も会議をしてまるで陳伯達批判をやらない」と厳しく批判した。

　軍事委弁事組はあわてて毛沢東に書面で自己批判の報告をした。毛沢東はこの報告に評を書く。「諸君ら何人かの同志は、批陳問題でなぜいつもこんなに消極的なのか。せっつかれなければ動きだそうとしないではないか。この問題はよく考えて、積極的にならねばならない」

　黄永勝、呉法憲らは度重なる毛沢東の批判を受けて非常に緊張し、このとき江蘇《こうそ》省の蘇州《そしゅう》にいた林彪と葉群に何度も電話をかけて相談した。呉法憲は自殺を考えるほど思い詰めたという（曹英《そうえい》ら著『特別別荘』）。

だが、このころの毛沢東は、林彪の腹心の将軍たちを厳しく糾弾する一方、林彪本人には直接の批判を避け続けていた。

李剣《りけん》ら編『重要会議体験実録』に収められた党政治局候補委員で軍総政治部主任兼北京軍区司令員の李徳生《りとくせい》の回想によると、毛沢東は七一年初め、「批陳整風報告会」を開いて、そこに林彪も参加させようとした。体面を保たせるために一言二言話をさせ、逃げ道をつくってやるのだと毛沢東は説明したという。

しかし、林彪は北戴河の別荘にとどまって北京に帰ろうとしなかった。報告を受けた毛沢東は、迎えにいった林彪の側近たちをしかりとばす。

「お前たちはすでに崖《がけ》っぷちに来ているのだ！　飛び降りるか？　それとも押されるか、あるいは引き返すかの問題だ。引き返すかどうかはお前たち自身にかかっているのだ！」

ニクソンへの誘い「黙って飛行機に乗ればよいのだ」

　空がどこまでも高く、青く澄み渡る。北京《ペきん》秋天――の一九七〇年十月一日、中華人民共和国は建国二十一周年を迎えた。国慶節《こっけいせつ》の祝賀行事を天安門《てんあんもん》楼上から見つめる毛沢東の右横に、米国人ジャーナリストのエドガー・スノー夫妻が並んで立つ。

　眼下に広がる天安門広場では行進する群衆から「打倒米帝国主義」とお決まりの叫びが聞こえ、足元の天安門側壁には、毛沢東が提唱した「全世界の人民は団結し、米国の侵略者を打ち負かそう」という反米スローガンも掲げられている。

　この不思議な光景を演出したのは毛沢東自身であった。招かれて楼上で座っていたスノー夫妻に国務院総理（首相）の周恩来《しゅうおんらい》が近づき、毛沢東の隣に連れていくと、中国側通訳を除いて周囲から人払いをした。毛沢東の左側に党副主席兼国防相の林彪《りんぴょう》がいるだけだった。

　天安門楼上に毛沢東と米国人が笑顔で並んでいる映像と写真は、世界に小さくない反響を呼んだ。米国大統領のニクソンに中国が発信したメッセージだとスノーは考えていた。

　《革命戦中の毛沢東を描いた『中国の赤い星』で知られるスノーは、中国共産党の長年の友人とされ、たびたび招かれて中国を訪問している。今回は七〇年八月から七一年二月まで半年間の滞在を予定していた。

そのときのことを書いた『長い革命』(邦題『革命、そして革命……』)によると、国慶節から一カ月後の十二月五日にスノーと会見した周恩来は、米大統領のニクソンが訪問を希望するなら「ニクソン自身が来てもいいし、台湾問題を討議する使節を派遣してもよい」と語った。

この歴史的な発言は、そのときは公表されなかったが、数日後にパキスタン大統領のヤヒア・カーンがニクソンからの親書を持って北京を訪れ、親書でニクソンは、自身の中国訪問とその前に台湾問題を討議する使者を送る問題に触れたと書いている。

このことは、スノーの中国訪問とは無関係に水面下で米中間の秘密接触が行われていたことを示している。のちに秘密訪中する当時の米大統領補佐官のキッシンジャーも、その回顧録『外交』で次のように明かす。

《中国は「米国におけるスノーの立場を過度に重視」していたが、米政府はスノーを「共産党の手先」とみなしていたため、中国がスノーを通じて発信したシグナルに気づかず、天安門楼上で毛沢東が隣にスノーを立たせた意図も伝わらなかった》

天安門楼上で毛沢東を挟んでスノーの反対側に立っていた林彪は右手に「毛沢東語録」を持ち、笑顔を見せているが、心はこの日の空のように晴れてはいないに違いなかった。

九月初めに閉幕した第九回党中央委員会第二回総会(九期二中総会)で、林彪は毛沢東の国家主席就任と毛沢東「天才」論をぶち上げた。「天才」毛沢東の「親密な戦友で後継者」（党規約）の林彪自身が、国家主席の座に就く布石のつもりでいたのだが、毛沢東に拒否されてしまった。このままなら、国家主席となることは絶望的だ。

一九七〇年十月一日、天安門楼上に毛沢東（中）、林彪（右）と並んで立つエドガー・スノー

林彪を側面援助するため「天才」論がいかにマルクス・レーニン主義に合致しているかを「立証」した党政治局常務委員の陳伯達《ちんはくたつ》が、毛沢東から「ペテン師」とされて失脚の瀬戸際にある。陳伯達に同調した妻の政治局員、葉群《ようぐん》や腹心の将軍たちも自己批判を迫られている。

毛沢東は明らかに、やれ天才だ、なんだと相変わらず個人崇拝をあおろうとする林彪のやり方が気になる。プロレタリア文化大革命では、林彪が次々に生み出す毛沢東礼賛のスローガンに自ら乗ったが、文革の熱狂を終わらせ、地に足のついた歩みが必要な時期となったのだ。

国慶節から二カ月半が過ぎた七〇年十二月十八日、毛沢東は北京《ぺきん》・中南海《ちゅうなんかい》の執務室でスノーと会見した。その中で毛沢東は個人崇拝について「最近数年間は必要があったが、いまでは必要ない。多くは形式主義でやっている」とし、「例えば四つの偉大（偉大な教師、偉大な指導者、偉大な統率者、偉大な舵《かじ》取り）がわずらわしい」と言った。「四つの偉大」は林彪が唱え、もっともよく知られた毛沢東賛辞だ。林彪も、毛沢東が何年も前から、そのようなことを言っているのを知っていたが、「四つの偉大」や「天才」を否定されては、それを語ってきた林彪を否定するのと同じではないか。

「ソ連修正主義」と「米帝国主義」との闘争も、毛沢東の意向を受けて説いてきたというのに、いまやその米国との関係改善の動きさえある。九期二中総会での「敗北」とあわせ、林彪は追い詰められているように感じていたに違いない。

国交のない米中間で、秘密交渉の舞台となったのはパキスタンのイスラマバードだった。署名もあて先もない密書がイスラマバードの中国大使からパキスタン政府を通じて米国駐在のパキスタン大使に伝えられ、パキスタン大使が読み上げる密書の文言をキッシンジャーがメモに書き留めた。

パキスタン大統領が北京を訪れた一カ月後、中国はイスラマバード経由で密書を発し、歴史的なメッセージをキッシンジャーに届けてきた。

「中国領土である台湾からの軍撤退を議論するため、ニクソン大統領の特使団派遣を心から歓迎する」

七〇年十二月九日のことであった。それからほどなく、一通の外交電文が毛沢東あてに送られてきた。差出人の署名は例によってないが、米政府からであることは明らかだった。

「中華人民共和国と米国との間に存在する台湾問題を含む諸問題について、米国は北京における高級会談で討議する用意がある……」

《米中交渉については陳敦徳《ちんとんとく》著『一九七二年の毛沢東・ニクソン』（解放軍文芸出版社、九七年）による》

毛沢東は十二月十八日のスノーとの会見で、米国との関係に触れてこう言った。

「彼（ニクソン）が北京に来たければ、だれかに話す必要はない。黙って飛行機に乗ればいいんだ。話が成り立たなくてもよし、成り立てばそれもよしだ。（訪中の際の立場は）旅行者でも、大統領でもかまわない。ニクソンが来るというなら、会いたいね」（董保存《とうほそん》著『天安門に登る』中国青年出版社）

スノーにそう語ったときにはもう、毛沢東は「米大統領の特使団受け入れ」をパキスタン政府経由で米政府に伝えていたことになる。

対米強硬派の林彪の指導部内での影響力が弱まる中で、米中関係は劇的に動き始めた。

七ひかり息子　二十四歳で空軍指揮権を握った!?

一九七一年二月、江蘇省蘇州《こうそ そしゅう》の専用別荘に滞在している中国共産党副主席兼国防相の林《りん》彪《ぴょう》に何度も電話がかかってきていた。人民解放軍総参謀長の黄永勝《こうえいしょう》や空軍司令員（司令官）の呉法憲《ごほうけん》からだった。

呉法憲ら林彪の側近はこのころ、党主席の毛沢東から厳しい批判を浴びていた。党内序列四位の党政治局常務委員、陳伯達《ちんはくたつ》に対する批判に消極的すぎるというのだった。呉法憲らは崖《がけ》っぷちに追い詰められ、失脚の瀬戸際にいた。毛沢東による林彪側近への攻撃は、林彪自身をじりじりと包囲しているかのようであった。

陳伯達は半年前の党第九期第二回中央委員会総会（九期二中総会）で、林彪が唱える「毛沢東天才」論はマルクス主義に合致するとの〝理論〟を展開し、毛沢東から「ペテン師」とされて党内外でいっせいに「批陳（陳伯達を批判する）運動」が展開されている最中だ。

陳伯達が強引な天才論を九期二中総会でぶち上げたのは、毛沢東を天才と主張してきた林彪の正しさを証明し、党内世論を林彪派に引きつけようとしたためだ。そうすることで、国家主席廃止を打ち出した毛沢東を思いとどまらせ、林彪が国家主席に就く道を残そうとした。

毛沢東は林彪を批判の対象からは外し、陳伯達の主張に同調した林彪の妻で党政治局員の葉群《ようぐん》や呉法憲ら林彪側近に「反省」を求めたが、それが十分ではないとして毛沢東はいらだちを強めていたのだった。

《毛沢東に批判された呉法憲ら林彪側近から、盛んに蘇州の林彪のもとに電話が入っていたとき、林彪と葉群の長男で空軍司令部弁公室副主任兼作戦部副部長の林立果《りんりつか》も両親と蘇州の別荘に滞在していた。

林彪、葉群、林立果らが七一年九月に失脚死したあと発表された中国共産党の公式見解によると、三人が蘇州に滞在していたこのとき、反革命クーデターの謀議が行われた。その後、林立果は杭州《こうしゅう》を経て上海《しゃんはい》に飛び、林立果が組織した「連合艦隊」なる若手軍人集団と具体的なクーデター計画を練るという筋書きになっている。

そこに話を進める前に、ここでは、党公式見解のいう「反革命武装クーデター」で大きな役割を与えられている林立果についてまず触れる》

「収拾がつかない。みんなくそったれの主任（葉群）のせいだ。功を焦《あせ》ってでたらめな指揮をするからだ」

受話器の向こうで林立果がそう言った。七〇年夏、九期二中総会が開かれていた江西省《こうせい》の廬山《ろざん》から、北京《べきん》の毛家湾《もうかわん》にある林彪の居宅兼執務室に電話をかけてきたのだ。電話を受けたのは北京居残り組の林彪秘書のひとりだった（天華《てんか》編著『毛沢東と林彪』）。

林彪の妻の葉群は、林彪弁公室（事務所）の主任なので、息子の林立果も母親を「主任」と呼んでいる。「収拾がつかない」というのは、廬山で天才論を展開した陳伯達が毛沢東から厳しく批判された政治事件のことだ。廬山では、葉群が陳伯達や林彪側近たちにあれこれ指図していたことを林立果は知っており、だから「でたらめな指揮」と非難したのだった。

秘書によると、林立果は「（葉群は）自分の身が危なくなって、首長（林彪のことを家族や秘書はこう言っていた）の前で泣いているだけさ」と言い、葉群の失敗を喜んでいるようでもあった（張雲生《ちょううんせい》著『毛家湾紀実――林彪秘書回憶録』）。林立果は息子の自分を溺愛《できあい》するあまり、何にでも口出しする葉群を疎ましく思っていた。

四年前に毛沢東のプロレタリア文化大革命が始まったとき林立果は二十一歳で、北京大学物理学科の一年生だった。六七年三月に人民解放軍に入隊し、共産党に入党するより先に空軍党委員会弁公堂の秘書となる。さらに、わずか二年半後には空軍司令部弁公室副主任兼作戦部副部長という要職に就いた。

異例の超スピード出世だが、党内序列二位で国防相の林彪の〝ご子息〟だから、空軍内でだれも表だって文句を言えるわけもなかったが、陰では「一年で兵士、二年で党員、三年で副部長、四年で太上皇（皇帝の父、転じて黒幕の意）」という戯《ざ》れ句《く》がはやった（林彪事件に関する回想などを集めた『林彪反革命集団壊滅紀実』中央文献出版社、九六年）。

林彪事件の起訴状には、林立果が空軍司令部弁公室副主任などに就いた六九年十月前後に、林彪の側近で空軍司令員の呉法憲は、空軍の指揮権さえ林立果にゆだねてしまったとある。『毛沢東と林彪』によると、林彪は「思想だけでなく、言葉遣いも私に似ている」と息子に目を細め、林彪の側近たちは林立果を「万能、抜群の才能、（毛沢東、林彪を継ぐ）三代目の後継者」などと吹聴してまわった。

廬山の九期二中総会のあとに、林立果が林彪側近の将軍たちの言動に失望して書いたとされるメモがある。天華編著の『毛沢東と林彪』が紹介しているそのメモにはこうある。

「かれら軍の高級幹部は政治水準が低く、軍事戦は指揮できるが政治戦は指揮できない。今後の政治闘争は彼らの指導には頼れない。真の指揮権はわれわれが掌握せねばならない」

メモにある「われわれ」とは林立果を組長とし、三十歳前後の青年将校を中心に情報収集や秘密活動を行う集団とされ、当初は空軍党委員会にさまざまな提案をするための調査研究を行う「調研小組」といわれた。

起訴状によると、この「調研小組」は九期二中総会後の七〇年十月に、「連合艦隊」となった。これについて『毛沢東と林彪』は、日本映画「あゝ海軍」と「山本五十六《やまもといそろく》」を見て感銘を受けた林立果が、「われわれにも江田島《えたじま》精神が必要だ」として改名した、と書いている。

林立果

『毛沢東と林彪』によると、上海にも「上海小組」があり、「敬愛する林（彪）副主席、葉（群）主任、林（立果）副部長に無限の忠誠心を備えていなければならない」「とくに小組の最高指導者である林（立果）副部長の指示は一字一句その通りにやらねばならない」という〝おきて〟があった。

「上海小組」の前身は、党軍事委員会弁事組（事務局）が要員選抜を名目に空軍部隊に組織させた「人選小組」で、実際には葉群の意を受けて息子の嫁にふさわしい「十六歳から二十歳までの容姿端麗な未婚女性」を探していた。これを林立果が「上海小組」として七〇年に改組したのだという。

成り立ちからは反革命クーデターとは縁遠い印象のこれらのグループが、毛沢東暗殺と軍事クーデターを謀った「反党反革命集団」とその一翼を担うものとされることになる。

蜂起計画「現代の始皇帝を打倒せよ!」

クーデター計画書とされる文書がある。

表紙に「『五七一工程』紀要」と書かれたルーズリーフ式ノートには、鉛筆で二十四ページまで番号が振られている。

「彼(毛沢東)はすでに現代の秦《しん》の始皇帝《しこうてい》になってしまっている。彼は真のマルクス・レーニン主義者ではなく、孔孟《こうもう》の道を行い、マルクス・レーニン主義の衣を借りて、秦の始皇帝の法を執行する中国歴史上、最大の封建的暴君である」

ノートの中には、中国共産党主席の毛沢東を痛烈に批判する記述があった。「現代の始皇帝を打倒せよ!」「社会主義の看板を掲げた封建王朝を覆せ」とも書く。

この「『五七一工程』紀要」は、中国共産党が一九七二年一月十三日付の「党中央四号文件(極秘)」として党内の一部に配布した。そこでは、党副主席兼国防相の林彪《りんぴょう》とその妻で党政治局員の葉群《ようぐん》が、息子の空軍司令部弁公室副主任兼作戦部長の林立果《りんりつか》らに作成させたクーデター計画書と断定している。

林彪たちはその四カ月前にモンゴルで墜死した、と党中央と地方指導部には極秘で通知されていたが、この「四号文件」によって、それがクーデター失敗によるものとされたのだ。ノートの筆跡は空軍司令部弁公室副処長の于《う》新野《しんや》のもので、林立果が指揮する秘密組織「連合艦隊」の北京《ぺきん》空軍学院内の拠点にあったという。

「紀要」は九項目に分かれ、第一項の「可能性」でまず政治状況に触れ、軍人ではない「文人連中」による「権力奪取と和平演変（武力を伴わない政変）が進行しつつある」との危機感が示される。

毛沢東を「封建的暴君」と糾弾した部分は第二項の「必要性と必然」の中にある。ここで、「手をこまぬいて捕らえられるより、思い切った行動に出たほうがよい。軍事行動で先手を取る」とするが、「人心はますます独裁者から離れている」「農民は食料、衣類にもこと欠く」など「有利な条件」を挙げる一方、「目下のところ、われわれの勢力結集は準備不足」「軍の統一的掌握が難しい」と「困難な条件」も列挙している。

第七項の「実施要点」では、「必ず張春橋《ちょうしゅんきょう》を捕らえ、その反徒的罪状を公表する」として、ただ一人実名で党政治局員の張春橋を攻撃対象に挙げており、権力奪取を進めつつある「文人連中」が、毛沢東の妻で党政治局員の江青《こうせい》のグループを指していることをうかがわせる。

第四項の「時機」では、戦術的時機として①B－52（毛沢東を指す）がわれわれの手中に入り、敵主力艦（党中央指導者を指すとみられる）も引き込める状況になったとき、からめ取る②指導部の会合を利用して一網打《いちもうだ》尽《じん》にする③まず手下を切り、既成事実とする④B―52

に圧力をかけ、いうことを聞かせる――などさまざまな想定をしている。

「目下の情勢ではクーデター計画を想定せねばならない」。上海《しゃんはい》に着いた林立果はこう言い、七一年三月二十日と二十一日に、于新野のほか空軍司令部弁公室処長の周宇馳《しゅううち》、空四軍政治部秘書処副処長の李偉信《りいしん》と密談する。彼らは空軍司令部党委員会内に設けられた秘密組織「連合艦隊」メンバーで、多くは三十歳代の若手将校だった。

《七二年一月の「四号文件」によると、林彪、葉群、林立果は江蘇省《こうそ》蘇州《そしゅう》で反革命クーデターを画策し、七一年二月下旬から林立果を杭州《こうしゅう》や上海に派遣して、林立果のグループに計画を研究、制定させたという。

「四号文件」には林彪らの墜死後に逮捕された李偉信の供述書面も含まれている。それによると、「連合艦隊」の密談の様子は次のようなものだった》

林立果らは当時の政治状況をこうみていた。全国的には「首長（林彪を指す）」の勢力は絶対優勢である。だが軍は抑圧され、政局は「文人勢力」に有利になりつつある。

「Ｂ－52は一貫してそうだ」。林立果は言った。Ｂ－52は林立果らがつけた毛沢東の暗号名だ。「こちらの勢力をちょっと利用すると今度はあちらの勢力を利用する。そうしてバランスをとっているのだ」。林立果は林彪に代わる毛後継者は張春橋だと警戒していた。

林彪の後継主席就任について三つの可能性を検討した。まずは「平和的移行」。周宇馳は、毛沢東の余生は長くなく「五、六年かもっと短い時期にあり得る」との見方をした。だが林立果は「Ｂ－52はもっと持ちこたえるだろう」と言い、「五、六年でも変化は大きく、首長

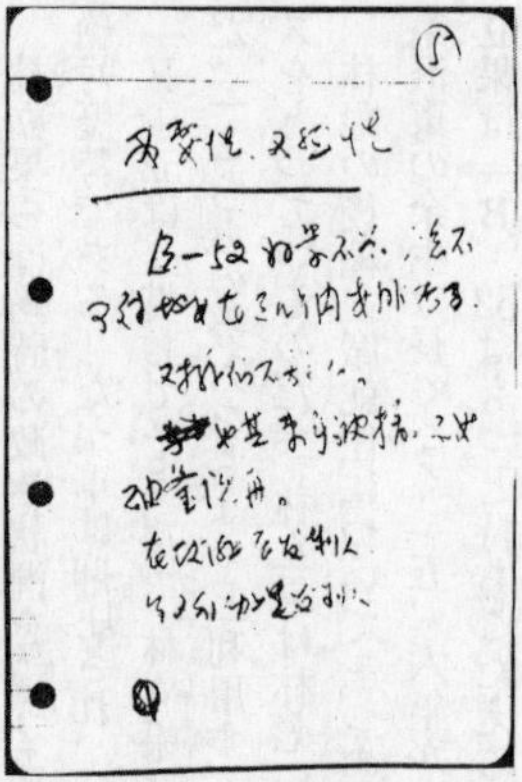

林彪らのクーデター計画書とされる「『五七一工程』紀要」の一部

（林彪）の地位が保てるかどうか分からない」。

第二の可能性は「だれかに奪われる」だった。林立果は「B－52の威信は高く、その一言でだれでも失脚させられる」と言い、林彪はいつでも失脚する可能性があると考えていた。

そこで第三の可能性、「先んじて奪う」に重点が置かれた。二つの方法があった。一つは、張春橋ら「もの書き連中」を消して林彪の地位を安泰にし、後継主席への「平和的移行」を待つこと。もう一つは毛沢東を消してしまうことだった。

政治上の収拾の難しさから、「毛沢東暗殺」は最後の手段とされたが、周宇馳は「どうしてもと言うなら」とこんな提案をした。「毛主席を軟禁して談判するとか、毛主席を亡きものにしてだれかに罪を転嫁するとか。どのみちそのときには首長が権力を握っているだろうから、事後処理は首長に出てきてもらえばよい」

最終的に「平和的移行」に努力しつつ、武装闘争の準備もしておく、と決められた。そこでやるべきことが二つあった。ひとつは林彪と林立果に忠実な秘密武装兵力を組織すること。ひとつは武装起義（蜂起《ほうき》）の計画を立てることだった。

計画名は、「武（装）起義」と「五七一」が同じ発音（ウーチーイー）であることから、林立果が「五七一工程」と決め、三月二十二日から二十四日にかけて于新野は「『五七一工程』紀要」の草稿を書いた。

《中国共産党は「党中央四号文件」で「『五七一工程』紀要」を根拠に「林彪反党集団」が「反革命クーデター」を準備したとの公式見解を打ち出し、中国国内で最近、相次いで刊行されている文革や林彪事件に関する書物も、入手できた範囲ではこの見解に忠実に沿っている。

「『五七一工程』紀要」で描く毛沢東の行動様式は的を射たものだが、計画自体は自ら「準備不足」とし「平和的移行」にも言及するなど一般的な情勢分析に近い。林彪自身がクーデターを真剣に検討していたなら、軍総参謀長の黄永勝《こうえいしょう》や空軍司令員の呉法憲《ごほうけん》など腹心の将軍がもっと大規模で本格的な計画が作成できたはずだとの疑問は、研究者の間にいまも根強くある》

突然の最高指示「呼べ。米国卓球団を招くんだ」

一九七一年四月六日、北京《ペきん》・中南海《ちゅうなんかい》の豊沢園《ほうたくえん》にある毛沢東の居宅兼執務室に、国務院外交部（外務省）と国家体育委員会の報告書が届いた。名古屋に滞在している卓球の米国代表チームが中国訪問を希望している問題についてであった。

名古屋では四月三日から第三十一回世界卓球選手権大会が開かれており、米国代表チームから中国代表チームに訪中の可能性が打診されたのだ。しかし、それを受けた外交部と国家体育委員会が指導部に出した報告書は、米国代表チームの招待に否定的だった。

「おおむね同意する」。報告書には国務院総理（首相）、周恩来《しゅうおんらい》の書き付けがあった。招待しなくていいというのである。「（米国代表側の）団長と直接に接触し、中国人民は『二つの中国』や『一中一台』の策謀には反対し続ける、と表明すべきである」と周恩来は原則論を書き込んでいた。

外交部は四月六日午後四時半、毛沢東の同意を得て、名古屋にいる中国代表団秘書長で中国卓球協会副主席の宋中《そうちゅう》に「時期は熟しておらず、次の機会があることを信じる」と伝えた。

毛沢東は報告書に「承認」を意味する〇印を書き込んだのだが、なおそれを手元においてしきりに考え込んでいたという。

その日の夜十一時すぎ、毛沢東は看護婦長の呉旭君《ごきよくくん》が用意した夜食のテーブルについた。しかし、すでに毛沢東は睡眠薬を服用しており、食卓に顔を伏せるようにして寝入ってしまったように見えた。

「呼べ。米国選手団を中国に招くんだ」。突然、うわごとのようにそう言うと、毛沢東は近くにあった電話を取り上げ、米国選手団の招へいを命じる「最高指示」を出した。

「主席は本気か？」。外交部から折り返し、確認の連絡が入った。毛沢東はぐったりしており、電話は呉旭君が代わって取っていた。「睡眠薬を飲んでいるのではないか？」と突然の翻意《ほんい》をいぶかしがる相手に、呉旭君は「間違いありません。主席に念のため聞き返しました。早く米国の選手団に伝えなければ間に合わなくなります」

呉旭君は受話器を置くと毛沢東に内容を報告した。「よし、それでいい」。毛沢東はそのままベッドに入り、深い眠りについた（銭江《せんこう》著『乒乓（ピンポン）外交』東方出版社、九七年）。

名古屋の世界卓球選手権大会の閉幕は七日だった。米国代表チームが中国代表団長の宋中から正式招待が伝えられたのは、その日の午前であった。これを受けて、米国務省がワシントンで「中国卓球協会からの招待で米国卓球代表団が中国を訪問する」と発表した。

四九年に中華人民共和国が建国されて以来、米国のスポーツ代表団が中国を訪問するのは初めてだった。国交もなく、長年互いに敵視しあってきた米中の〝友好ムード〟に世界は驚き、これを「ピンポン外交」と呼んで大きな話題となったのだが、水面下で米中の秘密交渉はずっと進展していた。世界がそれに気づかないだけであった。

パキスタン政府を仲介役とする米中秘密交渉で、前年十二月九日、米大統領のニクソンが中国政府から「北京における高級レベル会談を受け入れる用意がある」とのメッセージを受け取ったことはすでに書いた。

米中両国の秘密交渉は、その後も断続的に続けられ、世界が〝ピンポン外交〟に目を奪われている間に、「ニクソン訪中」に向けた詰めのやりとりにまで両国の交渉は進んでいた。

米国務省スポークスマンが、中国の米卓球代表団招待は米政府にとって「完全な驚き」と語ったのは秘密交渉の進展をごまかすカムフラージュであった。

米卓球チームが中国訪問を終えて間もない四月二十七日午後、密使役の駐米パキスタン大使がホワイトハウスを訪れ、周恩来からのメッセージを伝えた。

「中国政府は米国大統領の特使（例えばキッシンジャー先生）、あるいは国務長官、あるいは大統領本人を北京に招き、直接会談を行うことに賛同する」

メッセージは秘密保持のため文書で米国政府に渡されることはなく、いつものように口頭で伝えられた。

「中米両国関係回復のためには、中国の台湾および台湾海峡から米国のあらゆる武力が撤退する必要があり、高級指導者の直接対話によってのみ解決方法が見つかる」（中共中央文献研究室編『周恩来年譜』中央文献出版社、九七年）

それからまもなく、周恩来は五月九日に発信された米政府からのメッセージをパキスタン政府経由で伝えられた。

「ニクソン大統領の訪問準備と、中華人民共和国指導者との信頼関係を結ぶため、ニクソン大統領は国家安全保障問題担当補佐官であるキッシンジャー博士と周恩来総理がまず最初に会談するよう提案する」

この中で米政府は、完全な秘密を保つため、協力者であるパキスタンからキッシンジャーが極秘に中国入りする意向を伝え、中国政府は六月二日、確認の返電をニクソンに届けた。

「周恩来総理は、キッシンジャー博士が訪中され、会談を通じてニクソン大統領の訪問に必要な準備作業を行うことを歓迎する。イスラマバードからパキスタン機で中国入りしても、中国が専用機で出迎えてもよい」

毛沢東に米国との関係改善を決意させた最大の要因は、ソ連の軍事脅威であった。六九年の珍宝島《ちんぽうとう》事件など中ソ国境における大規模な軍事衝突は、その懸念をいっそう強くさせ、「米国カード」を欲した。米国もまたソ連との冷戦で「中国カード」は大きな魅力であった。

毛沢東や周恩来が当初、米卓球チームの受け入れに躊躇《ちゅうちょ》したのは、党内の反応を懸念したからだ。「米帝国主義」を「ソ連修正主義」と並ぶ「最大の敵」として口をきわめてののしるよう煽《あお》ってきたのは毛沢東自身である。その急激な転身は指導部内で多数派を占める急進左派に動揺を与えかねない。

それでも、毛沢東が最終的に米卓球チームの招待を決断したのは、米中関係改善というこれから起きる激震に耐えられる「免疫《めんえき》」が必要だと考えたからだ。周恩来はのちに〝ピンポン外交〟の真意について、「外交の革命的変化に（党）内部を順応させる必要があった」と語っている（陳敦徳《ちんとんとく》著『一九七二年の毛沢東・ニクソン』）。

米中秘密交渉の進展と歩調を合わせ、「米ソ二正面作戦」を唱えてきた党副主席兼国防相の林彪《りんぴょう》を封じ込めようとするかのような毛沢東の「包囲網」が強められていた。米中関係の進展は、林彪や人民解放軍の急進左派を逆にソ連に接近させる危険性もはらんでいたのだ。

キッシンジャーの秘密訪中が迫った五月二十九日、周恩来は米中交渉の現状報告を毛沢東と林彪に提出し、党中央と人民解放軍各軍区の幹部に対する説明報告会を開くと提案した。

「説明報告会には参加するの？」。林彪の寝室に妻で党政治局員の葉群《ようぐん》が入ってきた。押し黙ったままの林彪に葉群がたたみかけた。

「また周恩来が出しゃばってきた。このところあいつは本当に生意気だよ。アメリカ人と結託するなんて……。で、どうするの？ 参加するの」

林彪がようやく口を開いた。

「周恩来がアメリカ人を相手にしたって、ばかにされ、恥をかくだけさ」

こう言って「コホン」と一つせきをし、両手を後ろ組んで寝室から出ていってしまった（『釣魚台檔案《ちょうぎょだいとうあん》』）。

密使訪中のあと「林彪にはいい計略があるのよ」

タイ、インドを歴訪してパキスタン入りした米大統領補佐官（安全保障問題担当）のキッシンジャーは一九七一年七月八日、パキスタン大統領のヤヒア・カーンが主催する晩さん会に出席した。しかし、まもなくその場から姿を消し、まる三日間にわたって消息を絶った。

米国大使館はこう説明した。「キッシンジャー補佐官は胃痛のため、ナチアガリで休養する」。ナチアガリはイスラマバード北方八〇キロの山岳地帯にある保養地である。パキスタン政府もこれを確認した。

七月九日午後零時十五分、北京《ぺきん》郊外の南苑軍用空港にパキスタン航空機が着陸した。タラップを降りてきたのはキッシンジャーであった。

出迎えた中国共産党政治局員兼中央軍事委副主席の葉剣英《ようけんえい》、のちに初代国連首席代表や外交部長（外相）となる黄華《こうか》らと握手を交わすと、言葉少なに中国車「紅旗《こうき》」に乗り込み、政府迎賓館の釣魚台《ちょうぎょだい》に直行した。

釣魚台の六号楼に案内されたキッシンジャーはシャワーを浴び、周恩来との会談に備えた。午後四時半、周恩来が六号楼にやってきた。キッシンジャーと固い握手を交わした周恩来は

「これが米中両国の高級外交官僚による二十数年来で初めての握手です」と言った。キッシンジャーはこう応じた。「残念なのはこの握手をすぐに公開できないことです。全世界を驚かしますから」

会談が始まると周恩来が「わが国の習慣に基づいて客人から先にお話しください」と促し、キッシンジャーはメモに沿って話し始めた。ニクソン訪中の時期と会談内容を詰めるのが今回の目的だと説明した後、台湾問題での米国の立場を表明した。

「台湾駐留軍を縮小させる用意がある。台湾問題の平和的解決を希望する。米国は中国が国連において議席を回復することを支持するが、台湾代表を駆逐することは支持しない……」

周恩来が口を開いた。「話し合いなんですよ。ノートばかり読み上げる必要もないでしょう」。周恩来はキッシンジャーを夕食会に招いた。

その後も会談を継続し、七時間近くに及んだ初日の会談は午後十一時二十分、終了した（徐学初《じよがくしよ》ら編著『毛沢東の眼の中の米国』）。

毛沢東は中南海《ちゆうなんかい》の居宅兼執務室で、いらだたしげにたばこを吸いながら、キッシンジャーとの会談結果について周恩来の報告を聞いていた。途中、台湾問題のところで口をはさんだ。

「サルはまだ人間にはなっていない。まだしっぽが残っている。台湾問題にもまだしっぽが残っているんだ」

毛沢東は不満だった。が、そこを詰めていては話が進まない。ニクソン訪中を実現したい毛沢東は周恩来に言った。「具体的な問題には触れるな。われわれは米・ソ・日による中国分割に備えているんだ、ぐらいキッシンジャーに吹いてやれ」

七月十日午後四時、周恩来はキッシンジャーを人民大会堂に招いて会談した。夕食後、周恩来は日程調整に話題を集中させ、「ニクソン訪中」を発表する共同声明の内容をすり合わせた。

夜十時まで行われた会談後、周恩来の報告を聞いた毛沢東は最後の注文をつけた。「共同声明では、ニクソン訪中をだれかが主導したことにはするな。双方がともに積極的になったのだ。私がニクソンと会いたいということにも触れるなよ」

十一日午前九時四十分からの会談で、結局、「中国側がニクソンの訪中希望を知り、招待した」という折衷案《せっちゅうあん》で合意した。訪中は「七二年夏では大統領選に近すぎる」とキッシンジャーが注文をつけ、「七二年五月以前」とすることになった。

キッシンジャーは午後一時、贈られた『毛沢東選集』の英文版を携え、パキスタン機でイスラマバードに戻った。そして何事もなかったかのように次の目的地、パリに向かった（『毛沢東の眼の中の米国』など）。

「ニクソン訪中」の電撃発表が世界をあっと言わせるのは七月十五日のことであった。

キッシンジャーが歴史的な北京秘密訪問を果たした七月初め、党副主席兼国防相の林彪《りんぴょう》と、妻の党政治局員、葉群《ようぐん》は北京を離れ、河北《かほく》省の渤海《ぼっかい》沿岸の避暑地、北戴河《ほくたいが》に戻っていた。

林彪が毛沢東の手足となって大規模な粛清《しゅくせい》を遂行したプロレタリア文化大革命は収束期に入り、こんどは「米帝国主義」と握手をするという。党政治局常務委員兼国務院総理（首相）の周恩来ら実務派が台頭し、林彪周辺には毛沢東による追い落とし策動が露骨に迫ってきた。

ビーチから二キロ離れた聯峰山《れんほうざん》の松林の中に軍が警備する要人保養地区がある。灰色のレンガ造りの二階建てが林彪夫妻の住む中央療養院九六号楼で、それぞれの寝室のほか執務室、会議室などもついている。

握手をする周恩来（右）とキッシンジャー

八月十六日午前、周恩来、党政治局員の張春橋《ちょうしゅんきょう》、党政治局員兼人民解放軍総参謀長の黄《こう》永勝《えいしょう》らがやってきた。毛沢東の指示で「後継者」に国政の報告をするためだった。

林彪はこのとき寝室にいた。「総理が見えました」。執務員が三度声をかけたが、返事もしなかった。林彪は水、風、光を極度に嫌った。それは林彪が麻薬のモルヒネ中毒であることと関係があるのかもしれなかった（厳家祺《げんかき》ら著『文化大革命十年史』）。革命戦争で負った傷の痛みから常用するようになったといわれていた。

ほかの部屋と同じように窓は板でふさがれていて室内は真っ暗で、ひげを伸ばし青白い顔をした林彪は半分眼を閉じてぼんやりとソファに座っていた。国家主席の座を確保しようと試みて失敗した七〇年夏の廬山《ろざん》会議（党第九期中央委員会第二回総会＝九期二中総会）以後、林彪は一人でいると、ほとんどの時間、こうして暗闇《くらやみ》のなかで考え事をしていた。

葉群とともにようやく応接間に姿を現した林彪は厚く重ね着をし、頭にはずきんをかぶっていた。シャツ一枚の周恩来と対照的だった。周恩来一行は林彪に内政、外交、軍事などの施政方針を報告した。最後に周恩来が言った。

――毛主席の提案に基づき、党中央は国慶節《こっけいせつ》（十月一日）前後に九期三中総会を開き、その後第四期全国人民代表大会（第四期全人代＝国会）を開催することに決定した。

うつむいて報告を聞いていた林彪は、最後に「主席の指示を断固、支持する」と答えた。

周恩来らは昼食後、帰途についた。だが林彪腹心の黄永勝だけは「ちょっと休んでいく」と言って葉群と話した。

「首長（林彪を指す）はどうお考えなのでしょう。情勢は切迫しています」。黄永勝は焦っていた。「四期全人代（全国人民代表大会＝国会）はきっと一大難関になります」

「四期全人代で首長は国防相にさえなれないかもしれない」。葉群は林彪の「後継者」としての地位が危ういことを感じていた。「でも首長は少しもあわてていない。彼の胸にはいい計略があるのよ」と葉群は笑みを作り、黄永勝ら腹心は林彪を信じて落ち着くよう言い含めた（曹英《そうえい》ら著『特別別荘』）。

密報　林彪は「総括」を求められた

七十七歳という高齢の毛沢東を乗せた専用列車は一九七一年八月十五日、北京《ペキン》から炎暑の湖北省武漢《こほくぶかん》に到着した。毛沢東はさっそく駅に人民解放軍武漢軍区政治委員の劉豊《りゅうほう》を呼ぶ。当地の情勢を尋ねたあと、いきなりこう話し出した。

「諸君らはマルクス主義をやるべきで、修正主義をやるべきではない。団結すべきで、分裂しセクト主義をやるべきではない。公明正大であるべきで、陰謀をめぐらすべきではない」

随行した党中央弁公庁主任兼中央警衛局局長、汪東興《おうとうこう》の回想によると、毛沢東は「ほうぼうで遊説《ゆうぜい》するのだ」と言っていた。言葉通り、この南方巡視で毛沢東は武漢、長沙《ちょうさ》、南昌《なんしょう》、杭州《こうしゅう》を回り、一カ所に滞在しては周辺各省の党・政府、軍の責任者らを呼び集めて会見した。

毛沢東は同じことを繰り返し語った。中国共産党は結党して五十年のうちに十回の路線闘争があったが一度も分裂したことがないこと、一年前の廬山《ろざん》会議（江西省廬山での党第九期中央委員会第二回総会＝九期二中総会）で将軍たちが党を分裂させようとしたこと、だ。

名指しされた「将軍たち」とは、人民解放軍総参謀長の黄永勝《こうえいしょう》のほか空軍司令員（司令官）の呉《ご》法憲《ほうけん》、海軍第一政治委員の李《り》作鵬《さくほう》、軍総後勤部部長の邱会作《きゅうかいさく》の三人の軍副総参謀長であり、ほかに党副主席兼国防相の林彪《りんぴょう》の妻で党政治局員の葉群《ようぐん》も名指しされた。いずれも林彪の側近である。

その彼らを、「突然襲撃してきた。地下活動を行い、計画も組織も綱領もあった」と非難し、「国家主席に急いでなりたがり、党を分裂させようとし、奪権を急いだ。廬山会議は二つの司令部の闘争なのだ」と断罪した。「国家主席になりたがった」というのは党規約で毛沢東の「後継者」と明記された林彪を暗に指している。

誤りをなした者にはやはり教育するのがよいだろうと毛沢東は言い、汪東興の印象では、毛沢東は林彪と一部の側近たちを「救う」つもりだったという。だが、「今回は林副主席を保護して個人的結論を出していない。彼は当然ある程度の責任を負うべきだ」とし、「廬山の件はまだ終わっていない。不徹底で総括がなされていない」と追及は厳しかった。

これまで真綿で首を絞めるように林彪の側近らを攻撃していた毛沢東が、公然と「後継者」林彪の責任を問い、総括を求めたのだった。

林彪が妻の葉群を自分の弁公室（執務室）の主任にしたり、まだ二十代半ばで空軍司令部弁公室副主任兼作戦部副部長となった息子の林立果《りんりつか》を「『超天才』と持ち上げる」やり方にも不満を隠さなかった。

毛沢東が接見した幹部の中には、林彪や林立果と関係の深い者も交じっていた。林立果らが若手将校と作った秘密組織とされる「連合艦隊」メンバーで空五軍の政治委員、陳励耘《ちんれいうん》に杭州で接見したとき、毛沢東ははっきりと「廬山会議でどんな過ちを犯したのか」と尋ね、呉法憲のグループの一人だった、と毛沢東のほうから指摘したので、陳励耘は狼狽《ろうばい》した。《南巡中の毛沢東の行動と談話は当時の記録に忠実に書いたという『汪東興の回想：毛沢東と林彪反革命集団の闘争』（当代中国出版社、九七年）による》

毛沢東は南方巡回中の談話の内容を外部に漏らさぬよう命じていた。河北《かほく》省北戴河《ほくたいが》の要人保養地区にある専用別荘「中央療養院九六号」にいた林彪と葉群、林立果の親子三人は、毛沢東の「南巡講話」の内容を知ることができず焦《あせ》っていた。

《林彪グループの言動については天華《てんか》編著『毛沢東と林彪』、曹英《そうえい》ら著『特別別荘』などによる。のちに逮捕され隔離審査を受けた林彪グループの供述などをもとにしていると思われる》

北戴河に情報が入ってきたのはようやく九月六日になってからだった。

この日、二つのルートから毛沢東の談話内容が伝えられた。ひとつは広州軍区空軍参謀長の顧同舟《こどうしゅう》が伝えた湖南《こなん》省の長沙でのもの。もうひとつは李作鵬が武漢軍区政治委員の劉豊から聞き出した武漢で語ったものだった。

『特別別荘』によると、李作鵬は話を聞いてこう考えたという。「廬山会議の問題はまだ終わっていない。とがめ立ては以前より厳しくなっている。矛先《ほこさき》はどうやら林彪に向いている。「林彪反党反革命集団」事件を扱った特別検察庁による起訴状では、「林彪と葉群は密報

(秘密報告)を受けたあと、毛沢東主席殺害の行動をとる決心をした」となっている。

林彪と葉群、林立果、「連合艦隊」メンバーで空軍司令部弁公室処長の周宇馳《しゅううち》の四人は六日午後九時から十一時まで密談をし、林彪と葉群の二人は引き続き翌七日の未明まで話し込んだ。

実際に動き出したのは林立果と「連合艦隊」メンバーだった。起訴状は言う。「七日、林立果は『連合艦隊』に一級戦備(戦闘準備態勢)の命令を下した」

七日午後、周宇馳は北戴河から急ぎ北京に戻り、「連合艦隊」メンバーの江騰蛟《こうとうこう》と会った。「連合艦隊」には三十代の青年将校が多いが、江騰蛟はもう五十歳だった。林彪一家と非常に親密で、六八年に南京《なんきん》軍区政治委員を解任されたあと毛沢東に「重用すべきでない」とらく印を押されたこともあり、ますます林彪を頼り、忠誠を誓っていた。林立果は江騰蛟を指揮グループの総責任者にしていた。

周宇馳は江騰蛟に毛沢東の南巡講話の記録を見せて言った。「この話はみな首長(林彪)を指したものだ。どうやらわれわれに手を下そうとしている。先に手を下したほうがましだ」。毛沢東暗殺である。「どうやるんだ。そんな簡単なものか」と江騰蛟はいぶかった。

「(毛沢東)はいま杭州にいる。国慶節《こっけいせつ》(十月一日)に北京で過ごすためにすぐに帰ってくるだろう。途中の上海《しゃんはい》で決行できる。これを逃したら次の機会はない」。周宇馳はそう言うと、江騰蛟に上海方面の指揮をとるよう頼んだ。

八日夜、林立果も北戴河の両親のもとからひそかに北京に帰った。西郊空港に迎えた空軍副参謀長の胡萍《こへい》に林立果は「いま上層部の闘争は非常に複雑だ。首長は北戴河を離れる」と明かした。そのために、ただちにトライデント型機とイリューシン18型機の二機を準備し、林彪に忠実な搭乗員を選べという。

そのとき、林立果は一枚の白い紙を取り出して見せた。斜めにゆがんだ赤鉛筆の文字は紛れもない林彪の筆跡だった。

「(林)立果、(周)宇馳同志の伝える命令通りにやることを望む　林彪　九月八日」

のちに林彪らを告発した起訴状は断定する。

「九月八日、林彪は武装クーデターの命令を発した」

「主席暗殺」失敗　専用列車は突然、予定を変えた

中国共産党主席の毛沢東は南部各地で党や軍の幹部らに「講話」をして回っていた。一九七一年八月から九月にかけてのことである。その話の中で、党副主席兼国防相の林彪を取り巻く将軍らを名指しして「権力奪取」を図ったと批判した。

一年前に江西省《こうせい》の廬山《ろざん》で開いた党第九期中央委員会第二回総会（九期二中総会）で、林《りん》彪《ぴょう》が国家主席に「天才」の毛沢東が就くべきだと主張し、林彪側近の人民解放軍首脳らがそれを盛んに支持する発言をしたことを指している。

林彪は毛沢東が国家主席を廃止すると言い出したために、焦って国家主席存続の論陣を張ったのだ。いずれ毛沢東の「後継者」である自分が国家主席の座に就こうという意図があったのだが、いま、毛沢東はそれを「奪権」と糾弾《きゅうだん》している。

毛沢東の「南巡講話」内容を林彪は河北《かほく》省の保養地、北戴河《ほくたいが》で知った。「林彪はやはり保護すべきだ」と毛沢東は口では言うが、同時に、廬山での林彪派の行動に対する闘争は、かつての劉少奇《りゅうしょうき》と同じ「二つの司令部」の闘争だと語っている。

林彪のように毛沢東に次ぐ党内序列二位の国家主席だった劉少奇に対し、毛沢東は文化大

革命を発動して、打ち倒し、棄て、野垂《のた》れ死《じ》にさせた。林彪は率先して加担したが、いま、自分が劉少奇の悲惨な運命をたどろうとしている――。林彪がそう考えても不自然ではなかった。

のちの「林彪反党反革命集団」事件の起訴状は、林彪と、妻で政治局員の葉群《ようぐん》、長男で空軍司令部弁公室副主任兼作戦部副部長の林立果《りんりつか》らが、毛沢東の「南巡講話」の内容を知って七一年九月八日に「武装クーデターの命令を発した」と断定する。

「われわれの任務は『五七一工程』である」。七一年九月九日早朝、北京《ペきん》空軍学院内の小さな建物で林立果は秘密組織「連合艦隊」のメンバーに向かって言った。「五七一工程」は武装起義（武装蜂起《ほうき》）を意味する林立果らの暗号だ。「五七一」は「武（装）起義」と同じ発音（ウーチーイー）である。

《林立果たちは毛沢東の暗殺を決意した、と天華《てんか》編著『毛沢東と林彪』は書く。この『毛沢東と林彪』はのちに林彪らを告発した起訴状や、逮捕されて隔離審査で自供した「連合艦隊」メンバーらの供述をもとに、林立果たちの言動を描いているものとみられる。それによると、「毛沢東暗殺」の動きは次のようだったとされる》

林立果の思惑は、南巡中の毛沢東を「南部戦線」で暗殺し、同時に北京の「北部戦線」では林彪グループと対立するようになった毛沢東の妻で党政治局員の江青《こうせい》らのグループが拠点とする政府迎賓館、釣魚台《ちょうぎょだい》を襲撃するというものだった。

それぞれ、南京《なんきん》軍区政治委員だった江騰蛟《こうとうこう》、空軍司令部副参謀長兼弁公室主任の王飛《おうひ》が指揮を執ることになった。林立果は成功すれば論功行賞《ろんこうこうしょう》が行われるといい、「成功すればすべてよし、失敗したらゲリラ戦でとことんやり抜く」と檄《げき》を飛ばした。

しかし、具体的な実行計画はなかなか煮詰まらなかった。林立果は三つの案を出した。①火炎放射器とロケット・ランチャーで列車を攻撃する②高射砲の水平撃ちで列車を砲撃する③上海《しゃんはい》に駐屯する空四軍の政治委員で仲間の王維国《おういこく》が毛沢東と接見する際に直接手を下す。だが、すぐに江騰蛟に却下された。火炎放射器とロケット・ランチャーを空軍は持っておらず、借りてきても使える者がいない。二に、毛沢東の専用列車の付近で砲撃しようとすればただちに発見される。三に、専用列車には探知機があり、銃を携帯しては接見できない。

江騰蛟らは別の方法を考えた。もし専用列車が上海の虹橋《こうきょう》空港の引き込み線に停車したら、近くの石油タンクを爆破させ、消火活動の混乱に乗じて「うまくいけば人を車両もろとも処分する」。あるいは「日本人が張作霖《ちょうさくりん》にやった方法」で「第二の皇姑屯《こうことん》事件（張作霖《ちょうさくりん》爆殺事件）」を起こす。それには江蘇《こうそ》省蘇州《そしゅう》の碩放《せきほう》で鉄橋を爆破するのがよいと提案された。

林立果は「まず上海でやり、失敗したら碩放でやる」と決めたが、それ以上、具体的に話は進まなかった。

「北部戦線」のほうも、指揮を任された王飛自身が「釣魚台に行ったこともない」と及び腰で、「空軍が武器を携帯して北京市内に入ることは許されていない」など難点を挙げた。十日午後には「結局やるのかやらないのか」という話になった。林立果も「ではやらない

ことにする」といったんは計画を放棄し、翌十一日午前に北戴河に電話したが、母親の葉群に叱責《しっせき》され、密談を再開せざるを得なくなった。

毛沢東の南巡に随行した党中央弁公庁主任で中央警衛局局長、汪東興《おうとうこう》の回想録によれば、九月八日夜、杭州《こうしゅう》で「（ひそかに）飛行機の準備をしている者がいる」など気になる情報を得た。ほかにも、何人かに不審な動きがあると示唆された毛沢東は専用列車を移動させることにした。

杭州の護衛を担当していたのは「連合艦隊」メンバーで杭州駐屯の空五軍政治委員、陳励《ちんれい》耘《うん》だった。専用列車を移動させるので探したが、姿を見せなかった。北京から来た仲間の空軍党委弁公室副主任、于《う》新野《しんや》と会っていた。于新野は毛沢東の動きを探りにきたのだった。

十日昼、毛沢東は汪東興に言った。「出発する。陳励耘らに連絡する必要はない」。列車は午後六時十分、上海に着いた。汪東興は車両の周囲を随行した百人の中央警衛団幹部隊で固め、百五十メートル離れたところにある空港用の石油タンクの守備を二人の歩哨《ほしょう》に命じた。

毛沢東は列車を降りず、翌十一日午前、接見した上海市革命委員会副主任の汪洪文《おうこうぶん》や王維国らに、会食には招けないから君らだけでやってくれ、と錦江飯店で昼食をとるよう勧め、送り出すとすぐ、王洪文らに黙ってただちに出発を命じた。「連合艦隊」メンバーの王維国が何もできないまま、列車は去った。

専用列車が上海を離れると、毛沢東は「だれにも会わない。私は休みたい」と言い、南京《なんきん》、徐州《じょしゅう》、済南《せいなん》、天津《てんしん》などにも五分から五十分程度しか停車せず、北京まで走り抜けた。

十一日夜、北京では林立果らの〝小田原評定《おだわらひょうじょう》〟が続いていた。深夜になって上海の王維国から電話が入った。「毛沢東の列車は、すでに昼に上海を離れた」。思いがけない予定変更に、林立果たちはぼう然とした。

林立果は涙を流し、「首長（林彪を指す）が私に与えてくれた任務を全《まっと》うできなかった。首長は命さえ私にあずけたのに。合わせる顔がない」と言った（『毛沢東と林彪』）。

毛沢東を乗せた列車は十二日午後一時十分、北京郊外の豊台《ほうだい》駅に到着した。ここで毛沢東は二時間ほど講和をしたあと、午後四時五分、北京駅に着くと、車で中南海《ちゅうなんかい》に帰った。

こうして、林彪らを告発した起訴状がいう「毛沢東暗殺計画」は不発に終わったのだった。

林彪深夜の離陸　銃撃の中、逃亡機に駆け込んだ

中国共産党主席の毛沢東を暗殺する計画が失敗した一九七一年九月十一日夜、党副主席兼国防相の林彪《りんぴょう》とその妻で党政治局員の葉群《ようぐん》は、南方の広州《こうしゅう》に逃亡する計画を練った。広州で林彪は、人民解放軍総参謀長の黄永勝《こうえいしょう》、空軍司令員（司令官）の呉法憲《ごほうけん》、海軍第一政治委員の李作鵬《りさくほう》、軍総後勤部部長の邱会作《きゅうかいさく》ら軍首脳と謀《はか》って分割国家を樹立する計略があった。

――「林彪反党反革命集団」による「毛沢東主席暗殺計画」と中国共産党がのちに告発した事件の起訴状はそう言う。

林彪は河北《かほく》省北戴河《ほくたいが》の要人専用別荘にこもっていた。この別荘には九月七日、娘の林立衡《りんりっこう》も婚約者の南京《なんきん》軍区の軍医とともに呼ばれて来ていた。そのとき、葉群は「一週間したら首長（林彪を指す）は大連《だいれん》に行き、国慶節《こっけいせつ》（十月一日の中華人民共和国建国記念日）には北京《ぺきん》に戻る」と言っていた。

《大連に行くという葉群の話は林彪の部下、張寧の回想として熊華《ようか》源《げん》ら編『林彪反革命集団壊滅紀実』（中央文献出版社、九六年）が書く》

九月十二日、葉群は突然、林立衡たちの結婚式を行うと言い、秘書や執務員に菓子、酒な

ど宴会の用意をさせた。北京の呉法憲に電話し、祝電の手配もしている。しかし、いきなり結婚式を言い出されて驚いた林立衡が反発し、結局、婚約式ということになった。

《葉群が「林彪は大連から北京に戻る」と言い、林立衡の婚約式を行ったのも、すべて広州への逃亡計画を悟られないための林彪夫婦の演出だったとの見方もある（曹英《そうえい》ら著『特別別荘』）》

林彪グループに対する特別検察庁の起訴状によると、毛沢東暗殺を実際に画策したのは林彪の息子の空軍司令部弁公室副主任兼作戦部副部長、林立果《りんりつか》とそのグループである。林立果は九月十二日、広州に逃亡するための軍用の三叉戟（トライデント）機「二五六号」を専用機として用意し、仲間の空軍司令部処長、劉沛豊《りゅうはいほう》とともにこれで両親らのいる北戴河の山海関空港に飛んだ。

林立果らが林彪の別荘に着いたとき、午後九時を回っていた。林立果は姉の林立衡の婚約式にかけつけたはずだったが、花束を手渡すと葉群とともにそそくさと林彪の執務室に消えた（天華《てんか》編著『毛沢東と林彪』）。

両親の言動に不自然さを感じていた林立衡は、林立果の様子から異変を確信した。そこで、林立衡は執務員を呼び、両親と弟の話を盗み聞きさせた。

「明朝六時、南方に行くようです」。執務員の報告に驚いた林立衡は林彪の警衛参謀、呉文《ごぶん》虎《こ》にこの話を打ち明けた。

《これ以後の林立衡の行動については、葉群の女性秘書の述懐を取り上げた焦燁編著『葉群の謎《なぞ》』（甘粛省文化出版社、九八年）による。女性秘書は呉文虎から直接、当時の状況を聞いたという》

林彪らが南方に飛ぶという話を呉文虎は信じなかった。「首長（林彪）は大連に行くんですよ」。しばらくして、呉文虎は林彪の部屋に行き、「首長は明日、大連に行くのですね」と念を押した。その場にいた葉群が「そうよ、大連よ」と答えたので、「それでは警護部隊も動かします」と言うと、葉群は「（警護）部隊を動かしてはならない」と厳しい口調で命じた。

呉文虎はこの話を林立衡に伝えた。それを聞いて林立衡は林彪の警備任務にあたる中央警衛局八三四一部隊の詰め所に「通報」することを決意したのだ、と呉文虎は言う。曹英ら著『特別別荘』によると、林立衡が八三四一部隊に林彪らの不審な行動を告げたのは午後九時五十分であった。

《林立衡はなぜ密告したのか。「両親との折り合いが悪かった」「結婚に干渉する葉群と関係が悪化していた」などといわれるが、両親を「制止」しようとしたのだと書く文献もある》

林立衡の通報はただちに北京に伝わり、党政治局常務委員で国務院総理（首相）の周恩来《しゅうおんらい》に報告された。航空機の動きを調べさせた周恩来は、空軍のトライデント「二五六号機」が北戴河の山海関空港にいることを知った（林彪事件の起訴状）。直後の十二日午後十一時ごろ、林彪のもとにも、周恩来が二五六号機の飛行阻止に動き出したとの連絡が入った（金聖《きんせい》基《き》著『人民大会堂見聞録』など）。

林彪は二五六号機を離陸させる口実が必要だった。「滞在先を大連に移すと北京に伝えろ」。葉群は午後十一時二十二分、周恩来に電話をかけた。「別荘を替えますので、林副主席は大連に移動します」

すでに二五六号機が山海関空港に駐機しているのを知りながら、周恩来は葉群に聞いた。「飛行機はあるのか」。「ありません」。葉群は引っかかった。周恩来の疑念は深まった。「必要なら私が林彪同志に会いに北戴河に行く」。遠回しな表現で「逃亡」を思いとどまらせようとした周恩来の一言が葉群をあわてさせた。「その必要はありません。林彪は忙しいので」と電話を切った。

《周恩来と葉群の会話は中央弁公庁主任の汪東興が『林彪反革命集団壊滅紀実』の中で語っている》

葉群が廊下に飛び出してきた。「車を用意して！」。林彪の護衛参謀だった呉文虎に怒鳴った。「とにかく急いで。首長を捕まえにくるやつがいるんだよ」。悲鳴に近い声を出して騒いだ。十二日午後十一時四十分すぎだった。

呉文虎によると、車には運転手のほか、林彪、葉群、林立果、劉沛豊、最後に呉文虎が乗り、山海関空港に向かった。車中で林彪が林立果に聞いた。「（ソ連の）イルクーツクまではどのくらいだ」。「遠くはない。ちょっと飛べばすぐさ」「八三四一は首長に忠実じゃない。突っ込め！」と葉群が叫ぶ。林立果がけん銃を運転手の背中に押しつけた。車は検問を突破した、八三四一部隊の詰め所前で検問をしていた。その瞬間、呉文虎は走る車から飛び降りた。林立果がけん銃を二発撃ち、うち一発が呉文虎の右肩に当たったが、車はそのまま走り去った（『葉群の謎』）。

林彪らの車が猛スピードで空港内に走り込み、二五六号機に向かった。車が完全に止まらないうちに、林彪らが飛び出した。髪を振り乱した葉群とけん銃を握った林立果が「急げ、急げ、飛行機を出せ」と叫ぶ。

《空港での林彪らの行動は山海関空港の副空港長らが目撃しており、李健《りけん》編著『紅壁紀事』が引用している》

タラップははずされていたので、林彪たちは操縦席にかかるはしごを登って機内にころり込んだ。その直後、二五六号機は副操縦士も通信士も待たず、標識灯も消したまま動き出し、主翼を給油車のタンクにぶつけながら滑走路に向かった。

そのとき、八三四一部隊が追いついたが、二五六号機は離陸を阻止するために誘導灯も消された真っ暗な滑走路でスピードを上げ、十三日午前零時三十二分、西方の闇《やみ》の中に機影を消した。

林彪墜死「事件処理の理想的な結末だな」

中国共産党副主席兼国防相、林彪《りんぴょう》が搭乗しているとみられる中型ジェット機のトライデント「二五六号機」は一九七一年九月十三日午前零時三十二分、河北《かほく》省北戴河《ほくたいが》の山海関《さんかいかん》空港を強行離陸した。行く先は不明であった。

「無線で呼びかけろ。北京《ぺきん》の西郊空港でも東郊空港でも、着陸すれば私、周恩来《しゅうおんらい》が出迎えると」

党政治局常務委員兼国務院総理（首相）の周恩来は、二五六号機をレーダーで追跡する軍司令部指揮室にそう指示した。周恩来はすでに全土の空港に離着陸禁止を命令していた。

二五六号機が離陸した山海関空港では、林彪のほか妻で党政治局員の葉群《ようぐん》、二人の息子で空軍司令部弁公室副主任兼作戦部副部長の林立果《りんりつか》、それに空軍司令部処長の劉沛豊《りゅうはいほう》が大あわてで乗り込んだという目撃証言がある。

周恩来からの呼び掛けにも、まったく応答しない。山海関空港から西に向かって飛んでいたが、内蒙古《うちもうこ》自治区上空で急に進路を北に向けた。周恩来は中南海《ちゅうなんかい》に急行し、党主席の毛沢東の最終判断を仰いだ。「追撃しますか。林彪の機はまだ射程内にあります」

毛沢東は執務室内をゆっくりと歩き回り、考え、こう言った。「行く手を阻むことはできない。雨は降るもの、娘は嫁に行くもの。どうしようもない。好きにさせるがいい」

二五六号機は離陸から約一時間後の十三日午前一時五十分、モンゴル国境を越え、機影はレーダーから消えた。

《林彪らの行方を追う周恩来の言動は天華《てんか》編著『毛沢東と林彪』による》

二五六号機が消息を絶った直後の十三日午前二時四十分、北京の沙河空港に空軍司令部弁公室処長の周宇馳《しゅううち》、空軍司令部弁公室副処長の于新野《うしんや》、空軍政治部秘書処副処長の李偉信《りいしん》が現れた。いずれも林立果の仲間の若手将校である。

三人は「緊急任務」とだまして当直のヘリコプター操縦士を起こし、東北方面に飛び立った。しばらくして周宇馳は、操縦士にウランバートル（モンゴル）──イルクーツク（当時ソ連）の航路地図を示し、ウランバートルに向かうよう命じた。

周恩来のもとには、不審なヘリコプターが飛行中との情報が入り、監視をしていた。操縦士は「給油が必要だ」として北京郊外の懐柔県に不時着したが、操縦士はその場で射殺され、周宇馳と于新野はけん銃で自殺、李偉信は捕らえられた。

九月十四日午前八時、ウランバートルの駐モンゴル中国大使館の電話が鳴った。「許文益《きょぶんえき》大使、大至急お会いしたい」。モンゴル外務省から、外務次官のオルトン・ビリガが会見したいという申し込みだった。

「十三日午前二時ごろ、わが国のヘンティ省ウンドゥルハン鉱区南約十キロの地点で、ジェット機一機が墜落しました。調査の結果、墜落機は中国人民解放軍の機で、乗員は九人、うち一人は女性ですが不幸にも全員が死亡しました」

ビリガは言葉を続けた。「中国軍用機がモンゴル領深く進入したことについて私は政府を代表し、口頭で抗議します。中国政府から正式な釈明が近くなされることを望みます」

許文益は中国側による現場検証を申し入れ、大使館にとって返した。北京の外交部（外務省）と連絡をとろうとしたが、通信事情が悪く、つながらない。五〇年代にウランバートル経由で開設され、使用停止になっていた北京―モスクワ間の専用線を復活させ、午後零時二十分、北京に状況が報告された。林彪専用機が消息を絶ってから三十四時間近くが過ぎていた。

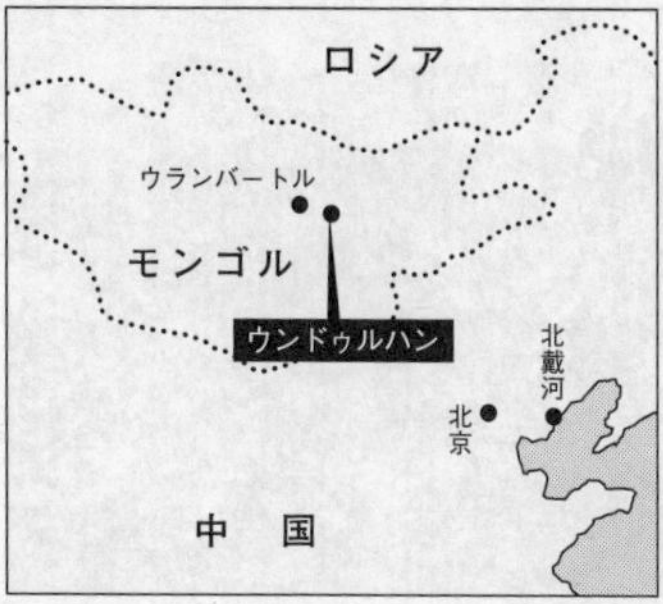

《以上の経緯は許文益自身の回想を取り上げた『林彪反革命集団壊滅紀実』（中央文献出版社、九六年）から引いた》

二五六号機がモンゴル領に入って消息を絶ったあと、周恩来は林彪たちがソ連に逃亡したと考えた。当時、外交部弁公庁主任だった符浩《ふこう》が書いた回想録（中共中央文献研究室など

一九七一年九月十三日未明、モンゴルのウンドゥルハンに墜落し、炎上した「二五六号機」の機体

編『党的文献』に収録)によると、周恩来は外国通信社の報道に注意し、あらゆる状況にも対応できる準備をするよう外交部に指示していた。

このため、外交部では次の四つのケースを想定して検討していた。①林彪が公然と(外国で)売国声明を出す②林彪らが外国のマスコミを通じて談話を発表する③林彪らは表面に出ず、声明も出さないが、林彪は某国にいると外国通信社が報じる④いかなるニュースも流れず、(林彪も)中国国内の動静を注視する。

これらを議論していた九月十四日昼すぎ、モンゴルの中国大使館からの緊急報告が入った。目を通した外交部部長代理の姫鵬飛《きほうひ》は顔に笑いを浮かべながら、「墜落死とは絶妙の幕切れだ」と言った。

この緊急報告は不眠不休で林彪問題の指揮をとり、ようやく睡眠薬で寝ついたばかりの周恩来のもとに、すぐ届けられた。人民大会堂の福建の間で報告を受けた周恩来は、毛沢東がいる北京の間へと急いだ。

「主席、二五六号機の行方が判明しました」。毛沢東も起き抜けだったが、矢継ぎ早に質問を浴びせた。「情報は確かか？」「燃料切れか？」「空港と見間違えたのか……」

だが、最大の関心事は、情報漏れの有無だった。周恩来が専用線で速報されたと説明すると、毛沢東も姫鵬飛と同じことを口にするのを警衛隊員が聞いている。「林彪事件処理の理想的な結末だな」（毛沢東の警衛隊長だった陳長江《ちんちょうこう》ら著『毛沢東の最後の十年』）

これが、プロレタリア文化大革命で右腕となり、自ら「後継者」に指名した党内序列二位の林彪の死を知ったときの毛沢東の冷徹な言葉であった。

《中国とモンゴルの調査で、二五六号機は燃料切れのため不時着しようとして失敗し、墜落炎上したものとみられた。墜死したのは林彪、林彪の妻で党政治局員の葉群、林立果、林立果の仲間で空軍司令部処長の劉沛豊の四人のほか林彪の運転手、操縦士ら四人の搭乗員の計九人であった。

墜落現場で発見された焼けただれた遺体の中に林彪が含まれていると断定した根拠について、中国の文献は「遺留品などの状況証拠」と「事後の調査」と説明する。

一方、産経新聞が入手したソ連共産党の内部文書によると、事故後約一カ月たって、ソ連指導部は墜死した中に林彪がいたとの情報を得てモンゴル政府の同意のうえで遺体を発掘し、一九三八年から四一年の間、療養のためモスクワに滞在した林彪の頭部と歯型のカルテと照合した。その結果、最年長とみられる男性の頭がい骨と歯型が林彪のカルテと一致した。

ソ連共産党は翌七二年一月十七日の政治局会議で、「対中関係正常化の糸口を断ち切らず、これ以上、関係を悪化させないため」に林彪墜死を確認したことを極秘とすることを決めた。当時、ソ連は米中関係改善の動きに神経をとがらせていたのだった》

後継者が「売国賊」に「逃げ出さなければ殺さなかった」

モンゴルのウンドゥルハンに一九七一年九月十三日未明、中国人民解放軍の中型ジェット機が墜落炎上し、搭乗員九人全員が死亡したことをめぐって両国間は緊張した。「軍用機による領空侵犯」を主張するモンゴル側に対し、中国側は「中国民航二五六号機は方向を見失い、誤ってモンゴル人民共和国の領空に入った」と押し切ろうとしていた。

もちろん、墜落機に中国共産党副主席兼国防相の林彪《りんぴょう》、その妻で党政治局員の葉群《ようぐん》、息子の空軍司令部弁公室副主任兼空軍作戦部副部長の林立果《りんりつか》らが搭乗していた、などと中国側が言うはずもない。

業《ごう》を煮《に》やしたモンゴル側は同盟国のソ連と相談のうえ、事故から十六日後の九月二十九日午後五時、国営モンゴル・テレビで「中国空軍機による領空侵犯があった」と墜落事故のニュースを短く伝えた。

中国共産党は対外的に「林彪墜死」をひた隠しにする一方で、事故五日後の九月十八日には省・市・自治区の党委員会常務委員以上などの幹部にあてて「林彪が祖国を裏切り、逃亡したことに関する通知」を極秘で出した。

「一九七一年九月十三日、あわてふためいて逃亡し、敵に身を投じ、党と祖国を裏切り、自ら滅亡を選んだ」「林彪という、この資産階級（ブルジョアジー）の野心家、陰謀家のすべてが明るみに出て、破綻《はたん》したということである」

ここで言っていることは、林彪が七〇年夏の党第九期中央委員会第二回総会（九期二中総会）で国家主席の座を狙って党政治局常務委員の陳伯達《ちんはくたつ》らと謀り、それが暴かれて逃亡したということだ。この九期二中総会の問題では、当初、毛沢東の批判の矛先《ほこさき》は陳伯達に向いた。しかし、しだいに批判対象は林彪側近の将軍へと広がり、林彪「逃亡」の直前には林彪自身の責任を問う、とまで毛沢東は発言していた。

「十日間、様子を見ようじゃないか。素直に間違いを認めるなら寛大な処理をしよう。誤りは正せばそれでいいんだ」

毛沢東は林彪の腹心らの処置で悩んでいた。中心人物は軍総参謀長の黄永勝《こうえいしょう》と、三人の副総参謀長の呉法憲《ごほうけん》、李作鵬《りさくほう》、邱会作《きゅうかいさく》だった。毛沢東は党政治局常務委員兼国務院総理（首相）の周恩来《しゅうおんらい》を呼び、四人の動静を注視するよう指示した。

事故から十一日後の九月二十四日、周恩来と党中央弁公庁主任の汪東興《おうとうこう》は、毛沢東にこう報告した。「彼らは必死で証拠隠滅《いんめつ》をしています」。毛沢東は言った。「ならば破滅だな。連中ときたら最後まで抵抗だ」

黄永勝ら四人は「隔離審査」で厳しく罪状を追及されることになり、周恩来が四人を人民大会堂の福建の間に呼び出し、その場で身柄を拘束する。

《黄永勝らが隔離審査されるまでの場面は、汪東興が『林彪反革命集団壊滅紀実』の中で述懐している。

のちに党中央は、林彪たちが「毛主席暗殺をたくらみ、反革命クーデターを画策した」との筋書きを公式見解として打ち出すが、八一年に言い渡された特別法廷の判決は、この四人の将軍のクーデター計画への直接関与に言及していない。クーデター計画は〝幻《まぼろし》〟とする説はいまも海外の専門家の間で根強い》

林彪事件後、党と国家の日常工作を一手に担ったのは周恩来だった。十月初め、周恩来は毛沢東の同意を得て、林彪グループで固められていた党中央軍事委員会弁事組を廃止し、実務派が取り仕切る党中央軍事委弁公（事務）会議を成立させた。林彪グループの「反革命罪状」の摘発と並行して、文革中に「誤って打倒された」軍の古参幹部たちの名誉回復も周恩来が中心となって進められた。

林彪

葉群

十月四日、党中央軍事委弁公会議のメンバーと接見した毛沢東は「文化大革命中に何人かの老将軍が打倒されたが、林彪と陳伯達がやったのだ」「われわれの軍隊をよく整とんし、軍事委が重要問題を討論するときは（周恩来）総理も参加させよ」と話している。

林彪失脚あるいは死亡説が広がった十月二十五日、国連総会は歴史的な決議を採択する。米国や日本などの抵抗にもかかわらず、中華人民共和国の国連加盟と、「中華民国」として中国の代表権を持つ台湾の国連追放を求めた「アルバニア決議案」を大差で可決し、建国二十二年にしてついに中華人民共和国は国連の一員となったのだった。

この外交成果をもたらした周恩来ら実務派の台頭が、急進左派の林彪の失脚と関連があるとの見方も西側では強まった。

中国共産党は七一年十二月から翌七二年七月にかけ、「林陳反党集団の反革命政変を粉砕した闘争」と題する資料を三回に分けて党内で配布した。それに伴い、各地で「批林整風（林彪を批判し、思想を整とんする）」運動が進められたが、当初、一般党員や国民には理解しがたかった。

六九年の党第九回全国代表大会（党大会）で党規約に「後継者」と明記された林彪が、なぜ一夜にして「叛国投敵（祖国を裏切り、敵に投ずる）分子」になってしまったのか？　その林彪を後継者とした毛沢東の威信は傷つかざるを得なかった（李《り》健《けん》編著『紅船交響曲』中共党史出版社、九八年）。

毛沢東は林彪事件のあと、身辺の執務員の目にも明らかなほど老け込んでいった。葉永烈《ようえいれつ》著『江青《こうせい》伝』によると、毛沢東の座るソファのそばには常にたんつぼを置いておかねばならず、かぜが気管支炎になり、さらに肺炎に転じた。

七二年一月、林彪らから激しく批判されてきた元党政治局員で元国務院外交部長（外相）、陳毅《ちんき》の追悼式に毛沢東は病をおして出席した。居宅に戻ったときは異常なほど疲弊していた。それから数日後、心臓発作を起こした。専門家が緊急救命措置をほどこして、ようやくことなきをえた。

「林彪が逃げ出したりしなければ、われわれも彼を殺すことはなかった。党籍を保留することもできたのだが……」。毛沢東は側近にそう漏らしてもいる（曹英《そうえい》ら著『特別別荘』）。「殺す」というのは「死地に追いやる」ということだろうか。

毛沢東に忠実だった林彪ら急進左派の支持を受けて、熱狂のうちに始まったプロレタリア文化大革命発動から五年を経て、毛沢東はすでに七十八歳となっていた。

林彪事件は文革の正当性を否定しかねないものだったが、それを認めない毛沢東は、林彪とともに文革を支えた妻の江青グループへの傾斜をしだいに強め、周恩来ら実務派の台頭を苦々しく思う江青も、再び政治的野心を燃やしていく。

毛沢東が公式に林彪の失脚と死亡を認めるのは七二年六月末である。スリランカ首相のバンダラナイケと会見した毛沢東はそのとき「いわゆる〝左派〟は、その実、反革命そのものです。黒幕の総帥《そうすい》の名は林彪です」と語っている。

七三年八月二十日、党中央は「林彪反革命集団の罪状審査報告」を承認し、林彪および

「反革命集団の主要メンバー」の陳伯達、葉群、黄永勝、呉法憲、李作鵬、邱会作の党籍を永遠にはく奪すると決定した。

「毛主席的親密戦友」は四年後に同じ中国共産党からこう断罪された。

「野心家、陰謀家、反革命両面派、叛徒、売国賊」

第五部　儒者宰相　対　紅都女皇

【第五部　あらすじ】

この「毛沢東秘録」は、プロレタリア文化大革命とともに台頭した江青《こうせい》たち急進左派の「四人組」が毛沢東の死後に逮捕され、失脚する一九七六年十月から書き始めた。その後、時代をさかのぼり、毛沢東が文化大革命の発動を決意するに至った背景、文革の熱狂的な高揚、国家主席だった劉少奇《りゅうしょうき》の粛清《しゅくせい》を経て、劉少奇に代わる「毛後継」の地位にあった林彪《りんぴょう》の国外逃亡途中の劇的な墜死で第四部を終えた。

第五部は体力的な衰えを見せ始めた毛沢東と、ポスト毛をにらんだ左右両勢力の激烈な権力闘争の時代を描く。

自ら後継者に選んだ林彪の反旗とその墜死は、老いた毛沢東の心身にはかなりこたえた。それでも、米大統領ニクソンの歴史的な訪中と、それに続く日本との国交正常化を成し遂げた。この間、実務面を全面的に取り仕切った周恩来《しゅうおんらい》は、内政面でも現実主義的な穏健政策で文化大革命の痛手からの回復に腐心していた。がんに冒されていた周恩来は、失脚していた鄧小平《とうしょうへい》の復活にも尽力し、成功する。

これに対し、江青たち急進左派は「左への揺り戻し」を阻止しようとする周恩来ら実務派の動きに反発、「右からの巻き返し」だとして攻撃を加えた。左右のバランスをとって権力維持を図る毛沢東は、周恩来ら実務派に国家運営を大幅にゆだねる一方で、文化大革命の急進的な闘士だった三十七歳の王洪文を後継者に育てようと、党副主席に大抜擢した。江青、張春橋《ちょうしゅんきょう》、姚文元《ようぶんげん》に王洪文《おうこうぶん》が加わり急進派の「四人組」が形成される。

四人組は周恩来を孔子に見立てた批判運動を中国全土で開始し、厳しく周恩来を揺さぶった。毛沢東は、先鋭化する四人組の活動を放任すれば新たな権力闘争に発展しかねないと危《き》惧《ぐ》する。

そうしたある日、毛沢東は静養先に周恩来と王洪文を呼びつけた。そこで指示したのが鄧小平の権限拡大であった。王洪文は青ざめたが、毛沢東は四人組のセクト主義を厳しく叱責《しっせき》した。時代はまさに周恩来―鄧小平体制に向かうかのように見えた。

林彪墜死と国連加盟「思いもかけぬ二大勝利だ」

中国共産党副主席兼国防相の林彪《りんぴょう》がモンゴルで墜死したことは対外的にひた隠しにされていたが、林彪失脚の情報は世界を飛び交っていた。その林彪事件から一カ月と一週間が過ぎた七一年十月二十日午後九時、北京《ぺきん》の中南海《ちゅうなんかい》にある党主席の毛沢東の居宅兼執務室には党副主席兼国務院総理（首相）の周恩来《しゅうおんらい》がいた。外交政策にかかわる党中央軍事委副主席の葉剣《ようけん》英《えい》、国務院外交部部長（外相）代理の姫鵬飛《きほうひ》らも同席している。

この日、北京には米大統領補佐官（安全保障問題担当）のキッシンジャーが訪れていた。米大統領のニクソンが北京の土を踏む歴史的な米中首脳会談は翌年の早い時期に予定されていた。世界を驚かせた三カ月半前の秘密訪中とは違って、今回は公然とした訪問であった。米大統領の訪中時に、米中両国は共同声明を発表すべきだ」。キッシンジャーは人民大会堂での周恩来との第一回会談でいきなりこう提案した。秘密訪中後の折衝で米国側は共同声明にまったく言及していなかった。共同声明を出すとなれば、米中間の最大の懸案である台湾問題をどう扱うべきか。周恩来は会談を早々に切り上げ、毛沢東のもとにやってきたのだった。

「米国の草案が提示されるのを待って考えよう。声明を発表するのも、発表しないのもいいが、出すならいいものにしなけりゃならん」。毛沢東は周恩来らの顔を見渡してそう言い、ふいに中華人民共和国の国連加盟問題に触れた。

「国連ではおとといから中国代表権について討議が始まった。ニクソンはなぜ、キッシンジャーをこの時期に北京によこしたのだ」。対米交渉で周恩来の補佐役を務める葉剣英が答えた。「米国の提案が通ると考えているんでしょう」

米国の提案とは、「中華民国」として中国（チャイナ）の代表権を持つ台湾を国連から追放するには総会の三分の二以上の賛成を必要とするという決議案のことだ。米国や日本などはそれまで、中華人民共和国の国連加盟を重要事項とする決議案を提案してきたが、中華人民共和国の加盟賛成が三分の二に達しかねない状況になったことから、台湾追放を逆に重要事項とする「逆重要事項指定方式」に転換し、二重代表の道を確保しようとしていた。

毛沢東は言った。「米国は計算高い国だ。キッシンジャーが帰国した当日かその翌日、『二つの中国』をつくり出す提案が国連で採択されるという寸法だろう」「中華民国を国連から放逐《ほうちく》しろ。『二つの中国』という海賊船に乗る（わなにかかる）くらいなら、今年は国連に入らない」

《毛沢東の発言は人民解放軍総参謀部に出向して国際問題研究を担当し、米中協議に列席した外交官僚の熊向暉《ようこうき》が中共中央党史研究室の季刊誌「百年潮」（一九九八年増刊号）で明かしている》

北京でキッシンジャーにあてがわれた宿舎は、政府迎賓館「釣魚台《ちょうぎょだい》」の五号楼だったが、キッシンジャーはたいそう不快であった。部屋に用意されていた電報送稿用の便せんに英語で「全世界の人民は団結し、米帝国主義を打倒しよう」と印刷されてあったのだ。それが周恩来の耳にも入り、国務院外交部儀典局の責任者を問いただしたが回答はそっけなかった。「(国営通信社)新華社の規則です」。この話を知った毛沢東の反応は周恩来とは違った。「彼らに言ってやれ。これは『放空砲』(空砲を放つ)なんだとな」

周恩来を通じて毛沢東の言葉を聞かされたキッシンジャーはその意味を理解できなかった。周恩来が説明した。「スローガンには行動が伴わない『放空砲』もあるのです。つまり、中国の発する言葉ではなく、行動こそよく見てほしいのです」

協議は予想通り台湾問題をめぐって紛糾《ふんきゅう》した。中国側が「台湾は中国の一省」であることを共同声明の草案に明記するよう主張すると、キッシンジャーは「われわれの大統領に屈辱を味わわせるというのか」と反発した。キッシンジャーは二十五日の出発予定を遅らせたが、溝《みぞ》はなかなか埋まらなかった。

打開策を示したのは、キッシンジャーだった。「米国は、台湾海峡両岸のすべての中国人が、中国は一つしかなく、台湾は中国の一部分(ア・パート・オブ・チャイナ)であると考えていることを認識する。これでどうですか」

米国が直接「一つの中国」を認める表現を避け、しかも台湾は中華人民共和国の一部とは

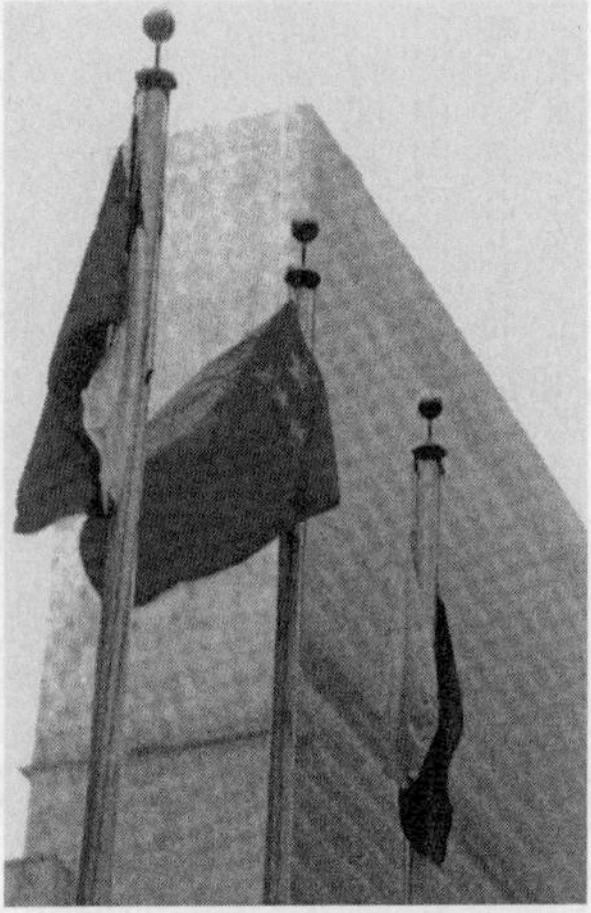

一九七一年十一月一日、国連加盟を果たした中華人民共和国の五星紅旗がニューヨークの国連本部に掲げられた

せず、単に地理的概念を指す中国（チャイナ）の一部とする巧みな言い回しであった。「さすがは博士、これは奥深く微妙な発明です」。周恩来はキッシンジャー案の一語一語を口の中で繰り返し、厳しかった表情をほころばせた。

《交渉の内容は陳敦徳《ちんとんとく》著『一九七二年の毛沢東・ニクソン』（解放軍文芸出版社、九七年）などによる》

周恩来と計二十三時間四十分にわたって激論を交わしたキッシンジャーは、七一年十月二十六日午前九時、帰国の途につくため釣魚台を出た。同じころ国連総会では中国代表権問題の各決議案の表決に入っていた。

空港に向かう車中、外交部副部長の喬冠華《きょうかんか》が尋ねた。「今年の国連総会で中国は議席を回復するとお考えですか」。しばらく考え、キッシンジャーは答えた。「今年は無理でしょう。そう、来年のニクソン大統領の訪中後になるでしょうね」（楊明偉《ようめいい》ら著『周恩来　外交風雲』解放軍文芸出版社、九八年）

だが国連総会では、米国などが提案した「逆重要事項指定決議案」が賛成五十五、反対五十九、棄権十五、欠席二で否決され、中華人民共和国の国連加盟と台湾の国連追放を求めるアルバニア案が賛成七十六、反対三十五、棄権十七、欠席三の大差で可決されたのだ。キッシンジャーのもとにその一報が届いたのは、彼が搭乗する大統領専用機「空軍一号」（エアフォースワン）が北京首都空港を離陸した直後であった。

この夜九時すぎ、毛沢東は周恩来らを再び呼んだ。毛沢東は寝起きだったが上機嫌で満面に笑顔を浮かべてソファに座り、こう言った。

「今年は二つの大勝利があった。一つは林彪、一つは国連だ。これらは思いもよらぬ勝利だった」（『百年潮』増刊号）

失脚・陳毅の追悼会　寝間着にコートで突然現れた

《第二次大戦後、蔣介石《しょうかいせき》の率いる中国国民党との内戦で勝利を収めた中国共産党主席の毛沢東は、しだいに党や国の機構が整うにつれ、それらが自分の手を離れ、「革命精神」を忘れて独り歩きしていくような不安にかられた。その焦燥《しょうそう》から、既成の機構を打ち壊そうとして引き起こしたのがプロレタリア文化大革命であった。

官僚機構の頂点にいた国家主席の劉少奇《りゅうしょうき》らを〝打倒〟し、毛沢東の威光は中国全土に行き渡ったとはいえ、代償も大きかった。社会秩序は乱れに乱れ、経済建設は決定的に遅れた。このため毛沢東は、毛の個人崇拝を頂点に押し上げた文革の最功労者である党副主席兼国防相の林彪《りんぴょう》を「親密な戦友」として後継者に指名する一方で、文革の収束を図ったのだった。

外交面での対米接近、現実的な内政運営への路線転換は国務院総理（首相）の周恩来《しゅうおんらい》ら実務派の台頭を必然的に促したが、それに焦った林彪が〝反乱〟の挙に出たのは毛沢東にとって予想外だった。粛清《しゅくせい》を恐れた林彪の国外逃亡途中の墜死《ついし》という異様な事件は、衝撃であったに違いなかった》

林彪事件から二カ月後の一九七一年十一月十四日、毛沢東は四川省の省都、成都《せいと》市の幹部らと北京《ペきん》で接見した。「（林彪らが）私を国家主席にしたかったのはうそで、林が自分で主席になろうとしたというのが真相だ」などと語っていたが、党政治局員兼中央軍事委員会副主席の葉剣英《ようけんえい》が遅れて部屋に入ってくると、毛沢東は葉剣英を指さして一座に言った。「君たちはもう彼らを『二月逆流』などと言ってはならない」

二月逆流とは、文革中の六七年二月、古参党員に加えられた批判に葉剣英ら軍長老が猛反発し、これを林彪や毛沢東の妻の江青《こうせい》ら急進派が「文革への逆流」と攻撃した事件をいう。江青らの訴えをいれた毛沢東の激怒で軍長老らは相次いで失脚、紅衛兵《こうえいへい》らから屈辱的なつるし上げにさらされたのだった。

「二月逆流とはどんな性質のものだったのか。それは彼（葉剣英）らが林彪らに立ち向かったものだ。老元帥たちは腹を立て、少しばかりの文句を言った。足りない点はたしかにあった。だが、私はもうすっきりした。あの時はわれわれもよく（事情を）分かっていなかった……」（蒋建農《しょうけんのう》ら編『世紀偉人　毛沢東』紅旗《こうき》出版社、九六年）

この一カ月ほど前、毛沢東は林彪派が軍掌握の拠点としていた中央軍事委の中枢機構を改編し、周恩来の推す葉剣英ら実務派がそれを握ることになった。その際、毛沢東は「軍を整とんせよ。重大事案の討議には必ず総理（周恩来）を招き、参加させるのだ」と言った。

毛沢東は明らかに林彪の〝暴走〟で深い挫折《ざせつ》を味わっていたように見えたが、自ら発動した文化大革命がもたらした結果であるとは、けっして認めることはなかった。それだけに心労はかえって深く、心身ともに衰えが目につくようになった。

「二月逆流」で林彪らの攻撃にさらされ、苦杯をなめた軍長老の陳毅《ちんき》は、がん治療のため、北京の「解放軍総医院」（通称三〇一医院）のベッドにいた。七一年十二月二十六日朝、毛沢東の誕生日の祝いに麺《めん》を食べ、まもなく危篤となった。

年が明けた七二年一月六日夕、葉剣英が陳毅の病室に駆け込んだ。まくら元に立った葉剣英は一片の紙を手に持ち、涙で声を詰まらせながら読み上げた。それは党内に向けた毛沢東の指示であった。「『二月逆流』を語ってはならない……」

葉剣英は数日前、周恩来とともに毛沢東に呼ばれ、「もう二月逆流のことは言わない。このことを陳毅同志に伝えてくれ、頼む」と伝言を託されたのだった。「毛主席と党中央は安心して療養しろと伝えるよう私をここに差し向けたんだぞ」

娘の姍姍《せんせん》がまくら元で懸命に声をかけた。「お父さん、聞こえたら瞬《また》きをして」。すると陳毅はゆっくりまぶたを開け、そして閉じた。その夜十一時五十五分、陳毅は逝《い》った。七十歳だった（袁徳金《えんとくきん》著『毛沢東と陳毅』北京出版社、九八年）。

《苦学生としてフランスに留学した陳毅は帰国後、二十二歳で中国共産党に入党。のち、朱徳《しゅとく》の部隊に入って初期の革命根拠地である江西《こうせい》・湖南《こなん》省境の奥地、井崗山《せいこうざん》で毛沢東と合流、軍指揮官として頭角を現した。「十元帥」の一人。その後、周恩来に呼ばれて国務院（政府）入りし、五八年に外交部長（外相）に就いたが、文革で職務停止となり、急進派

から繰り返し攻撃の標的となった》
陳毅の死から二日後の一月八日、毛沢東のもとに党政治局の報告書が届いた。十日に予定される陳毅の追悼会《ついとうかい》についてだった。主宰者が人民解放軍総政治部主任の李徳生《りとくせい》となっており、国務院や党中央でなかったのは、毛沢東の指示がなかったからだ。毛沢東は「二月逆流」を否定しながらも、文革中に批判された古参同志を党や国を挙げて追悼することまではしなかった。毛沢東は揺れていた。

一九七二年一月十日、陳毅の追悼会で未亡人の張茜（右）に語りかける毛沢東

「今、何時だ？　車を回せ。陳毅同志の追悼会に行く」。毛沢東はベッドから体を起こした。追悼会は一時間半後に迫っていた。毛沢東はこの時、パジャマに毛糸で編んだ薄手のももひき姿だった。着替えを差し出す執務員の手を払いのけた毛沢東はコートを羽織っただけでズボンもはかず、車に乗り込んだ。

　毛沢東の突然の翻意は、毛沢東の警護隊員、陳長江《ちんちょうこう》から周恩来にも伝えられ、周恩来はあわてて党中央弁公庁主任の汪《おう》東興《とうこう》を通じて全政治局員に追悼会に出席するよう指示した。わずかの差で毛沢東より先に追悼会場である北京西郊の八宝山公墓に着いた周恩来は、陳毅未亡人の張茜《ちょうせん》に、「主席は必ず来ます。井崗山以来の古い戦友なのですから」と言った。

《毛沢東が陳毅追悼会に出席する様子は陳長江ら著『毛沢東の最後の十年』による》

ほどなく、毛沢東が到着し、車から降りた毛沢東は張茜の手を握って語りかけた。「陳毅同志はいい同志だった。林彪の陰謀《いんぼう》が成功していたら、われわれのような老人はみな追い落とされているところだった」

ここまで言ったとき、クーデターで追放されて中国に亡命していたカンボジア国王のシアヌークがやってきた。毛沢東はシアヌークに向き直り、「林彪が昨年九月十三日、飛行機でソ連に逃げる途中、墜死しました」と告げた。

姿を消した林彪の失脚は当時確実視されていたが、中国はひた隠しにしていた。林彪の消息を確認したシアヌークは緊張した。しかし、毛沢東はかまわず続けた。「私のあの『親密戦友』は私を殺そうとし、陰謀が暴露されると自ら墜死していったのです」「林彪は私に反対したが、陳毅は私を支持したのです」

追悼会を終えて車に乗ろうとした毛沢東は、足が上がらず、よろけた。あわてて女性秘書の張玉鳳《ちょうぎょくほう》らに両わきを支えられ、毛沢東はようやく車に乗り込むことができたのだった。

ニクソン訪中　病床で指示「彼とすぐ会う」

中国共産党主席の毛沢東は体調をくずし、北京《ぺきん》・中南海《ちゅうなんかい》の「遊泳池（プール）」と呼ばれた居宅兼執務室で寝込みがちとなっていた。「医者を連れて江青《こうせい》のところに行き、私の病状を伝えてくれ」。一九七二年一月二十五日、毛沢東は中央警衛隊長の張耀祠《ちょうようし》にあえぐような声でそう言った。

もう何年も前から、毛沢東の妻で党政治局員の江青は政府迎賓館である釣魚台《ちょうぎょだい》の一角に居宅兼執務室を構え、毛沢東とは別居していた。毛沢東の身辺は女性秘書の張玉鳳《ちょうぎょくほう》が一年以上前から世話をしている。

張耀祠が書いた『毛沢東を追憶する』（中共中央党校出版社、九六年）によると、言われた通り江青を訪ねた張耀祠は毛沢東の病状を報告した。「主席は肺と心臓を患っています。気管支炎の発作でよく眠れません」。それを聞いて江青は言った。「主席の体質はすばらしく、大病はしない。しかし、何か重大な変化があれば報告なさい。覚悟はできているから」

それから三日後の一月二十九日午前零時、張耀祠が担当医と毛沢東の寝室に入ると、毛沢東はソファにぐったりと横たわっていた。脈拍をとろうとした担当医の顔色はみるみるそう白になった。「脈がない！」

医療チームがあわてて救命措置にとりかかるなど騒然となった。張耀祠からの急報で党政治局常務委員兼国務院総理（首相）の周恩来《しゅうおんらい》と中央弁公庁主任の汪東興《おうとうこう》も駆けつけてきた。周恩来の電話で江青も急行した。まもなく毛沢東は意識を取り戻したが、江青は担当医らを「特務（スパイ）」「反革命」などと責め立てた、と張耀祠は書く。

二週間後の二月十二日午前、毛沢東を心臓発作が襲い、脈拍が再び止まって意識不明となった。「この国を背負って立つのは、私には無理だ。主席でなければできない」。周恩来は沈痛な面もちで医師団にそう言い、あらゆる手段を講じて毛沢東の命を救うよう訴えた。

しかし、毛沢東は今度もすぐにこん睡から覚め、息を吹き返した。容体が安定すると毛沢東は「ちょっと眠ったようだな」とつぶやき、安堵《あんど》する人々をソファに座らせると、周恩来に向かって真剣な顔でこう命じた。「このことは江青に伝えてはならん。あいつに話せば面倒になるだけだ」

毛沢東が絶命の危機にさらされた事実は、政治局員も含めて絶対の機密扱いとされた（『毛沢東を追憶する』）。

毛沢東が心臓発作を起こした九日後の七二年二月二十一日午前十一時二十七分、米大統領のニクソンを乗せた専用機「エアフォースワン」が北京首都空港に着陸した。滑走路上では周恩来らが出迎えたが、国交のある国の国家元首を迎えるときのような赤いじゅうたんも礼砲もなかった。しかし、この模様は全世界に向けてテレビで生中継され、これが歴史的な瞬間であることは米中双方だけでなく、世界中が知っていた。

中華人民共和国の樹立とそれに続く朝鮮戦争以来、二十年以上もの間、米中両国は互いに仇敵《きゅうてき》であり続けた。朝鮮戦争終結とインドシナ和平を目指す五四年のジュネーブ会議で、米国務長官のダレスは周恩来との握手を拒んだ。

冷たい関係を印象づけたこの光景を清算するため、米大統領補佐官（安全保障問題担当）のキッシンジャーは、ニクソンと周恩来との初対面の場面で、ある演出を中国側に申し入れていた。「空港で総理と握手するときは、大統領と二人だけにしてもらいたい」。テレビに映るその場面をより際立たせる狙いだった。

一九七二年二月二十一日、北京首都空港に降り立ったニクソン（左）と握手する周恩来

ニクソンがタラップを降りるまでキッシンジャーら随行団は機内にとどまった。寒風の中で帽子もかぶらずタラップの下に立っていた周恩来も、降り立ったニクソンにひとり歩み寄ると、二人だけで固く握手が交わされた。

ニクソンが北京に到着した日、毛沢東は体調が依然、すぐれなかった。ニクソンとの会見は予定されていたが、具体的な日時や場所は未定だった。毛沢東の体調に見通しが立たなかったのが最大の理由であった。毛沢東はここ七、八日間は寝込んだままで、ベッドの上に体を起こすことさえなかった、と看護婦長の呉旭君《ごきょくくん》は述懐している。

しかし、毛沢東はこの日、目覚めるとすぐ呉旭君を呼び、ニクソン搭乗機の着陸予定時刻を確認させ、それは五回も繰り返された。そして、まもなくニクソンが北京に到着するのを確かめると、毛沢東は力を振り絞ってベッドから起き上がり、呉旭君にこう指示した。

「総理（周恩来）に電話をかけてくれ。大統領に空港から直接、ここに来てもらうのだ。私はすぐに彼と会う」

呉旭君は周恩来の執務室に電話を入れたが、すでに周恩来は空港に向かっており、毛沢東の指示は伝わらなかった。このため、ニクソンは当初の予定通り、宿舎となる政府迎賓館の釣魚台に向かい、「元首楼」と呼ばれる十八号楼に入った。この間に毛沢東はひげをそり、散髪をし、医療チームを呼び寄せて会談に備えた。

《ニクソンを待つ毛沢東の様子は、呉旭君らが執筆して香港で出版された『歴史の真実』（利文出版社、九五年）による》

「毛主席がいま、大統領と会談をしたいと申しています。あなたもご一緒してください」。

毛沢東の指示は、昼食後の午後二時、周恩来からキッシンジャーに伝えられた。

空港からの途中、外交部副部長の喬冠華《きょうかんか》から「午後三時に周総理との会談後、滞在日程について協議したい」という申し入れがあったばかりだった。

突然の予定変更は、シャワーを浴びてくつろぐニクソンをあわてさせた。しかも、毛沢東の健康を心配する中国側が設定した会見時間は、わずか十五分間であった（李健《りけん》編著『釣魚台国事風雲』太白文芸出版社、一九九五年など）。

ニクソンとの対話「共通の古い友人、蔣介石が……」

一九七二年二月二十一日午後二時四十分、中国共産党主席の毛沢東は北京《ペきん》・中南海《ちゆうなんかい》にある居宅兼執務室に米大統領のニクソンを迎えた。この日、歴史的な中国訪問を果たしたニクソンに「毛主席が会う」と伝達されたのは、わずか四十分前のことであった。

ニクソンが部屋に入ると、毛沢東は秘書に支えられてソファから立ち上がり、二人は互いに笑顔をつけるほど近づいて握手をした。そのとき、「あまりうまく話ができなくなりました」と毛沢東は言った。

口がよく回らない毛沢東はこのところ病気がちで急速に老け込んでいた。「皮膚にしわはなかったが、黄色っぽい肌はまるでワックスのようだった」ものの、「冷ややかな目はいまも鋭い眼光を放っている」とニクソンは回想録に書いた。

ニクソンの見立て通り、毛沢東の頭の回転は衰えていなかった。ニクソンが国際問題で話の口火を切ろうとすると、手を左右に振って言葉をさえぎり、対話の主導権を握ろうとした。「私と話す問題ではないので、周《しゆう》（恩来《おんらい》）総理と話してください。私は哲学を語りたい」

米大統領補佐官（国家安全保障担当）のキッシンジャーがあわてて口をはさんだ。「ハーバード大で教壇に立っていたとき、学生に主席の文選を読むよう言いました」。ニクソンも「主席の著作は世界を変えました」と話を継いだ。

「私の書いたものに学ぶべきものなどありません」と米国陣営の外交辞令をやりすごした毛沢東は、最大の争点である台湾問題へと巧みに話題を導いた。「世界を変えるどころか、北京周辺のいくつかの地域を変えた程度にすぎません。われわれの共通の古い友人、つまり蔣《しよう》（介石《かいせき》）委員長のことですが、彼はそれに同意せず、われわれのことを共匪《きようひ》（共産匪賊《ひぞく》）と呼びます」

蔣介石は一九二八年、南京《なんきん》に樹立した中華民国国民政府主席のほか軍事委員長も兼ね、「委員長」と呼ばれることが多かった。のちに中国共産党との内戦に敗れた蔣介石の中国国民党は台湾に逃れ、中華民国政府の正統性を主張し続けていた。

「蔣介石が主席を匪賊と呼ぶなら、主席は彼を何と呼ぶのですか」と冗談《じようだん》まじりにニクソンが問いかけた。笑うばかりの毛沢東に国務院総理（首相）の周恩来が助け舟を出した。「一般的には彼らを『蔣幇《しようばん》』（蔣介石一味）と呼びます。新聞では匪賊と呼ぶこともあり、逆に彼らはわれわれを匪賊と言うのです。要するにわれわれはお互いにののしりあっているのです」

《会談の内容は中国側資料にニクソンの回顧録からの引用も加えた金聖基《きんせいき》著『人民大会堂見聞録』などによる》

米中首脳会談の間、周恩来はときおり腕時計に目をやった。十五分という当初の会談予定時間はとうに過ぎていた。毛沢東の健康が気がかりであったが、毛沢東には話を切り上げる様子はまったくない。

話題が米大統領選に及び、ニクソンが「政治上の反対派」について語ったとき、毛沢東はこう言った。「われわれの国にもあなたたちとの関係改善に反対する反動分子がいたが、彼らは飛行機で国外に逃げました」

失脚は間違いないとみられながら、公式的には中国側が消息を隠し続けている党副主席兼国防相の林彪《りんぴょう》らのことを指していることは間違いなかった。周恩来が毛沢東の話に補足した。「その後、飛行機はモンゴルのウンドゥルハンの砂漠に墜落したのです」

《中国共産党機関誌「紅旗《こうき》」編集部内のグループが党外交史料などをもとに編集した『釣《ちょう》魚台檔案《ぎょだいとうあん》』（紅旗出版社、九八年）は、毛沢東がニクソンに林彪の墜死《ついし》を示唆したことについて、ニクソンの回顧録も触れなかった会談の重要点の一つだと記述している。「檔案」とは調査資料集のことだ。

毛沢東が外国要人に対し、七一年九月にモンゴルで墜落した中国機に林彪が搭乗していたことを認め、その発言が外部に知られるのはニクソン会談より四カ月後の七二年六月末に行われたスリランカ首相、バンダラナイケとの会談である。

林彪に関して毛沢東がニクソンに語った内容で注目されるのは、林彪が米国との関係改善に反対していたと明確に言明したことだ。中国共産党の公式見解では、林彪事件と対米

関係改善の動きとの関係にはまったく触れていない》

会談は延々一時間五分に及んだ。最後にニクソンは「われわれがひとつになれば、世界を変えられるのです」と語り、毛沢東と握手した。毛沢東は否定も肯定もせず、ただ「お見送りはしません」とだけ言った（張湛彬《ちょうたんびん》ら編『最高首脳部の知恵』金城出版社、九八年）。

ニクソン（右）を迎えた毛沢東

ニクソンの北京滞在が二日目に入った七二年二月二十二日夜、毛沢東の妻で党政治局員の江青《こうせい》は、ニクソンを観劇に案内する周恩来に同行した。江青にとって初の重要な外交行事への参加であった。「ユーモアを解す毛沢東、周恩来に対し、江青の話にはとげがあり、激しく人に迫って周囲を不愉快にさせる」。ニクソンはのちに江青の印象をそう述懐する。

江青は二十五日夜も、ニクソンが主催する答礼晩さん会に姿を見せた。葉永烈《ようえいれつ》著『江青伝』（時代文芸出版社、九二年）によると、江青は晩さん会が始まる三十分前の午後六時半、会場となった人民大会堂の「新疆《しんきょう》の間」に突然、やってきた。江青は招待されていなかったが、ニクソン夫妻に「毛沢東夫人」として面会を申し入れ、とりとめのない話を始めた。

この時、周恩来らが会場に到着した。ニクソンは腕時計を見て時間を気にし始めた。すると江青は「私は宴会には出席できません」と、自らの都合で出られないかのような口ぶりで言うと、周恩来に鋭い視線を送りながら会場を後にした。

ニクソンは翌二十六日、北京から杭州《こうしゅう》に移動し、二十七日には最後の訪問地の上海《しゃんはい》で米中共同声明が発表された。米中関係が国交正常化に向けた軌道に乗ると、江青は再び周恩来に対する攻撃の機会をうかがうようになる。

江青会見録 出版差し止めが指示された

一九七二年二月の米大統領ニクソンの訪中は中国外交の新時代を象徴するものとなった。長い間、中国の「主要な敵」はソ連修正主義と米帝国主義であったが、中国は米国との緊張緩和の道を選んだ。ソ連に対し、中国は米国カードを、米国は中国カードを握ることになった。

この転換は中国共産党主席の毛沢東が自ら発動したプロレタリア文化大革命を当面、収束させる動きとともにもたらされた。毛沢東は依然、絶対的な権力で内外政策を統括していたが、当時、党と国家の日常業務を一手に担っていたのは党政治局常務委員兼国務院総理（首相）の周恩来《しゅうおんらい》だった。

それにくらべ、文化大革命で台頭した毛沢東の妻で党政治局員の江青《こうせい》たち急進左派の影はひどく薄かった。江青と二人三脚のようにして文化大革命を熱烈に推進した党副主席兼国防相の林彪《りんぴょう》が七一年九月、国外逃亡途中に墜死《ついし》した事件は、急速路線の修正を図る周恩来ら実務派に追い風となり、江青らには打撃を与えた。

林彪を「後継者」に指名した毛沢東自身の威信は大きく揺らぐことになった。文革中に林彪や江青らに攻撃され、失脚した軍長老や実務派の復活も毛沢東は認めざるを得なくなる。それは相対的に江青ら急進左派の政治権力を弱体化させた。江青は林彪を徹底的に批判することで自らの正当性を強調し、懸命に反撃態勢を立て直そうとした。

林彪とその妻で党政治局員の葉群《ようぐん》たちがモンゴルで墜死する五日前、江青は河北《かほく》省の避暑地、北戴河《ほくたいが》にいた林彪夫妻からスイカ四個を受け取った。「ありがとう。林副主席と葉主任に私に代わってお礼を言ってちょうだい」。わざわざ飛行機を飛ばし、北京《ぺきん》までスイカを運んできた葉群の女性秘書に江青はそう言った（焦燁《しょうよう》編著『葉群の謎《なぞ》』甘粛文化出版社、一九八年）。

墜死事件の前日、江青はそのスイカを持って北京の北西部にある広大な庭園、頤和園《いわえん》に遊び、随行員にふるまった。「このスイカは林副主席が私にくださったもの。林副主席のわれわれへの心遣いです。みんなで林副主席に感謝しましょう」

しかし、墜死事件の一報を受けた直後に緊急招集された政治局会議の席上、江青は「ここ数年、彼（林彪）はさまざまな陰険で悪らつな手法で私を抹殺しようとした。彼とともに歩んだ闘争の中で、少しずつ林彪が分かるようになった」と言い、一転して林彪と緊張関係にあったのだと主張し始めたとされる（李健《りけん》編著『紅船交響曲』）。

七一年末から林彪派の「罪状」を暴露し批判する「批林整風（林彪を批判し、思想を整とんする）」運動が全国で展開されると、江青は特別査問グループのメンバーとなった。ニクソン訪中から三カ月後の翌七二年五―六月にかけて党中央が開いたその批林整風運動の報告会で、江青は政治的権威を回復するきっかけをつかむ。

報告会では、文革が発動された直後の六六年七月に毛沢東が江青にあてた手紙が「最重要文件」として初めて公開されたからだ。手紙は故郷の湖南《こなん》省に〝潜行〟していた毛沢東が文革に対する考えなどをつづったものだ。

この中で毛沢東は、「私の友人のあの講話を、党中央が配布したいと催促しているので、同意するつもりでいます。彼はもっぱら政変の問題を述べています。彼のような言い方は以前にはなかったもので、彼の若干の問題提起の仕方に、私は深く不安を感じています」などと書いている。

「私の友人のあの講話」とは林彪がその直前に党政治局会議で行った談話で、中国の歴史上の政変（クーデター）を列挙したうえで毛沢東が反革命クーデターを警戒していること、毛沢東が天才的、創造的、全面的にマルクス・レーニン主義を発展させたことを強調した。

毛沢東が妻にあてたこの私信を公表し、さらに全党に討論と学習を指示したのは、林彪のクーデターへの異常な関心と誇大な個人崇拝への執着に、毛沢東自身が早い段階から懸念を抱き、林彪の本性を見抜いていたことを主張する狙いがあった。同時に、この手紙には毛沢東の心境をかなり率直に述べていることがうかがわれ、江青が毛沢東からいかに信頼されているのかを全党、全国に示す絶大な効果ももたらしたのだった（葉永烈《ようえいれつ》著『江青伝』）。

ウィトケ（右）と会見する江青

毛沢東からの手紙が公表されて間もない七二年八月、江青は中国の近現代史を専攻する女性研究者、ロクサーヌ・ウィトケの長時間にわたるインタビューを受けた。ウィトケは現代中国の女性運動について調べるため、それまでに周恩来の妻の鄧穎超《とうえいちょう》ら古参の女性党員に数多く会っていた。江青が外国人とのこうした会見に応じるのは初めてのことだった。

ウィトケによると、江青は「私はあなたがエドガー・スノーの道を継げるよう希望します」と語っている。米国人ジャーナリストのスノーは革命戦争中の三六年、長期間にわたるインタビューで毛沢東が語った半生を著書『中国の赤い星』で描き、世界的に知られた。江青もまた毛沢東のように世界に向けた自分の伝記をウィトケに書かせるつもりであった。

貧困家庭に生まれ、のちに女優をしながら政治的に目覚め、革命根拠地の延安《えんあん》で毛沢東と出会って結婚するまでの経緯、文革を通して政治権力を得ていく過程や林彪批判を江青はとうとうと語り、会見は計七日間で六十時間にも及んだ。

しかし、帰国したウィトケのもとには約束した会見の公式記録が届かなかった。そればかりか、中国国連首席代表の黄華《こうか》を通じて出版差し止めとその見返りとして金銭提供の申し入れがあったとウィトケは書く。葉永烈著『江青伝』によると、江青が目を通し、細かく手を入れた会見記録は周恩来に提出されたが、周恩来は「毛主席の指示」として記録をウィトケに渡すことを禁じ、関連資料とともに封印するよう命じた。

黄華の申し入れを拒否したウィトケは、自身のメモをもとに江青との対話をまとめた『Comrade Chiang Ch'ing（江青同志）』を七七年に出版する。しかし、江青はその前年に「反革命集団」四人組の首謀者として逮捕され、すでに獄中にいた。のちに発刊されたその中国語版の題名は『紅都女皇』であった。

対日賠償請求放棄「蔣介石より小さい度量では……」

日本の頭越しに進められた電撃的な米中関係改善の動きは「ニクソン・ショック」と名づけられたほど日本政府にとって衝撃だった。

米大統領のニクソンによる歴史的な北京《べきん》訪問から四カ月半後の一九七二年七月七日、佐藤《さとう》栄作《えいさく》のあとを襲う自民党総裁選の決選投票で福田《ふくだ》赳夫《たけお》を破った田中角栄《たなかかくえい》が首相の座に就き、「日中国交正常化」を最重要課題に掲げた。

中国側の反応はすばやかった。それからまもなく、中国共産党政治局常務委員兼国務院総理（首相）の周恩来《しゅうおんらい》は対日外交にかかわる担当幹部を招集し、「党中央は（日本に対する）戦争賠償請求権の放棄を決定した」と伝えた。国交正常化を日本側に促すための重要な決断であった。決定の理由として周恩来は次の三点を挙げた。

①台湾の蔣介石《しょうかいせき》は賠償請求を放棄した。中国共産党の度量が蔣介石よりも小さいというわけにはいかない

②日本がわが国との国交を回復するには必ず台湾と断交をしなければならないが、賠償問題で寛容な態度をとることは、日本をわれわれに接近させるために有利である

③賠償請求をすれば、負担は最終的に日本人民にふりかかる。これは日本人民と代々にわたって友好を保つというわれわれの願いにそぐわない（金聖基《きんせいき》著『人民大会堂見聞録』）

《五二年に台湾と締結された日華平和条約は、中国共産党との内戦に敗れ、台湾を支配するだけとなった中華民国を中国の代表と認め、日本と中華民国との戦争状態終結を規定した。同時に、付属議定書で中華民国が戦争賠償請求を放棄することを宣言している。

日本政府としては戦争賠償問題は解決ずみとの立場であり、中華人民共和国から賠償請求されると国交正常化交渉は暗礁に乗り上げる。日華平和条約を否定することなく、中華人民共和国との国交正常化を実現することが日本政府の最大の課題だった》

田中内閣が発足して三週間が過ぎた七二年七月二十五日、公明党委員長の竹入義勝《たけいりよしかつ》、党政審会長の正木良明《まさきよしあき》、党副書記長の大久保直彦《おおくぼただひこ》が香港経由でひそかに北京入りした。中国側からの訪中要請を受けたものであった。国交正常化にかかわる話に違いなかった。竹入は田中や外相の大平正芳《おおひらまさよし》と四回も綿密な打ち合わせをして北京にやってきていた。

周恩来と竹入たちの会談は七月二十九日までに延べ十時間に及んだ。田中とすり合わせたうえで竹入たちが主張したのは、「中国との戦争状態終結は日華平和条約で解決ずみであり、国際法上、再交渉はできない。日華平和条約の廃棄を日中共同声明に盛り込めば、外務省や自民党の親台湾派が強硬に反対する」ということであった。

腹の探り合いが続いていた七月三十日夜になって、周恩来が突然、こう切り出した。「今日は中国側の素案をご紹介しましょう。毛沢東主席もこれを批准しています」。竹入たちは周恩来が読み上げる内容をあわてて書き取った。その中では「日本に対する戦争賠償の請求権を放棄する」と明言されていた（『人民大会堂見聞録』）。

竹入は帰国後の八月四日、中国側の草案を書き取った「竹入メモ」を首相官邸で田中に手渡した。田中は腹を決めた。

七二年九月二十五日午前、秋晴れの北京首都空港に田中角栄らを乗せた日航特別機が到着した。田中は米大統領のニクソンと同じ宿舎の釣魚台《ちょうぎょだい》十八号楼に入り、午後から人民大会堂の安徽《あんき》の間で周恩来との第一回首脳会談に臨んだ。

「日中国交正常化によって共産主義を押しつけようというなら、やめていただきたい」。こう切り出した田中に、周恩来は「共産主義を輸出するといっても日本が受け付けないでしょう」と笑ってかわした。順調にすべり出したかに見えた交渉は翌日から暗礁に乗り上げた。

国際法を盾に「戦争終結を宣言した日華平和条約の破棄はできない」と繰り返す日本側の姿勢に、周恩来が猛烈に反発したのだ。「政治的に解決すべき問題を法律や条文で処理しようとする者を中国では法匪と言います」。歓迎夕食会での田中のあいさつにあった「中国国民に多大なご迷惑をおかけした」の「迷惑をかけた（中国語訳は「添了麻煩」）」についても、「うっかり女性のスカートに水をかけたときに使う言葉」と不快感をあらわにした（『人民大会堂見聞録』など）。

結果的に、共同声明では「戦争状態の終結」の代わりに「不正常な状態の終了」とし、日華平和条約については共同声明では触れず、日本側が記者会見で「存在の意義を失い、終了したと認められる」と表明することになった。それとともに、共同声明では「中華人民共和国が中国の唯一の合法政府」であることを認め、「台湾は中華人民共和国の領土の不可分の一部であるとの中華人民共和国の立場を十分理解し、尊重する」と明記された。日本は台湾と断交することになった。

一九七二年九月二十七日、毛沢東（左）と握手する田中角栄

共同声明に見通しがついた九月二十七日夕、中国側は行く先も告げず、日本側通訳の同行も認めないまま、田中、大平と官房長官の二階堂進《にかいどうすすむ》を車に乗せた。案内されたのは中南海《ちゅうなんかい》にある中国共産党主席、毛沢東の居宅兼執務室だった。

「もうけんかは終わりましたか。けんかもしなければ、取引は成立しませんよ」。田中に握手を求めた毛沢東は開口一番、そう言った。毛沢東は健康不安を抱えていたが、この日は闊達《かったつ》だった。

毛沢東は、田中の「ご迷惑」発言についても「一部の女性は不満ですよ。若い人はこの言い方では不十分だと考えるでしょう」と言ったが、顔は笑っていた（楊明偉《ようめいい》ら著『周恩来 外交風雲』）。

米大統領補佐官のキッシンジャーが秘密訪中した七一年から翌七二年末にかけ、中国と外交関係を結んだ国は、日本を含め四十カ国にのぼった。毛沢東が六六年に発動したプロレタリア文化大革命以来の外交的孤立からの脱却は、安全保障面での緊張を緩和させるだけでなく、決定的に立ち遅れた経済建設の面でも西側との経済・技術交流は不可欠だった。

毛沢東の方針転換を実務的に支えたのは周恩来だった。この大きな変動は、毛沢東の体力が急速に衰える中で、毛沢東以後を射程に入れた党内の権力闘争の激化を促した。周恩来らに対する「右傾」攻撃と包囲網が毛沢東の妻、江青《こうせい》たち急進左派によって準備されつつあった。

極右に変わった林彪　周恩来ははしごを外された

中国共産党主席、毛沢東の左派路線によって始められたプロレタリア文化大革命の嵐《あらし》が過ぎ、熱烈に文革を推進して毛後継者となった党副主席兼国防相、林彪《りんぴょう》が国外逃亡中に墜死《ついし》すると、満を持していたように行政機構を握る党政治局常務委員兼国務院総理（首相）の周恩《しゅうおん》来《らい》が活発に動き出した。

一九七二年二月の米大統領ニクソンの訪中や、それに続く日本との国交正常化にあたって全面的に実務を取り仕切った周恩来は、並行して内政面でも次々に現実主義的な穏健《おんけん》政策を打ち出していった。文革の「政治優先主義」でめちゃくちゃになった企業経営の整備、現実を無視した過大な達成目標を掲げた国家経済計画の練り直し、基礎科学を中心とする教育と研究の復活――などあらゆる分野に及んだ。それは、文革中に「左」に振れすぎた振り子を引き戻そうという懸命の努力であった。

林彪事件後、盟友《めいゆう》で国務院副総理兼財政部長の李先念《りせんねん》に周恩来が聞いたことがある。「（これで）党中央の問題は解決したと思うか」。李先念は答えた。「中央文革小組の一味がまだいます」。中央文革小組の一味とは、毛沢東の妻の江青《こうせい》や張春橋《ちょうしゅんきょう》、姚文元《ようぶんげん》（いずれも党政治局員)ら文革急進派を指している。「問題の解決はまだはるか遠い。難しい」と周恩来は言った。そのとき、周恩来の目には涙が浮かんでいた、と李先念はのちに述懐している。周恩来は「左」からの巻き返しを深刻に懸念していた。《李先念の回想は呉慶彤《ごけいとう》著『「文化大革命」中の周恩来』(中共党史出版社、九八年)による》

後継者が反旗を翻して失敗し、逃避行で墜死するという衝撃的な林彪事件の動揺をくい止めるため、毛沢東は全党と全土で「批林整風(林彪を批判し、思想を整とんする)」運動を展開させていた。その運動の中で周恩来は、林彪事件を引き起こしたのは極左思想であるとし、積極的に極左批判を展開する。

七二年八月のある演説で周恩来は、林彪が放任した極左思想は「空っぽで極端で形式主義、抽象的」で毛沢東思想に反し、「極左思想を徹底的に批判しなければまた過ちを犯しかねない」とこちらもまた毛沢東を盾に強調した(安建設《あんけんせつ》編『周恩来の最後の歳月』中央文献出版社、九五年など)。

極左批判は周恩来が勝手に始めたものではない。これより前の六月、毛沢東はスリランカ首相のバンダラナイケとの会見で、林彪は「左派」の「総黒幕」で「反革命そのもの」と断言している。また、江青も八月に行った米国の中国史研究者、ウィトケとの長時間インタビューの中で、林彪を「極左」と呼んで批判していた。

党機関紙の人民日報は七二年十月十四日、一ページ全面に極左思想と無政府主義を批判する三本の論文を一挙に掲載した。周恩来の極左批判を受けたものだが、これに江青派の姚文元が反発した。論文を読むとすぐに姚文元は「人民日報」の責任者に「当面警戒せねばならないのは右傾思想の台頭だ」と批判したのだ。

人民日報の論文は、大衆運動によって「すべてを打倒する」やり方を痛烈に批判し、さらに上層部の一部はこれを利用して党の指導権を奪おうとしている、と指摘していた。姚文元はこれが文革を批判し、江青たちを当てこすったものであることを敏感に察知したのだった。

姚文元は「なんでも無政府主義といって大衆を批判してはならない」と言い、江青はもっとはっきり、この論文は「全国の闘争の方向を変えようとするものだ」と非難した。張春橋と姚文元は上海《しゃんはい》紙「文匯報《ぶんわいほう》」の内部刊行物に反論を続けざまに掲載させ、「右からの巻き返し」に警鐘を鳴らした。

十一月末、党中央対外連絡部と外交部が、極左思想と無政府主義を徹底的に批判する会議を開くという報告を党指導部に提出した。周恩来はこの報告書に同意するむねを記したが、張春橋は「林彪批判とは極左と無政府主義を批判することなのだろうか」と書いて反対した。江青はそれまで林彪を「極左」と言ってきたのを百八十度変えて林彪は「極右」であるとし、いまは林彪批判とともに「プロレタリア文化大革命の勝利に重点を置いて語るべきである」と報告書に書きつけた（中共中央文献研究室編『周恩来伝』など）。

態度を変えたのは江青だけではなかった。毛沢東もそうであった。

文革中の一九六六年、天安門広場で江青（左）と並んで紅衛兵に接見する周恩来

七二年十二月五日、人民日報社編集委員の王若水《おうじゃくすい》は、周恩来の極左批判に賛同する内容の手紙を毛沢東に書き送った。それを読んだ毛沢東は十二月十七日、張春橋と姚文元を中南海《ちゅうなんかい》の居宅兼執務室に呼び、「私はこの手紙は正しくないと思う。（林彪は）極左なのか？ 極右だ。修正主義、分裂、陰謀詭計《いんぼうきけい》、党と祖国への裏切りをやったのだ」と言った。「極左思想はあまり批判してはならない」

周恩来ははしごを外された。周恩来による極左批判が行きすぎて文化大革命そのものの否定につながってしまうことを毛沢東は恐れたのだった。

この毛沢東の発言に基づいて、「人民日報」「解放軍報」「紅旗《こうき》」の三紙誌に共同発表された七三年元日の新年社説は、「批林整風」の重点は林彪の「極右」を批判することだと強調した。なぜなら林彪らは「国内では地主、富農、反動派、犯罪人、右派と結託して資産階級のファシズム独裁を図った。国際的にはソ連修正社会帝国主義に投降し、反華反共反革命をやろうとした」「これ以上ないほどの右」であるから、であった。

周恩来が主導しようとした「極左思想批判」という表現は各種メディアからいっせいに消

えた。周恩来の人民日報社に対する指導権も江青たちによって完全に排除された。

これ以降、党指導部内では「左への揺り戻し」を阻止しようとする周恩来ら穏健・実務派と、「右からの巻き返し」を封鎖しようとする江青ら急進・革命派の激しい権力闘争が展開されていく。毛沢東は党や国家の日常業務では周恩来らの力量に頼らざるを得なかったが、同時に、それを絶えずけん制する役割を江青らに与え続けた。

鄧小平復活「誤り重大だが劉とは区別せよ」

北京《ぺきん》の天安門《てんあんもん》広場に飾り提灯《ちょうちん》がともった。広場に面した人民大会堂で一九七三年四月十二日の晩、カンボジア国王シアヌーク一行の歓迎レセプションが始まろうとしていた。ホールで参会者らが三々五々集まってあいさつを交わしている。

一人離れてそれを黙って観察する背の低い初老の男がいた。中国駐在の外交官や外国人記者らはあっと驚いた。鄧小平《とうしょうへい》である。六年前に一切の権力をはく奪されて失脚したはずの元中国共産党中央委員会総書記が、「国務院副総理（副首相）」という肩書で再び公の場に姿を現したのだ。

すぐに楽隊が曲を奏でだし、シアヌークが国務院総理（首相）の周恩来《しゅうおんらい》らとともに主賓席に腰を下ろしたが、各国記者はわれ先に会場を抜け出した。

「鄧小平、復活す！」

翌日、このニュースは世界の主要メディアで大きく報じられた（薛慶超《せつけいちょう》著『歴史転換期における鄧小平』中原農民出版社、九六年など）。

六六年に党主席の毛沢東が文化大革命を発動すると、鄧小平は国家主席の劉少奇《りゅうしょうき》に次ぐ「資本主義の道を歩む党内第二の実権派」として集中攻撃され、翌年には監禁された。五人の子供にも累《るい》は及び、北京大学技術物理科の学生だった長男の鄧樸方《とうぼくほう》は、六八年に大学造反派の女性指導者、聶元梓《じょうげんし》ら紅衛兵《こうえいへい》に隔離審査を受けた。閉じ込められた三階の実験室の窓から投身自殺を図り、脊椎《せきつい》に傷を負って下半身不随となった。

六九年十月に鄧小平は党副主席兼国防相、林彪《りんぴょう》の命令発動で江西省《こうせい》に〝流刑〟となり、家族とともに南昌市《なんしょう》郊外の新建県望城崗《ぼうじょうこう》の元歩兵学校の校長宅だった赤レンガ造りの小さな二階建てに監視付きで住んだ。

毎日午前中の三時間ほど新建県トラクター修理工場で組立工として「労働改造（労働による思想改造）」を受け、夜は読書をして過ごした（鄧小平は北京から蔵書のほぼすべてを持ってきていた）。逆境とはいえ日常生活はかえって充実し、三女の蕭榕《しょうよう》は「彼の思想、信念、意志はますますはっきりし、固いものとなっていった」と回想している。鄧小平は帰京を信じて、楽観的だった。

転機となったのは七一年九月の林彪事件である。十一月のある日、工場で全体集会が開かれ、文化大革命の忠実な遂行者であった林彪が「反革命武装クーデター」を企てて失敗し、逃亡中にモンゴルで墜死《ついし》したという党内文書の内容が伝えられた。労働者らは興奮してあれこれ議論を始めたが、鄧小平は二時間もの間、じっと席についたまま一言もしゃべらなかった。

帰宅してからも黙っていたが、「父は明らかに興奮していた」と粛榕はいう。監視役が帰ってから妻の卓琳《たくりん》が用意した杯の酒を飲み干して初めて、「林彪不亡、天理難容（林彪が死なないということを、天が許すわけがない）」と漏らしたという（余世誠《よせいせい》著『鄧小平と毛沢東』中共中央党校出版社、九五年など）。

鄧小平は毛沢東あてに四千字もの長い手紙を書いた。

「敬愛する毛主席へ。おととい私は林彪反革命集団の陰謀叛乱《いんぼうはんらん》の罪証について聞き、非情な憤怒《ふんぬ》を覚え、毛主席の英明さ偉大さを真に認識しました」

「主席もご存じのように、林彪らは私を死地に追い込まねば気が済まなかったのです。主席の保護がなければ、どうなっていたか分かりません。私は過去の十七年間、とくに文化大革命中にきわめて重大な過ちを犯しました。主席と全国人民の私への批判はまったく当然であり、私は全党全軍全国人民の自分に対する教育と救済に非常に感謝しております。私は全党全国人民とともに、林彪反革命集団を打ち破った偉大な勝利を熱烈に祝います」

「私は体がまだ丈夫で、もう六十八歳ですが、技術的な仕事（例えば調査研究）は少しはできますし、党と人民のためにいささかの仕事はできます。過去の過ちの万分の一でも償いたいのです。他に要求はありません。主席と中央の指示を静かに待ちます」

毛沢東は鄧小平の能力は評価していた。六八年の党八期中央委員会第十二回総会（八期十二中）で、鄧小平の党籍はく奪を主張する林彪や毛沢東の妻の江青《こうせい》らに「劉少奇と鄧小平は区別せよ」と反対したこともある。

七二年八月三日、鄧小平は二度目の手紙を書く。この手紙に毛沢東は「鄧小平同志の犯した誤りは重大である。だが劉少奇とは区別されねばならない」と書き付けた。――鄧小平には経歴上の問題がなく、敵に投降したこともない。戦功もある。建国後、良いこともした。例えば代表団を率いてモスクワに交渉にいったときソ連修正主義に屈服しなかった。「こうしたことを私は過去に何度も話したが、今もう一度言っておく」

文革で失脚する前の鄧小平（右）と毛沢東。一九五九年

周恩来はこの機会を逃さなかった。毛沢東のコメント付きのこの手紙を党政治局員に回し、党中央名で江西省党委員会に鄧小平に対する監視と労働改造を解除するよう命じた（曹英《そうえい》ら著『特別別荘』改革出版社、九八年など）。

周恩来の体に膀胱《ぼうこう》がんが発見されたのは七二年五月だった。周恩来は自らの路線の後継者として鄧小平の復活にいっそう力を入れるようになっていた。毛沢東にも、病気を抱えた周恩来に代わって複雑で膨大な国の日常業務をこなせる人材が必要であった。文革への逆戻りを恐れる周恩来が推し進めていた「極左批判」に江青らが激しく反発、毛沢東が江青らを支持して周恩来を暗に批判するのはこの年の秋である。毛沢東もまた、周恩来の後を鄧小平にゆだねようとしていた。

翌七三年二月、周恩来の尽力で鄧小平は北京行きの汽車に乗る。江西省に追いやられてから三年四カ月がたっていた。その一方で、周恩来は政治局会議を連続して開き、鄧小平の職務復帰問題を討議にかけた。江青、張春橋《ちょうしゅんきょう》らは抵抗したが、毛沢東の意向に最後まで反対することはできず、最終的には譲歩せざるを得なかった（『紅船交響曲』）。

党中央は三月十日、「鄧小平同志の党の組織活動と国務院副総理の職務を回復させることに関する決定」を公布し、鄧小平は再び政治の表舞台に立つ。事実上、「文革の戦果」がまたひとつ否定されたことになった。

鄧小平は五カ月後の八月に開かれる中国共産党第十回全国代表大会（党大会）で党中央委員に改めて選出され、周恩来を補佐して国民経済の立て直しに着手、毛沢東の思惑をはずれて強力に脱文革路線を進めていくことになる。

「脱文革」拒絶　病の周恩来にむちが飛んだ

厳冬の北京《ペきん》では連日、肌を突き刺すような冷たい西北の風が吹いていた。一九七三年一月十三日の早朝六時すぎ、北京・中南海《ちゅうなんかい》の「西花庁」と呼ばれる居宅兼執務室で、総理（首相）の周恩来《しゅうおんらい》は仕事を終えると机を離れた。いつものように一抱えの文書を寝室のまくら元に運んでから手洗いに行く。用を足すと同時に血がどっと出て、水洗式便器の水が真っ赤に染まった。血尿《けつにょう》、というよりそれは鮮血だった。当直の警備員は肝をつぶして医者を呼んだ。膀胱《ぼうこう》がんによる最初の出血であった。

その後も出血は止まらなかったが、周恩来は休養もとらずに職務を続けた。ようやく一息ついたのは二カ月後の三月十日、中国共産党政治局が鄧小平《とうしょうへい》復活の決定を出した日だった。周恩来はこの日から二週間の病気休暇をとり、ひそかに北京郊外の玉泉山《ぎょくせんざん》にある医療施設で最初の手術を受ける。だが、すぐに中南海に戻って公務を再開した。

《周恩来の病状や行動は晩年の専属医だった張佐良《ちょうさりょう》の回想録『周恩来の最後の十年』（上海《しゃんはい》人民出版社、九七年）による》

プロレタリア文化大革命路線からの脱皮を急ぐ周恩来に不満を抱いていた党主席の毛沢東

が、公然と周恩来批判を始めるのはそのころである。

「近ごろ外交部には若干の問題があり、あまり満足していない」

七三年七月四日、毛沢東は文化大革命で台頭した張春橋《ちょうしゅんきょう》(政治局員兼上海市党委員会第一書記)、王洪文《おうこうぶん》(上海市革命委員会副主任)らを中南海の居宅に呼んでこう話し始めた。国務院外交部(外務省)を統括する周恩来はその場にいない。

発端は外交部の内部刊行物「新情況」(第一五三期)に掲載された「ニクソン―ブレジネフ会談についての当面の見解」という文章である。この年六月の米ソ首脳会談で、核戦争の脅威が生じればただちに交渉し、あらゆる手段を講じるという「核不戦の誓い」がなされたことを受けて書かれたもので、首脳会談の「欺まん性はますます大きく」「米ソが世界を支配する空気がますます濃くなった」と分析、周恩来にほめられていた。

だが毛沢東は言う。「みなこの文章はすばらしいという。私は読んでみた。たぶん私のほうが間違いで、外交部さまのほうが正しいのだろうよ。しかし党中央のこれまでの意見とはつながりがないではないか」

毛沢東は、「欺まん」だとか「支配」とか言葉で飾っているだけで、世界に「大動乱、大分化、大改組」を起こすような革命的戦略性がまったくない、という意味のことを言い、「本質を見ていない」と批判した。

そして張春橋、王洪文に向かってこう言った。「君たちはまだ歳ではないから、すこし外国語を勉強して、あんな老人たちのペテンに引っかかって悪党の仲間入りをしないようにするのが一番いい」

毛沢東の言葉はしだいにきつくなり、「総理の講話は読むに耐えない」とも言った。続いて外交部の対日分析がやり玉に挙がる。

「また外交部の何とかいう屁《へ》みたいな局（アジア局を指す）は、田中《たなか》（角栄《かくえい》）は政権を取れない、取れたとしても中日関係を改善できないと言っていたんだからな」

「外交部はこう認識していたのです。田中は政権を取るだろう、しかし中日関係はすぐには変化するはずはないと」。だれかが口をはさんだ。

「五十歩百歩ではないか。戦いに敗れて、五十歩逃げた兵士が百歩逃げた兵士を笑う。これは数量を論じているのだ。性質を論じるなら、どちらも逃げたのだ。『孟子《もうし》』をひもといてみればよい」

ここで話題は思想問題に飛んだ。「郭老《かくろう》は孔子《こうし》を尊重するだけでなく、法家に反対している。国民党も同じだ！　林彪《りんぴょう》もそうだ！」。郭老とは留学や亡命で日本に長く暮らした著名な文学者で思想史研究者でもある古参党員の郭沫若《かくまつじゃく》のことだ。周恩来と親しかった。

毛沢東は五月の党中央工作会議でも、国外逃亡中に墜死《ついし》した党副主席兼国防相の林彪と同時に孔子をも批判せねばならない、と問題提起していた。〝中庸の道〟などを説く孔子を毛沢東は反動主義者とし、「批林」と「批孔」を結びつけたのだ。

林彪らの〝クーデター計画書〟とされるノートで「現代の始皇帝《しこうてい》」と呼ばれたことを毛沢

東は気にしていた。秦《しん》の始皇帝は孔子を師とする儒家を避け、法による峻厳《しゅんげん》な統治を求める法家の政策を採用した皇帝である。「秦の始皇帝をあまりののしってはならない」と毛沢東は言った。

毛沢東の話題はあれこれ脱線したが、最後に外交部批判をこう総括した。

「結論は次の四句だ。大事不討論／小事天天送／此調不改動／勢必搞修正（大事は討論せず、小事は毎日送ってくる。この調子を改めねば、いきおい修正主義をやる）。将来、修正主義をやっても、私が事前に何も言わなかったとは言うな」

《張春橋らに対する毛沢東の一連の談話は李《り》健《けん》編著『紅壁紀事』（中国言実出版社、九六年）などによる》

毛沢東の矛先《ほこさき》が周恩来に向いていることは明らかだった。張春橋や王洪文らにとっても、目の上のたんこぶである周恩来を攻撃するのにこれ以上の武器はなかった。毛沢東の居宅から帰るとすぐ、張春橋は毛沢東の談話内容を伝えるため政治局会議を開くよう周恩来に要求した。

やむなく周恩来は翌日に政治局会議を開き、その会議の結果報告を毛沢東に送る際、「これらの過ちは私の政治認識と工作方式に関連があります」と自己批判書を添えた。周恩来は文革中も多くの「意に反した行為」をしてきた。毛沢東の底知れぬ恐ろしさを知り抜いている周恩来流の身の処し方であった。このときも同じだった。

毛沢東は周恩来の自己批判書に「この種の頑固《がんこ》病はあらゆるところにあり、個人のものではない。改める方法を研究すべきである」と記した。このため、周恩来は外交部の責任者を集めて会議を持つが、一週間ほどして毛沢東からこれ以上の自己批判書は必要ないと言われ、ようやく安堵《あんど》した（中共中央文献研究室編『周恩来年譜』中央文献出版社、九七年など）。しかし、これらはやがて始まる「批林批孔《ひりんひこう》」運動に名を借りた激しい周恩来批判の前奏曲にすぎなかった。

革命教育の再来　教師批判で小学生も英雄に

プロレタリア文化大革命による混乱のあと、中央の日常業務全般を取り仕切っていた国務院総理（首相）の周恩来《しゅうおんらい》は、経済、社会、外交などあらゆる分野で立て直しを進めた。そのために「脱文革化」は不可避だったが、文革でのし上がった毛沢東の妻で党政治局員の江青《こうせい》たちからの反撃はますます強まった。

一九七二年七月、米国籍の科学者、楊振寧《ようしんねい》と会見した周恩来は、中国の基礎科学はひどく貧困なうえ外国との交流もないという指摘を深刻に受けとめた。周恩来は同席していた物理学者で北京《ぺきん》大学副学長の周培源《しゅうばいげん》に基礎理論の水準を向上させるよう指示し、「何か障害があれば取り除き、クギでもあれば引っこ抜かねばならない」と言った。

これを受けて周培源は、総合大学における理科教育改革の必要性を訴える文章を十月六日付の民主諸党派機関紙「光明日報」で発表、「理論は無用という誤った思想」を批判したところ、江青グループの激しい反発を受けた。「やつらが抜こうとしているクギとはつまりわれわれのことだ」。江青らは背後に周恩来の意向が働いていることを知っていた。張春橋《ちょうしゅんきょう》、姚文元《ようぶんげん》（ともに党政治局員）も「周培源の後ろ盾がどれほど大きかろうと」反撃せねばならないと指摘し、「ああいった基礎理論を重視するという者ほどマルクス主義が分かっていない」として、江青グループが拠点とする上海《しゃんはい》市の「文匯報《ぶんわいほう》」に反論文を続けて発表させた（『周恩来伝』など）。

文革が始まって停止された大学の学生募集は七〇年に一部再開されたが、おもに労働者、農民、兵士が推薦で選抜されて入学していた。しかし、周恩来が統括する国務院は七三年四月、学力試験を復活させる入試改革を打ち出す。これを江青らは「知育第一主義」「学力至上主義」と攻撃した。そのときに「白紙答案事件」は起きた。

当時、都市部の中学校（日本の中・高校）を卒業した学生は半強制的に、「社会実践」を積むために農山村で労働に従事するよう「下放《かほう》」をされた。遼寧《りょうねい》省錦州市興城県の人民公社に下放された青年、張鉄生《ちょうてつせい》は大学に入って下放生活から脱出したいと思い七三年六月、興城試験区で大学の新入生募集のための試験を受けた。

ところが、国語は三十八点、数学は六十一点しか取れなかったうえ、物理化学の問題を見て絶望的になった張鉄生は、答案用紙の裏に当局者にあてた手紙を書く。「まったく心は急《せ》いても力が及びません」「大学入学という幼いころからの理想が水泡に帰すのかとしみじみ思います」

江青グループと緊密だった毛沢東のおいで、このとき遼寧省党委員会書記だった毛遠新《もうえんしん》は、この一件を知って張鉄生の答案を取り寄せた。その裏に書かれた手紙を読んだ毛遠新は、これを遼寧党委の機関紙「遼寧日報」の一面トップに載せ、次のような「編者の言葉」を添えて称賛した。

「張鉄生が物理化学の試験で出した答案はほとんど白紙同然だったが、大学の新入生募集の路線問題について、すぐれた見解に満ち、深く考えさせられる答案を提出した」

党中央機関紙「人民日報」など主要な新聞・雑誌も全文を転載し、張鉄生は一躍、脱文革路線に抵抗する「反潮流」の英雄に祭り上げられた。張鉄生は遼寧省内の鉄嶺農学院に入学を許されたが、それればかりか共産党への入党も認められ、江青たちの支持を受けていきなり第四期全国人民代表大会（国会）の常務委員にまでなってしまった（『文化大革命簡史』『文化大革命十年史』など）。

七三年七月、河南《かなん》省唐河県の馬振扶《ばしんふ》公社中学に通う十五歳の女子中学生、張玉勤《ちょうぎょくきん》が自殺した。英語の期末試験で白紙答案を出し、その裏にこんな風刺詩を書いたのが原因だった。

「私は中国人。なぜ外国語を学ぶ必要があろう。ABCを学ばずとも、（革命の）後継者になれる。革命事業を受け継いで、帝・修・反（帝国主義、修正主義、反動派）を葬り去る」

このためクラス担任と校長に批判され、入水したのだった。

事件を知った江青は半年後、調査のために腹心の清華《せいか》大学党委書記の遅群《ちぐん》と謝静宜《しゃせいぎ》を現地に派遣した。その結果、「修正主義教育路線」によって張玉勤は死に追いやられたのだという結論が下された。馬振扶公社中学の校長と教師は繰り返し〝批判闘争〟にかけられ、この事件をきっかけに各地で教師批判が展開された。

北京でも事件が起こった。北京市海淀区中関村第一小学校の五年生、黄帥《こうすい》は先生といさかいを起こし、七三年十月に親に促されて北京市党委機関紙「北京日報」あてに手紙を書き送った。これが北京日報の内部刊行物に紹介された。

手紙では黄帥が教師に意見を述べたところ批判されたという事情が述べられ、「まさか私たち毛沢東時代の青少年にまで、『師道の尊厳』という旧教育制度の奴隷《どれい》になれというのでしょうか」とあった。

白紙答案事件で「反潮流」の英雄となった張鉄生（左）

この手紙にも目をとめた遅群と謝静宜は、「これはあなたと先生の間の問題ではなく、二つの階級、二つの路線の大問題である」と黄帥を担ぎ出し、十二月十二日付の「北京日報」に手紙と日記を掲載させた。「人民日報」にも転載され、そこに添えられた「編者の言葉」で「黄帥は思い切って修正主義教育路線に対して戦いを挑んだ」と激賞された。

こうして黄帥もまた「反潮流」の手本となり、「『師道の尊厳』反対」「修正主義教育路線を批判しよう」といった「革命的スローガン」が全国で宣伝された。北京では文革初期の紅衛兵《こうえいへい》のように小・中学校の生徒によって窓ガラスや机、イスなどがほとんど壊され、教育現場は再び混乱に陥る騒ぎとなった（『世紀偉人毛沢東』『文化大革命簡史』など）。

党主席の毛沢東は七〇年に、「勇敢に潮流に逆らわねばならない。反潮流はマルクス主義の一つの原則だ」と書いたことがある。文革初期のスローガン「造反有理《ぞうはんゆうり》」に通じるものがあり、江青グループはこれに利用できそうな〝事件〟を探し出してきては「反潮流」宣伝を展開し、周恩来を打倒しようと躍起になっていた。

王洪文抜擢　後継争いの火ぶたが切られた

「北京《ペきん》でいったい何があるというんだろう」。上海《しゃんはい》市革命委員会副主任の王洪文《おうこうぶん》はいぶかりながら北京に向かう国内便の飛行機に乗り込み、同行した秘書の廖祖康《りょうそこう》に問いかけた。一九七二年九月七日のことだ。

王洪文は中国共産党政治局員（上海市党委員会第一書記）の張春橋《ちょうしゅんきょう》から電話で北京に来るようにいわれたのだった。理由は何も明らかにせず、ただ「北京に来て勉強をせよ」とだけ告げた（葉永烈《ようえいれつ》著『王洪文伝』時代文芸出版社、九三年）。

《王洪文はこのとき三十七歳である。吉林《きちりん》省の農家の出身で、十六歳のとき朝鮮戦争に従軍し、復員後は上海の綿紡績工場で労働者をしていた。六六年に文化大革命が始まると、文革支持の急進的な武闘派労働者を組織して頭角を現し、上海市革命委員会の樹立に貢献、六九年から党中央委員にもなっていた》

王洪文を呼ぶよう指示したのは党主席の毛沢東であった。一週間ほど前、中南海《ちゅうなんかい》の居宅兼執務室で毛沢東は張春橋に突然、聞いた。「王洪文は文章が書けるか？」。政治論文が書けるかというのだ。

毛沢東はどうやら王洪文を中央指導部に抜擢《ばってき》することを考えているようだった。「王洪文も書けますが、(党政治局員)姚文元《ようぶんげん》には及びません」と張春橋は答えた。

《張春橋と親密な姚文元もまだ四十歳と若い。張春橋は上海市党委書記だった六五年、毛沢東の妻の江青《こうせい》の指示で、上海市党委理論誌の編集委員をしていた姚文元がプロレタリア文化大革命の口火を切る「新編歴史劇『海瑞罷官《かいずいひかん》』を評す」を書くのに協力した。文革で共闘した江青、張春橋、姚文元はそろって党最高指導部の政治局員になっていた》

毛沢東のもとを辞して居宅兼執務室のある釣魚台《ちょうぎょだい》に戻っても、張春橋は毛沢東がなぜ王洪文のことを聞いたのか気になった。張春橋は、何か事情がつかめないかと考え、江青のもとに走った(金聖基《きんせいき》編著『人民大会堂実録』など)。

党副主席兼国防相の林彪《りんぴょう》が七一年九月十三日に国外逃亡途中にモンゴルで墜死《ついし》してから一年になる。毛沢東は六九年に開催された党第九回全国代表大会(党大会)の政治的な清算を迫られていた。この党大会で毛沢東は自ら林彪を指名し、党規約には「後継者」と明記されていたからだ。

墜死した林彪と林彪の妻の葉群《ようぐん》に、失脚した林彪派五人を合わせて七人の政治局員が消えたため、政治局は機能しなくなっていた。空席の党副主席を選出する必要もあった。七十九歳の毛沢東は病気がちで体力に衰えが目立っており、毛沢東が指名する党副主席はそのまま後継者に結びつく。張春橋は自分が最有力候補だと考えていた。

毛沢東が王洪文に関心を示していることについて張春橋から尋ねられた江青には思いあたることがあった。

「何日か前、主席は（党政治局常務委員）康生《こうせい》と会われた。この時、康生が王洪文たちの活動について説明して、『うまくいっており、王洪文は注目に値する人材です』と言った」（葉永烈著『張春橋伝』時代文芸出版社、九三年）

《康生は陝西《せんせい》省の延安《えんあん》に中国共産党の革命根拠地がおかれた一九三〇年代末から四〇年代にかけ、特務（スパイ）工作の責任者として党幹部らの粛清《しゅくせい》に深く関与した。文化大革命も中央文革小組顧問として江青たちと多くの幹部を失脚に追い込んでいる》

数日後、毛沢東は再び張春橋から王洪文の経歴を詳しく聞き取ると、こう指示した。「王洪文を北京に呼び、学習させるんだ」

毛沢東は王洪文を後継者に育てようとしている、と張春橋は確信した（『人民大会堂実録』）。

北京に着くと王洪文は政府迎賓館のある釣魚台の九号楼に部屋をあてがわれた。この建物には張春橋、姚文元の居宅兼執務室が入っている。ほどなく、毛沢東に呼ばれ、張春橋に付き添われて中南海に出かけた。

「君は農民、労働者、軍隊の三つの分野で働いた経歴を持っているそうだな」。書斎で王洪文を迎えた毛沢東は、握手をすると王洪文の経歴に触れた。しかし、本人を目の前にしても

一九七三年八月、第十回党大会での王洪文

王洪文を北京に呼んだ理由をはっきり言わなかった。ただ、別れ際に諭《さと》すように言った。

「北京ではマルクス・レーニンの著作をたくさん読み、さまざまな会議に出て、できるだけ多くの意見を聞きなさい」

《『王洪文伝』の著者で歴史作家の葉永烈によると、毛沢東は王洪文が第九回党大会で労働者代表として行った演説を高く評価していた。また、林彪事件後、林彪の腹心で上海に駐屯《ちゅうとん》していた空四軍政治委員の王維国《おういこく》らを逮捕した王洪文の行動力も買っていた》

ボストンバッグひとつで北京にやってきた王洪文はわけが分からないまま、北京で暮らすことになった。

「北京に来てから、とても心細い。一日中会議では疲れる。戻るのは明け方三時だ。早く上海に帰りたい」

ある日、王洪文は電話口で上海市党委書記（党中央委員）の馬天水《ばてんすい》にぼやいた。王洪文が上海に戻りたがっていることを張春橋から聞いた毛沢東ははっきりと言った。

「どうして彼が上海に戻れるのか。私は彼を副主席にするよう提案しようと思っているんだぞ。だが、これはまだ私だけの考えだ。だれにも話すな。王洪文にも言ってはならない」

王洪文が北京に来てから九カ月後の七三年五月二十日、中央や地方の党指導者二百四十六人が参加して北京の人民大会堂で党中央工作会議が始まった。三カ月後に控えた第十回党大会の準備会議であったが、毛沢東は会場に姿を見せなかった。

会議ではすでに政治局会議で決定された党人事が伝えられた。王洪文、湖南《こなん》省党委第一書記の華国鋒《かこくほう》、北京市革命委主任の呉徳《ごとく》の三人を政治局会議に列席させ、業務に参加させるということであった。

《この一カ月前に国務院副総理（副首相）の肩書で復活した鄧小平《とうしょうへい》は、まだ党中央の職務には戻っていない。華国鋒は毛沢東の死後に江青や王洪文ら四人組を逮捕する側に回り、党主席となる》

党大会を四日後に控えた八月二十日、毛沢東の指示で党大会議長団の候補者リストをつくる選挙準備委の主任に王洪文が就くことになった。この時点では党中央委員でしかない王洪文のもとに、毛沢東に次ぐ党内序列二位の政治局常務委員兼国務院総理（首相）の周恩来以下、政治局員がずらりと続く異様な人選であった。

「四人組」形成　若き後継者に江青が近づいた

それは奇妙な光景だった。

北京《ぺきん》の人民大会堂を埋めた千二百人を超える参会者が総立ちで正面壇上の毛沢東に拍手を送り、立ち上がるのを待っている。だが、毛沢東はいっこうに立たない。拍手を続ける参会者に戸惑いが広がった。

一九七三年八月二十四日、中国共産党第十回全国代表大会（党大会）の初日が終わり、散会が告げられたときだ。

「主席はイスのひじに両手をついて、自分で立ち上がろうとしていました。でも、足に力が入らず、体が持ち上がらなかったのです」

やや離れたところから毛沢東の様子を見ていた毛沢東の看護婦長、呉旭君《ごきょくくん》はあわてた。呉旭君に言われて毛沢東の執務員が毛沢東に近づき、さりげなく毛沢東の体を支えてようやく立ち上がらせた。

拍手はいっそう高まり、いつまでも鳴りやまない。こういう会議ではいつも毛沢東が拍手を送られて退場していくからだ。参会者はそれを待っていた。だが、毛沢東はとても歩けそうにない。左隣にいた国務院総理（首相）の周恩来《しゅうおんらい》が毛沢東を座らせると、それきり毛沢東は動けなくなった。

毛沢東は手を振って拍手にこたえながら、周恩来にちらちら視線を送る。意図を察した周恩来は冷めたお茶を一口すると、マイクで「散会してください」と呼びかけた。「みなが行かなければ私も行かない」と毛沢東も退場を促したが、席を離れる者はいない。

第十回党大会で、毛沢東（中）、周恩来（右）と並ぶ王洪文

困惑した周恩来は呉旭君を呼び、毛沢東に聞こえないように小声で聞いた。「呉同志、主席はまだ立ち上がれると思うか」。呉旭君は首を横に振った。当時、七十九歳の毛沢東は歩行が安定せず、無理に歩くと呼吸困難を起こすことがあった。

「どうする？　何か名案はないか」。「会場のみんなを主席が見送りする、と総理が宣言したらどうでしょうか」

周恩来は再びマイクに向き直った。「主席はみなさんを見送ります。すぐ行動に移ってください。各通路ごとに分かれ、すみやかに退場してください」

ようやく参会者は徐々に出口に向かって動き出した。それを笑顔で見送っていた毛沢東は、全員が退場するのを確認すると、最後に執務員らに抱きかかえられて席を立った。

《第十回党大会でのこの模様は中共中央文献研究室が編集した映像資料などによる》

毛沢東の健康不安がいっそう進むなかで開かれた第十回党大会には二つの大きな課題があった。ひとつは、前回の第九回党大会（六九年四月）のあとに起きた林彪《りんぴょう》事件の後始末である。

毛沢東に叛旗を翻して国外逃亡途中にモンゴルで墜死《ついし》したとされる党副主席兼国防相の林彪は、第九回党大会で党の基本路線を示す「政治報告」を行ったばかりか、そのときに改正された党規約には「毛沢東の後継者」と明記されたままだ。

もうひとつは、林彪グループの失脚にともなう新指導部体制の人事である。体力の衰えをだれよりも自分で知る毛沢東は、林彪に代わって自らの「継続革命」路線を継承できる新たな人材を必要としていた。

毛沢東のめがねにかなったのが、文化大革命中に急進的な上海《しゃんはい》の武闘派労働者だった三十七歳の王洪文《おうこうぶん》だった。党大会が開幕すると、上海革命委員会副主任で一介の党中央委員にすぎなかった王洪文は、壇上中央に陣取る毛沢東の右隣に寄り添って座り、参会者の注目を一身に集めることになった。

王洪文は党規約改正の報告に立ち、それに基づいて林彪を毛沢東の後継者とした規定は削除された。しかし、大会では林彪事件を生み出した文革路線の誤りを認めることはなかった。

周恩来は内政と外交で「脱文革」を志向していたが、周恩来が行った政治報告では、むしろ林彪事件を「階級闘争の勝利」とうたいあげる調子に終始した。

この政治報告は、文革で台頭した政治局員の張春橋《ちょうしゅんきょう》と姚文元《ようぶんげん》が起草し、周恩来はそれをただ読み上げただけであった。

大会はその後、国務院副総理（副首相）として復活した鄧小平《とうしょうへい》らを含め、党指導部となる中央委員らを選出し、前回の二十四日間を大幅に下回る史上最短の五日間で閉幕した。大会後の中央委員会総会で、王洪文は毛沢東の指名で政治局入りしただけでなく五人の党副主席の一人となった。しかも、党内序列は毛沢東、周恩来に次ぐ三位であった。

党大会から半月ほど過ぎた七三年九月十二日、毛沢東はフランス大統領のポンピドーとの会見に王洪文を同席させ、その存在を世界に示そうとした。王洪文にとって外交分野での初舞台だった。

「彼にご注目ください。彼の前途は明るい」

ポンピドーに王洪文をこう紹介した毛沢東は、会見写真でも王洪文を周恩来と並ばせて撮影させ、後継者としての位置づけを強調した（葉永烈《ようえいれつ》著『王洪文伝』など）。

毛沢東による王洪文の重用は、党内権力闘争の構図を複雑にした。上海では市党委第一書記として王洪文を指導する立場にあった張春橋は党内序列で完全に逆転されたが、王洪文と連携することで自らの権力強化に役立てることもできた。

ともに上海を拠点とし、毛沢東の妻の江青を先頭に文化大革命で共闘してきた張春橋、姚

中国共産党第10回党大会前後の党政治局の構成　(1973年)

	【旧】		【新】	
	【政治局常務委員】			
1	毛沢東	主席1	毛沢東	
2	×林彪	※2	○周恩来	
		※3	●王洪文	△
	×陳伯達	※4	●康生	
	周恩来	※5	○葉剣英	
	康生	※6	李徳生	
			○朱徳	
			●張春橋	
			○董必武	
	【政治局員】			
	×葉群		韋国清	△
	葉剣英		○劉伯承	
	劉伯承		●江青	
	江青		許世友	
	朱徳		華国鋒	△
	許世友		紀登奎	
	陳錫聯		呉徳	△
	李先念		汪東興	
	×李作鵬		陳永貴	△
	×呉法憲		陳錫聯	
	張春橋		○李先念	
	×邱会作		●姚文元	
	姚文元			
	×黄永勝			
	董必武			
	×謝富治			
	【政治局候補委員】			
	紀登奎		呉桂賢	△
	×李雪峰		蘇振華	△
	李徳生		倪志福	△
	汪東興		サイフジン	△

※は党副主席、●は文革派、○は行政・軍長老派、×は失脚または死去、△は新委員、数字序列。【旧】の3位以下、【新】の7位以下は簡体字での姓の筆画順

文元の三人は、積極的に王洪文と緊密な関係をつくっていく。「四人組」の形成である。指導部内での派閥を嫌う毛沢東はしだいにいらだちを強めた。

毛沢東の警衛隊長だった陳長江《ちんちょうこう》らが書いた『毛沢東の最後の十年』（中共中央党校出版社、九八年）によると、毛沢東は十一月二日、中南海《ちゅうなんかい》の居宅兼執務室で、オーストラリア首相のホイットラムと会った。

「どこで王洪文を見いだしたのですか」。ホイットラムは会見に同席した注目の若き党副主席の王洪文について尋ねた。「知りません」。ぶっきらぼうに言い放ったまま毛沢東は口をつぐんだ。

毛沢東が外国要人との会見に王洪文を同席させることはしだいに少なくなり、翌七四年五月を最後に途絶《とだ》えることになる。

鄧小平重用「江青は権力を待ち切れない」

米中間の歴史的和解をもたらした米大統領ニクソン訪中から一年九カ月を経た一九七三年十一月十日、米大統領補佐官（安全保障問題担当）のキッシンジャーが北京《ぺきん》を訪れた。米中は半年前、互いに連絡事務所を設置していたが国交正常化には至らず、五日間の滞在中に中国共産党副主席兼国務院総理（首相）の周恩来《しゅうおんらい》と国交正常化に向けた協議を重ねた。

キッシンジャーが北京を離れた直後、党主席の毛沢東は党政治局会議を招集し、米中間の懸案である台湾問題に触れて暗に周恩来を批判した。「（台湾との）内戦が怖いか？　攻撃をする必要があれば攻撃するだけだ」

《周恩来は一年前に米国在住の台湾華商グループと会見したとき、「台湾を流血の地にすることは望まない」と語ったと伝えられたことがある》

毛沢東は厳しく言い放った。「だれであろうと修正主義を推進する者は批判すべきだ」「（修正主義批判の）勇気がないなら、君らの職務を解く」

毛沢東はキッシンジャーとの交渉について周恩来から報告を受けるほかに、通訳をした外交部長（外相）補佐の王海容《おうかいよう》と党対外連絡部副秘書長の唐聞生《とうぶんせい》の二人からも、周恩来が何をどう語ったかを聞いていたのだった。王海容は毛沢東のいとこの王李範《おうりはん》の娘である（馮治軍《ひょうじぐん》著『周恩来と毛沢東』など）。

毛沢東の周恩来批判に追随して、毛沢東の妻で政治局員の江青《こうせい》が口を開き、周恩来の対米姿勢を「投降主義」と決めつけ、こう言った。「主席が年老いたのを見て待ちきれず、最高権力を奪おうとした」「これは十一回目の路線闘争だ」（葉永烈《ようえいれつ》著『江青伝』）

《毛沢東は七一年夏の南方巡視中、中国共産党五十年の歴史で十回の大きな路線闘争があったと語っている。そのとき挙げた最も新しいものは、毛沢東の後継者で党副主席兼国防相だった林彪《りんぴょう》との闘争だった》

周恩来は何も反論せず、黙って聞いていたが、周恩来の専属医だった張佐良《ちょうさりょう》の回想によると、周恩来はその後十日間、中南海《ちゅうなんかい》にある居宅兼執務室にほとんど閉じこもり、ひげもそらずにひたすら書き物に没頭した（『周恩来と毛沢東』）。

「あの会議はよかった。たいへんよかった」。周恩来に不満を抱いて毛沢東が招集した政治局会議について毛沢東は話し出した。三週間ほどのちの七三年十二月九日のことだ。この日、毛沢東は中南海の居宅兼執務室でネパール国王のビレンドラと会見したあと、同席した周恩来と党副主席の王洪文《おうこうぶん》のほか、通訳をした王海容、唐聞生を部屋に引き留めていた。

「だがな、会議では二つの誤った議論をした者がいた」と言い、江青発言を問題にした。

「一つは『十一回目の路線闘争』だ。このような言い方をすべきではないし、実際にもそうではない。もう一つは、『総理は待ち切れず（権力を奪おうとした）』だ。彼（周恩来）が待ち切れないのではない。彼女（江青）こそ待ちきれないのではないか」

このころ、党最高指導部である政治局は、プロレタリア文化大革命を積極的に担った文化革命指導小組出身の康生《こうせい》（副主席）、張春橋《ちょうしゅんきょう》（常務委員）、江青、姚文元《ようぶんげん》らと、周恩来をはじめ文革中に批判を受けながら生き延びたり復活したりした葉剣英《ようけんえい》（副主席）、李先念《りせんねん》ら実務派との対立が先鋭化していた。

江青ら文革急進派にとって、毛沢東の大抜擢《だいばってき》で若い仲間の王洪文がひらの中央委員から毛後継候補として副主席に躍進したのは有利な材料だ。しかし気になる人物がいる。鄧小平《とうしょうへい》である。文革で失脚するまで党中央委員会総書記として十年間も党組織の日常業務を握ってきた男が八カ月前に国務院副総理（副首相）として戻ってきた。

膀胱《ぼうこう》がんに侵されている周恩来は鄧小平を自らの後継者とみなしている。それを知る江青らが執拗《しつよう》に繰り返す周恩来批判は、周恩来の陰に控える鄧小平をも標的にしていた。だが、毛沢東もまた実務面では鄧小平しか周恩来に代わりうる人材はいないと考えており、江青らの反発をよそに鄧小平を最高指導部の重要ポストに迎え入れていく。

江青を批判して三日後の七三年十二月十二日、毛沢東は体調がすぐれなかった。それでも、中南海の居宅兼執務室に政治局員を呼び出し、政治局会議を主宰した。

「鄧小平同志を党中央軍事委員会委員とし、また政治局員にさせようと思う」と毛沢東は一座に向かって宣告した。続けて「私は軍事問題でも提議する。全国の大軍区司令員（司令官）を相互に入れ替える」とも言った。

《人民解放軍は当時、全国を十一の大軍区に分けて管轄《かんかつ》していた。それら大軍区司令官は地方に根を張り、文化大革命によって崩壊した党組織に代わって政治的権限も持つなど〝独立王国化〟しつつあった。司令官入れ替えには軍の強い抵抗が予想されたが、軍部の支持が厚い鄧小平を復活させる条件として周恩来や軍長老らが毛沢東に請け合ったともいわれる》

毛沢東は翌十三日から十五日まで連続して鄧小平とともに政治局員や中央軍事委委員を呼び、鄧小平に政治局の日常業務を統括させるほか、軍総参謀長にも就かせるよう指示した。鄧小平はいきなり党と軍の双方で大きな権限を持つことになった。一連の会議で毛沢東はこう語った。

「彼（鄧小平）について一部の人（江青らを指す）は心配しているが、彼の仕事ぶりはなかなか果断であり、功績が七分で誤りが三分だ」

そして、鄧小平に向かって「私は君に二つの言葉を進呈しよう」と切り出した。「『柔の中に剛あり、綿の中に針あり』だ。外面はまあ温和だが、内面は鋼鉄公司（頑固《がんこ》）だ。これまでの欠点は大いに改めていくことだ」

《一連の会議での毛沢東の発言は薛慶超《せつけいちょう》著『歴史転換期の鄧小平』による》

毛沢東は連日の会議が終わるたびに奇妙な〝儀式〟を一同にさせた。「さあ、『三大規律八項注意歌』をみなで合唱しよう」

《「三大規律八項注意」は、毛沢東らが最初に築いた井崗山《せいこうざん》の革命根拠地に向かう途上、部隊に与えた指示が起源で、後の人民解放軍における軍紀となり、軍歌にもなった》

♪すべての革命軍人はしっかり覚えよ　三大規律八項注意　第一すべての行動は指揮に従い　歩調を合わせて勝利を得る……

「歩調を合わせるんだ」。自ら音頭《おんど》をとりながら毛沢東は言った。

批林批孔……批周「戦え戦え戦え！」江青は叫んだ

一九七四年が明けた。中国共産党独裁下で樹立された中華人民共和国の建国二十五周年の年である。

春節《しゅんせつ》(旧正月)の休日だった一月二十四、二十五の両日、北京《ペキン》の首都体育館に一万人が集まり、相次いで「批林批孔《ひりんぴこう》(林彪《りんぴょう》を批判し、孔子《こうし》を批判する)」動員大会が開かれた。党主席の毛沢東の妻、江青《こうせい》(党政治局員)が主導して開催し、二十四日には中央軍事委員会の各機関と北京駐屯《ちゅうとん》の人民解放軍部隊、二十五日には党中央直属機関と国家機関の職員がそれぞれ動員されていた。

「革命的同志たち！　今日の批林批孔大会を全国に広げるのです。戦え、戦え、戦え！　批判運動は空砲ではなく、矢を放つのです」

スピーカーからは乾いた江青の声が大音響で流れた。二十五日の大会は午後三時に始まり、会場には党副主席兼国務院総理(首相)の周恩来《しゅうおんらい》が憮然《ぶぜん》とした表情で座っている。周恩来はこの日午前十一時に突然、出席を求められたのだった。

江青に続いて、江青と親密な党中央委員の遅群《ちぐん》や謝静宜《しゃせいぎ》がおもに演説した。二人は文化大革命中に毛沢東思想宣伝隊として北京大学と清華《せいか》大学にそれぞれ派遣され、両大学の革命委員会で活動、江青と親しくなった。この批林批孔運動では、江青たちのお抱え執筆グループ「梁效《りょうこう》」（両校＝北京、清華両大学＝に通じる）を組織し、活発な宣伝と攻撃を展開している。

女性活動家の謝静宜が壇上でひときわ声を張り上げた。

「保守勢力を代表する反動的な孔子思想は、過去もあり、現在もあり、将来もあるのです。孔子思想を代表する人の地位がたとえ高くても、権力の座から引きずり降ろすのです」

謝静宜が言う「地位の高い人」は周恩来に対する露骨なあてこすりで、批林批孔に名を借りた周恩来批判であった。

《文化大革命で毛沢東の後継者にまで昇り詰めた元党副主席兼国防相の林彪が、自滅する形で逃亡途中に墜死《ついし》したあと、毛沢東は「批林整風（林彪を批判し、思想を整とんする）」運動を発動した。

当初、毛沢東は林彪を「極左の誤り」と断罪していたが、文革の左派路線の否定につながることを恐れ、途中から林彪は「極右」で「反動」にされた。「林彪は反動、反動は孔子」という理屈で、毛沢東は「批林」を「批孔」と結びつけた。

周恩来の「脱文革」政策に危機感を強く抱いた江青は批林批孔を進めながら、「右派」とみなす周恩来の追い落としを図っていたとされる》

「総理もお話しください」。謝静宜の演説が終わると、江青が周恩来に声をかけた。演台に立った周恩来は、言葉を選びながら、冷静に話を始めた。

「この会合について、私は事前に何も知らなかった」。ざわめく会場にかまわず周恩来は続けた。「しかし、私は文化大革命の情勢発展を敏感にはとらえていなかった。運よく江青同志は敏感であり、私は自己批判しなければならない」。周恩来の皮肉っぽい物言いは自己批判を装った反撃でもあった。

《大会のもようは李健《りけん》編著『紅船交響曲』（中共党史出版社、九八年）などによる》

「批林批孔」動員大会に先立って、江青と党副主席の王洪文《おうこうぶん》は毛沢東に「林彪と孔孟《こうもう》の道」と題する資料を届けた。林彪事件後の家宅捜索で押収された中にあった孔子や孟子《もうし》の語録をもとに、『中庸の道』を唱え、階級闘争哲学に反対した」など語録を批判的に分類・編集したものだった。江青たちは「批林批孔」運動を展開するため、この資料を全土に配布するよう毛沢東に提案し、毛沢東は同意した（葉永烈《ようえいれつ》著『江青伝』）。

春節の動員大会は全国運動の第一弾であった。大会から二日後の七四年一月二十七日夜、批林批孔の荒波にさらされていた周恩来の主宰で政治局は人民解放軍の宣伝担当責任者を集めた会議を開いた。

冒頭、江青が発言を求めた。「批林批孔運動の展開は全国でばらつきがある」江青はそれを是正するため、各省、市、自治区のほか各軍区にも連絡員として記者を派遣するというのだった。しかも、記者には幹部会議に出席する資格を与え、機密電話で中央に直接報告させるという。批林批孔運動のお目付け役を置くという宣言だった。

一九七四年七月、河北省の天津駅構内に文化大革命と同じように登場した大字報（壁新聞）で「批林批孔」を学習する鉄道労働者

《この政治局会議については張佐良《ちょうさりょう》著『周恩来の最後の十年』（上海《しゃんはい》人民出版社、九七年）から引いた》

「総政治部の田維新《でんいしん》はいるかな」。江青は突然、会場を見渡して軍総政治部副主任、田維新の姿を探した。「ここです」と立ち上がった田維新に江青が言った。「ちょっと聞くけど、『共産党宣言』は何年に発表された？」

田維新は答えに窮《きゅう》した。「田維新、私が聞いているんですよ。なぜ答えないの」。会場の視線を一身に浴びる田維新は当惑した。「たしか一八四……」

「総政治部副主任たる軍高級幹部が『共産党宣言』すら不明確とはね。だれか彼の階級章と帽章を私のところに持ってきなさい」。江青がそう指示すると軍人数人が会場に入り込み、江青に圧倒されて茫然《ぼう》とする田維新の軍服から階級章と軍章を取り外した。

会議の休憩時間に、江青は党副主席兼中央軍事委副主席の葉剣英《ようけんえい》に近づいた。

「息子が空軍にいるんですってね。どうやって入ったの。まさか『走後門』をやったんじゃないでしょうね」

《「走後門（裏門から入る）」は裏口取引のことで、情実やコネを使った大学入学や職場配置など、中国社会のあらゆるところにはびこる伝統病だが、江青たちは「批林批孔」動員大会でも、行政機関や軍における「走後門」問題を取り上げており、批林批孔運動とともに積極的に追及しようとした。これも、周恩来や葉剣英らに対する揺さぶりだった、といわれる》

江青たちが批林批孔運動を活発化させようとしていた一九七四年一月、江青と共闘する王洪文は「批林批孔運動は第二次文化大革命だ」と語っている。姚文元《ようぶんげん》（党政治局員）も「中国近代史における大きな動乱は、中国を治療する良薬となった。大動乱はいいことだ」と言った。

文革の再活性化を目指す江青たちの行動を毛沢東は基本的には支持していた。毛沢東の体力の衰えが進む中で、運動を過激化させる江青たちと、それに対し、したたかに防壁を築こうとする周恩来たちとの全面的な権力闘争の色彩がよりいっそう濃くなっていく。

鄧小平台頭「江青よ、私が死んだらどうする」

一九七四年の三月に入ってまもなく、国務院外交部（外務省）は国連から招請状を受け取った。四月初めに開催される資源問題特別総会に代表団を送り、中国の代表演説をするよう求めるものであった。

中華人民共和国が台湾（中華民国）に代わって国連の中国代表権を得てから二年四カ月が過ぎていた。資源と開発問題は発展途上国と先進諸国との利害が複雑に対立しており、国連特別総会は中国が第三世界の利益代表として存在価値を誇示する格好の機会だった。

中国共産党副主席兼国務院総理（首相）の周恩来《しゅうおんらい》は、代表団の人選について毛沢東と連絡を取り合った。

党政治局員の江青《こうせい》が夫の毛沢東に面会を求めたのはこのころだった。二人が居宅兼執務室を別々にしてから久しい。妻といえども党主席に個別に会うには秘書を通して申し入れねばならなかった。

《江青が毛沢東に会おうとした理由は明らかではないが、国連代表団団長の人選をめぐるものとされている。江青の心情をこう推し量ることができる。

毛沢東はこんどの国連特別総会に強い関心があるようだ。かなりの大物を派遣する可能性がある。外交部長（外相）は姫鵬飛《きほうひ》だが、それより高いクラスなら副総理か総理の周恩来だ。しかし、周恩来は膀胱《ぼうこう》がんに侵されており、外遊は無理だ。とすると副総理の鄧小《とうしょう》平《へい》ではないか。

文化大革命で失脚した鄧小平は最も警戒すべき政敵となって戻ってきた。党最高指導部の政治局には文化大革命をともに闘った仲間がいて権力基盤もある。だが、国務院を中心とする内外政策の実務は「脱文革」を図る周恩来が握り、思うようにならない。

墜死《ついし》した林彪《りんぴょう》や孔子《こうし》の反動性を批判する「批林批孔《ひりんぴこう》」運動を通じて孔子に擬《ぎ》した周恩来に攻撃を仕掛けているが、毛沢東がいま国連代表団長に鄧小平を選び、国際社会のひのき舞台を踏ませるなら、「周―鄧」ラインは公然とお墨付《すみつ》きを与えられることになる》

だが、毛沢東からはなんの音さたもなかった。

「代表団長には鄧小平を充《あ》てる」。国連特別総会に関する外交部の報告書を読んだ毛沢東は、そう外交部に指示した。が、江青たちの反発は必至だ。「ただし、これは私の意見ではない。まず外交部から党中央に上げ、政治局に批准させよ」。毛沢東は慎重に事を運ぼうとした。

その日、毛沢東は江青の面会申し入れに返事を書いた。

「江青よ、会わないほうがいい。これまで何年もおまえと話してきたことを、おまえはちっとも実行しなかった。しばしば会って何になる？　おまえは特権を持っているが、わたしが死んだら、おまえはどうするのだ？　おまえも大事は討論せず、小事ばかりを持ち込んでくる。よく考えてもらいたい」

《江青の行動や毛沢東の手紙は曹英《そうえい》ら著『特別別荘』（改革出版社、一九九八年）による》

四日後の三月二十四日、周恩来は鄧小平を国連代表団団長とする外交部の提案を政治局会議にかけた。毛沢東も同意していることを伝え、自分も賛成だと言った。江青は反対したが、説得力のある政治的理由を持ち出すことはできず、鄧小平の国内業務が忙しいとか、渡航中の身の安全が保障されないなどの理由を並べたてた。

毛沢東は翌二十五日、政治局にこう伝えた。「鄧小平の国連出席は私の提案である。政治局の同志が同意しないのなら、撤回しようじゃないか」。これを受けて、二十六日に改めて政治局会議を開いたが、江青は孤独な抵抗を試みた。「私は意見を留保する」

そこで毛沢東は江青に直接、書簡を送り、「鄧小平同志の出国は私の意見だ。おまえは反対しないほうがいい。慎み深くなるんだ。私の提議に反対をするな」と警告した。

結局、周恩来は江青の抵抗を押し切り、毛沢東にこう報告を送った。「（政治局は）全員一致で鄧小平同志を出国させ、国連に参加させる主席の決定に同意しました」

《政治局会議や毛沢東の手紙の内容は瀋丹英《しんたんえい》編『「文化大革命」中の周恩来』、中共中央文献研究室編『周恩来年譜』などによった》

「第一世界を成す米ソは互いに矛盾を抱え、相手より強大になろうとして中国を含めた第三世界を抑圧し、その間にある第二世界の先進国にも強い不満を引き起こしている」
国連資源特別総会二日目の七四年四月十日、壇上に上がった鄧小平は、毛沢東が提唱した「三つの世界論」を展開し、第三世界の資源ナショナリズムを大いに鼓舞《こぶ》した。ちょうど一年前に劇的な復活を遂げたこの小柄な男は各国代表や報道陣の注目を一身に集め、国際舞台でも「復活」を強烈に印象づけたのだった。

一九七四年四月十日、国連特別総会に出席した鄧小平

帰国途中、鄧小平は若き日々に苦学生として留学生活をおくり、周恩来とめぐりあったパリに立ち寄った。そして、なつかしいクロワッサンをまとめて百個買った。今回の渡航で国務院から全日程中の日用品購入費として支給されたわずか三十元（約四千五百円）の現金は、それで消えた。鄧小平は帰京後、パリのクロワッサンを周恩来ら苦楽をともにした昔の留学生仲間に配った。

《これはのちの国家主席、楊尚昆《ようしょうこん》の話として余生《よせい》誠《せい》著『鄧小平と毛沢東』（中共中央党校出版社、九五年）が紹介している》

鄧小平の国連演説から一カ月後の五月十一日、毛沢東は中南海《ちゅうなんかい》の書斎でパキスタン首相のブットと会見した。そこで異変があった。鄧小平が通訳をはさんで毛沢東の右隣に座ったのだ。外国賓客《ひんきゃく》との会見では、周恩来がいつでも毛沢東の右側に寄り添って座ってきた。その周恩来は毛沢東の左側に座るブットの隣にいる。

周恩来はこの会見から三週間後に入院し、不帰の客となるまで一年七カ月の闘病生活に入る。この会見での席順は早くも鄧小平を周恩来の後継として扱う毛沢東の気配りとともに、周恩来に対する冷淡さを象徴しているようでもあった。

周恩来批判「君主の前では小心翼々、恭順」

北京《ぺきん》の中南海《ちゅうなんかい》のすぐ北、北海公園の西側に中国人民解放軍三〇五医院がある。四階建ての一階には応接室や執務室、寝室がセットになった広い病室が二つきり。樹木で覆《おお》われて人目につきにくいこの病院は、中国共産党主席の毛沢東のために建てられたものだったが、ついぞ毛沢東が入院することはなかった。最初にやってきたのは党副主席兼国務院総理（首相）、周恩来《しゅうおんらい》である。一九七四年六月一日のことだった。

周恩来の膀胱《ぼうこう》がんは日ましに悪化していた。毎日大量の血尿《けつにょう》が出て、出血量は二百ミリリットルを超えることもあった。この四月に生涯で初めて輸血を受けたが、その回数は没するまでの二年足らずの間で八十九回にも及んだ。顔は青白く、体力も弱って、歩いたり洗顔したりするだけで呼吸と脈拍が速くなった。

周恩来は病気を抱えたまま激務をこなした。身辺の執務員の記録によると、入院するまでの五カ月間ほぼ毎日仕事をし、十二―十四時間働いた日が九日、十四―十八時間が七十四日、十八時間以上が三十八日、二十四時間前後が五日だった。連続三十時間働いたことも一度あったという（中共中央文献研究室編『周恩来年譜』）。

六月一日は正午近くまで眠った。中南海の西北の角にある「西花庁《せいかちょう》」という名の四合院《しごういん》（中央の中庭を四棟が囲む造りの伝統的住宅）が居宅兼執務室である。遅い朝食をとり、執務室で少し文書を整理したあと、中山服《ちゆうざんふく》と黒っぽい藍《あい》色のオーバーを着て庭に出た。すでに黒色の専用車が待っていた。周恩来は車のわきでしばらく無言で立ち尽くし、中華人民共和国の建国以来、二十五年間執務をとってきた西花庁を名残惜しげに見つめた。

三〇五医院に入院したその日のうちに手術を受けた。周恩来はこれ以後、一時外出はあったが退院することはなく、病室で執務をしながら一年七カ月の闘病生活に入る。

《周恩来の入院前後の様子は専属医だった張佐良《ちようさりよう》著『周恩来の最後の十年』（上海《しやんはい》人民出版社、九七年）に詳しい》

「社会主義になったら儒者《じゆしや》がいなくなったと思ってはならない。わが党内に少なからぬ儒者が出ている」

毛沢東の妻の江青《こうせい》は周恩来が入院したあとの七四年六月中旬、人民大会堂でお抱え執筆グループ「梁效《りようこう》」「唐暁文《とうぎようぶん》」（いずれも集団ペンネーム）と会った。

江青たちは掌握している新聞雑誌に「批林批孔《ひりんひこう》（林彪《りんぴよう》を批判し、孔子《こうし》を批判する）」に関する文章を発表させ、毛沢東が「反動」とみなす儒教の祖、孔子になぞらえて周恩来を攻撃してきた。この年の一月四日に人民日報に発表された論文は、孔子のことを「宰相儒（儒者宰相）」と呼び、いかにも宰相である周恩来が儒者であるかのようにあてこすった。

「紅旗《こうき》」や「北京日報」に発表された論文では、孔子を「歴史を後退させる復辟狂《ふくへき》」と規定した。復辟の本来の意味は、いったん退位した君主が再び帝位に就くことをいう。さらに論文は「不誠実で狡猾《こうかつ》な政治ペテン師」「無学無能の寄生虫」などと孔子を口を極めてののしり、次のように描写している。

「七十一歳、重病で床に伏していたが」、「なお必死にもがいて這《は》い出し、ふらふらしながら魯君《ろくん》に謁見《えつけん》した」

「見よ、彼が『聖人君子』の名声をだまし取ろうと、公の場でいかにもったいぶった態度をとっているか」

「ひとたび君主がお呼びと聞くと、車に馬をつけるのも待てず、歩いて出かけた。……君主の面前では小心翼々《しようしんよくよく》、恭順《きようじゆん》にふるまった」（葉永烈《ようえいれつ》著『江青伝』）

孔子の魯《ろ》の君主への態度を周恩来の毛沢東への服従と重ね合わせて皮肉っていることは明らかだった。

「現在には儒者はいないのだろうか？　いないのなら、なぜ『孔老二』（孔家の次男坊＝孔子を侮る言い方）を批判せねばならないのか」「現在も……大きな儒者がいる！」

「気をつけろ。大儒とは劉少奇《りゆうしようき》を指すのではない。林彪や陳伯達《ちんはくたつ》でもないぞ」

江青側近で執筆グループの中心となった党中央委員、遅群《ちぐん》も念を押した。

江青は六月十七日からおよそ十日間、「梁效」と「唐暁文」のメンバーを率いて天津《てんしん》に出かけ、「儒法闘争は現在も続いている」と宣伝した。いくつかの工場や農村、部隊を回り、

「現代の大儒を引きずり出せ」とあおった。あるところでは、「この運動の重点は『党内の大儒』を批判することにある」と露骨に話している。

江青たちは批林批孔運動が盛んだと聞いて、天津市の小靳荘《しょうきんそう》という村に出かけた。そこの党組織の女性主任は「周」という姓で、名を「福蘭」と名乗った。江青は「封建的すぎる。改名してあげましょう」と言った。

「あなたの名前は『周克周』にしましょう。こちらの『周』さんであちらの『周』を克服しましょう!」（蔣建農《しょうけんのう》ら編『世紀偉人　毛沢東』紅旗出版社、九六年、『「文化大革命」中の周恩来』（第二版）中共中央党校出版社、九七年など）

江青たちは「儒法闘争」に党内の路線闘争を投影させた。自らを「法家《ほうか》党《とう》」と称し、「儒《じゅ》家《か》党《とう》」から奪権するための世論を作り上げようとしていた。

執筆グループは法による苛烈《かれつ》な統治を唱えた法家をたたえ、儒家を批判する文章を次々と発表した。いわく、法家は愛国で儒家は売国である。天下を取ったり、功績のあったりした政治家はみな法家である。亡国の君主、頑迷な反動派はみな儒家である。法家は革新で、儒家は守旧《しゅきゅう》である。こんな調子だった。

また、「法家人物紹介・呂后《りょこう》」「古代の傑出《けっしゅつ》した女性政治家　則天武《そくてんぶ》后《こう》」など歴代王朝の女帝に関する文章も多く発表し、「呂后は中国歴史上著名な女性政治家で、劉邦《りゅうほう》の死後、権力を掌握し、法家の路線を徹底させた」などと書いた。ある統計によれば、法家や呂后、則天武后をたたえる文章は、省レベル以上の新聞・雑誌に発表されただけで五千編以上もあったという（『世紀偉人　毛沢東』）。

北京や天津、上海などの街頭には「批林批孔批周公」など、孔子が理想とあがめた周公（周の宰相）にかこつけて周恩来をあからさまに批判する張り紙さえ登場した。

だが、江青グループの活発な活動は文革にうんざりした多くの人々の不満と反発を引き起こし、同情はむしろ、重病を抱えて攻撃に耐え、献身的に公務をこなす周恩来の側に集まったとされる（邱石《きゅうせき》編「共和国重大政策出現の前後」経済日報出版社、九八年など）。

江青たちを使って「批林批孔」運動を発動させた毛沢東にしても、さすがにブレーキをかけないわけにはいかなくなった。

警告「四人で派閥を作ってはならぬ」

北京《ペきん》・中南海《ちゅうなんかい》で中国共産党政治局の全体会議が行われていた。北京にいる政治局員全員がそろっていた。党主席の毛沢東が全体会議を招集したことはこの半年間なかった。体力の衰えた毛沢東はわざわざ居宅にほど近いところで開いた会議に自ら出向いてきた。七四年七月十七日のことである。

六月にがんで入院したばかりの国務院総理、周恩来《しゅうおんらい》も術後の体を運んできていた。毛沢東の妻の江青《こうせい》はいつものように主役然とした態度で、「批林批孔《ひりんひこう》」運動を通じて儒学の祖である孔子《こうし》になぞらえた周恩来批判をここでも持ち出した。

「儒者は大物も小物も徹底的に批判し打倒しなければ、文化大革命は深まらない。われわれは（批林批孔）運動を再び高揚させねばならない」

「私も江青同志の意見に賛成だ」。党副主席の王洪文《おうこうぶん》が後を継いだ。「なぜ深まらないのか？各層に反対勢力があるからだ。そしてより大きい勢力は下層ではなく上層に、指導機関にあり、ある高級指導者らに行き着く」

張春橋《ちょうしゅんきょう》、姚文元《ようぶんげん》も調子を合わせた。「某高級指導者らは、八年余りも文化大革命の順調な進行を阻んでいるのに自覚がなく、真剣に自己批判したこともない」「彼の積極性と頑強性《がんきょう》は、いかに文化大革命を支持するかではなく、八方手を尽くして文化大革命を破壊し、妨害することにあるのだ」

これら江青たち四人の〝包囲攻撃〟が周恩来に向かっていることは明らかで、多くのものは不快だった。

毛沢東は深々とたばこを吸い、みけんにしわを寄せて江青の発言を聞いていたが、ついにこうたしなめた。

「江青同志、注意しなさい。人はお前に意見があるのだが、面と向かって言いづらいものだから、お前は知らないのだ」

毛沢東の予期せぬ名指し批判に江青は驚いた。叱責《しっせき》は続く。

「二つの工場を作ってはならない。ひとつは鋼鉄（頑固《がんこ》なたとえ）工場といい、もうひとつは帽子工場という。なにかというとすぐ人に帽子をかぶせる（レッテルをはる）のはよくない。その二つの『工場』をやめるがいい」

江青も負けずに言い返した。「ではいらない。『鋼鉄工場』は鄧小平《とうしょうへい》同志にプレゼントするわ！」

毛沢東は国務院副総理（副首相）の鄧小平を「内側は鋼鉄公司だ」と評したことがあった。その言葉には、寡黙《かもく》だがしんはしっかりしているという意味が含まれており、今回とは明らかに違う。

毛沢東は一座を見回して言った。「聞いたか？　彼女はべつに私を代表しているのではない、自分自身を代表しているのだ」。そのあと、語気がやや弱まった。「彼女には二つの面があると考えるべきだ。いいところもあれば、あまりよくないところもある」

「あまりよくないのなら改めます」。「お前はなかなか改めないのだ！」。毛沢東がまた声を荒らげだしたので、江青も一歩引かざるをえなかった。「今から『鋼鉄工場』を閉めます」

だが、大勢の政治局員の前でメンツをつぶされたように感じた江青は、「帽子工場」のほうに話題を変え、言った。「漢奸《かんかん》（国の裏切り者）という帽子はまだかぶせていないのだけど」。江青がまた周恩来を攻撃しだしたのに気づいた毛沢東は、手ぶりで発言を制した。

「要するに、彼女は自分自身を代表しているのだ」と述べ、江青の発言は毛沢東の意向とは関係ないことを改めて念押しした。そのうえで、毛沢東はこう締めくくった。「彼女は上海組（上海幇《しゃんはいばん》）の一員なのだ。（張春橋たちに向かって）お前たち注意しなさい。四人の小派閥（四人小宗派）を作ってはならない」

「上海幇」「四人小宗派」が江青のほか、上海から来た張春橋、姚文元、王洪文を指すことはだれにも分かった。これが江青ら四人に毛沢東が発した最初の警告だった（李《り》健《けん》編著『紅壁記事』など）。

《当時、毛沢東は派閥主義を批判しただけで、江青らの逮捕後に加わる「反革命集団」のようなニュアンスはもちろんない。毛沢東はこの年の暮れ、江青たち四人を「四人組（四

人幇)」と呼ぶが、この呼称が一般化するのは逮捕直前のころだ》

毛沢東は政治局会議を終えると、その日のうちに専用列車で南下した。目的は「休養」だった。恒例の南方巡視とは違い、沿線を視察したり現地の責任者から報告を受けたりすることはなかった。できなかったのである。八十歳になった毛沢東の健康状態は悪化していた。列車はほぼノンストップで湖北《こほく》省の武漢《ぶかん》に着いた。毛沢東はなじみの東湖《とうこ》賓館《ひんかん》で三カ月近く過ごす。それから長沙《ちょうさ》、南昌《なんしょう》、杭州《こうしゅう》と場所を移し、期間は合わせて九カ月間になった。毛沢東が北京を明けて地方に逗留《とうりゅう》するのはこれが最後となる。

毛沢東は七四年から視力もどんどん低下し、ものを見分けるのが困難になった。一貫して自分の目で書類を読み、自分の手で指示や原稿を書くことを主義としてきた毛沢東だが、秘書に代読、代筆してもらわねばならなくなっていた。

八月に何人かの著名な眼科医が武漢にいた毛沢東のもとに集められた。「老年性白内障《はくないしょう》」と診断され、この後ほとんど失明の状態になる。

《毛沢東の医師によると、毛沢東は七四年にはろれつがあまり回らなくなり、手足に運動障害が起きていた。筋を動かす運動神経細胞の機関が低下する難病の筋萎縮性側索硬《きんいしゅくせいそくさくこう》

化症《かしよう》だったという（李志綏《りしすい》著『毛沢東の私生活』）》
毛沢東の詳しい病状は厳しく伏せられていた。医療スタッフや身辺の執務員、それに周恩来ら数人の政治局員をのぞけば、党幹部ですら知らなかった。
武漢に滞在中、毛沢東は五回外国要人と会見した。北京からは鄧小平が同行してきた。周恩来の入院で国務院（政府）の日常業務は鄧小平が事実上、肩代わりしつつあった。党中央の業務は王洪文が毛沢東から任されていたが、王洪文ら〝上海組〟は武漢には一度も来なかった。
十月四日、毛沢東は鄧小平を国務院第一副総理にするとの提案を、秘書の張玉鳳《ちようぎよくほう》を使って電話で北京の王洪文に伝えた。のちに見つかったそのときの王洪文の手書きのメモにはこうあった。「だれが第一副総理になるのか？　鄧」（楊筱懐《ようしようかい》ら編『聚焦《しゆうしよう》中南海《ちゆうなんかい》』、陳長江《ちんちようこう》ら著『毛沢東の最後の十年』）
やがて開かれる政治局会議で、また波風が立とうとしていた。

売国主義批判　鄧小平と江青 激突が始まった

国務院副総理（副首相）の鄧小平《とうしょうへい》を第一副総理に格上げさせるという毛沢東の提案は、中国共産党副主席の王洪文《おうこうぶん》をあわてさせた。毛沢東は近く開催が予定される第四期全国人民代表大会（全人代＝国会に担当）でこの昇任人事を認めさせようというのだ。

一九七四年十月四日、療養のため湖北《こほく》省の武漢《ぶかん》にいる党主席の毛沢東から秘書を通じてそう連絡を受けた王洪文は、その晩すぐに江青《こうせい》（党政治局員）、張春橋《ちょうしゅんきょう》（政治局常務委員）、姚文元《ようぶんげん》（政治局員）の三人にこれを伝えた。

毛沢東の意図は明らかだった。第一副総理ということは、入院中の国務院総理、周恩来《しゅうおんらい》に代わって国務院の日常業務を一手に取り仕切るだけでなく、もし周恩来が病没するようなことがあれば、その後を継いで総理になるということだった。

四人は愕《がく》然とした。

文化大革命で台頭した江青たち急進左派は党指導部内に大きな地位を占めたとはいえ、中華人民共和国の建国以来、周恩来が掌握してきた国家行政機関にはまったく足場がないといっていい。周恩来の「脱文革」策を激しく攻撃してきた江青たちは、第四期全人代が開かれるのを機に一気に「奪権」人事を推し進めようとしていたのだ。

四期全人代の開催は長年の懸案事項だった。憲法（一九五四年制定）の規定では四年に一度開かれるはずだが、六四年末に第三期が開催されたあと六六年から文化大革命の大動乱があり、十年近くも開催できずにいた。

全人代は国権の最高機関とされ国家主席や国務院総理（首相）、部長（閣僚）などを任免する。共産党が政府を指揮・指導する中国では、これらを党指導部が決定し、全人代はそれを承認するだけの形式機関にすぎなかったが、全人代を開催すれば人事問題を避けては通れず、必然的に権力闘争を招く。

《毛沢東は七〇年に第四期の開催を提案したことがあった。しかし、これを機会に当時の国防相、林彪《りんぴょう》が文革で失脚した劉少奇《りゅうしょうき》に代わる国家主席の座に就こうとして失敗し、追いつめられて国外逃亡、そして墜死《ついし》に至ったことは第四部で書いた》

第四期全人代を権力再配分の場ととらえる江青グループも着々と手を打っていた。王洪文と張春橋は一年以上も前から、国務院の各部や委員会の閣僚級ポストに人を送り込むため、自分たちの拠点である上海閥《しゃんはい》からの人選を進めており、江青はがんに侵された周恩来に代わって張春橋を国務院総理に就けようとしていた（葉永烈《ようえいれつ》著『江青伝』など）。

そこに、鄧小平を周恩来の後継にしようとする毛沢東の提案が突然、飛び込んできた。だが、まだ正式に決定したわけではない。党政治局会議で江青らはある事件を持ち出して「周恩来―鄧小平」ラインに懸命の攻撃を仕掛けた。

「中国造船工業の発展史をひもとけば、近代の尊孔派（孔子《こうし》を信奉する一派）の頭目はみな造船工業に手を出していることがはっきり見て取れる」

七四年十月二日、上海紙「文匯報《ぶんわいほう》」と上海市党委員会機関紙「解放日報」の一面トップに、周恩来を批判する長編記事と評論員論文が載った。儒教の祖である孔子や墜死した林彪を右翼反動とする毛沢東の「批《ひ》林《りん》批《ひ》孔《こう》」運動の中で、江青たちの言う「尊孔派の頭目」とは周恩来を暗に指している。

この記事は、上海江南造船所で建造された国産の一万トン級遠洋貨物船「風慶号」を取り上げたものだった。風慶号は七四年の五月に上海から米を積んでヨーロッパまで航海し、九月末に帰港していた。

海運輸送力の強化と自立化を図るため周恩来は七〇年、造船に力を入れるよう指示し、風慶号もこの理念に基づいて建造された。この指示で周恩

一九七四年九月二十七日、武漢に滞在中の毛沢東はフィリピン大統領マルコスの夫人、イメルダ（右）と息子のフェルナンド（左）と会見した

来は、造船が追いつかない場合は外国の船舶を多少買い入れてもよいとしたが、批林批孔運動が起きると江青たちはこれをとらえ、『船は造るより買うほうがいい、買うより借りるほうがいい』という洋奴《ようど》哲学（西洋崇拝の奴隷《どれい》思想）」「売国主義路線」だと周恩来を攻撃した。

風慶号は当初、国産エンジンとレーダーの性能が十分でないとして国務院交通部（運輸省に相当）から近海航行に制限されたが、江南造船所の労働者や船員の要求で遠洋航海にこぎつけた。国務院への不満がたまっていた船員たちは航海中、風慶号に派遣されていた交通部の担当者に「西洋を崇拝し外国にこびる」思想を批判する大会を開くことを要求し、拒否されたことがあった。

そのことを帰港後に聞いた張春橋、姚文元はこれを国務院＝周恩来に対する格好の攻撃材料とみて「反動政治事件」に仕立てあげ、江青も党政治局あてに手紙を書いた。

「私はあふれんばかりのプロレタリア階級の義憤に燃えています。……交通部では西洋を崇拝し外国にこびた買弁ブルジョア階級の思想を持った少数の者が独裁を行っています。……政治局はこの問題に対して態度を表明し、必要な措置をとるべきです」（『江青伝』など）

「プロレタリア文化大革命はすでに八年になる。現在は安定をよしとする。全党全軍は団結せよ」

中国共産党中央は七四年十月十一日、近く第四期全人代を開催するという通知を正式に下部組織に発した。通知には人目を引くゴシック体の活字で、安定と団結を訴える毛沢東の

「最新指示」が記されていた。

六日後の十月十七日に開かれた政治局会議で、江青は「風慶号事件」の資料を手に、文革でいったんは失脚させた鄧小平への攻撃を再開させた。

「あなたは『洋奴哲学』批判について、いったいどのような態度をとっているのか。賛成なのか反対なのか。それとも中間の立場に立つのか」

鄧小平は初めのうちは無視していたが、執拗《しつよう》に追及が続くのでやがて腹を立てた。

「この件に対して私にはまだ調査が必要だ。あなたたちの意見になんでも賛成させようなどとごり押ししてはいけない！」

鄧小平はぴしゃりと言うと、憤然《ふんぜん》として会議場を後にした。それ以上、政治局会議も続けられず、後味の悪いままお開きになった。

《鄧小平はのちにこう語っている。「文化大革命時に風慶号事件というのがあって、四人組とけんかしたことがあったが、一万トン程度の船がなんだというのだ。一九二〇年に私がフランスに留学したときは五万トンの外国郵船に乗ったぞ」（中共中央文献編集委員会『鄧小平文選』）》

その晩、江青たち四人は北京《ぺきん》で拠点にしていた釣魚台《ちょうぎょだい》の十七号楼で対応策を練った。翌日、王洪文は武漢から移動した毛沢東の滞在する湖南《こなん》省の長沙《ちょうさ》に飛ぶ。

密使への忠告「江青は党主席になりたいのだ」

「私は危険を冒してやってきました」

北京《ぺきん》からきた中国共産党副主席の王洪文《おうこうぶん》は一九七四年十月十八日午後二時、療養のために湖南《こなん》省の長沙《ちょうさ》にいた党主席の毛沢東にそう言った。

王洪文の長沙訪問は江青《こうせい》（党政治局員）、張春橋《ちょうしゅんきょう》（政治局常務委員）、姚文元《ようぶんげん》（政治局員）と四人で話し合って決めたもので、党副主席兼国務院総理（首相）の周恩来《しゅうおんらい》ら他の政治局員には秘密の行動であった。

北京で前日に開かれた政治局会議で、江青と国務院副総理の鄧小平《とうしょうへい》が衝突した。海運政策をめぐって周恩来が外国からの船舶購入を容認しているのは「売国主義だ」と攻撃する江青、王洪文たちが、周恩来につながる鄧小平にも「売国主義」の立場に立つのかどうかと迫ったからだ。

これは国務院など国家行政機関を握る周恩来、鄧小平からの「奪権」を目指す江青たちが、周・鄧の追い落としを図って政治局会議で仕掛けた攻勢の一環だった。近く開催される第四期全国人民代表大会（全人代＝国会に相当）で鄧小平を国務院第一副総理に昇格させる意向を毛沢東が明らかにしたことが、江青たち「四人組」の危機感をいっそうあおっていた。

「鄧があんなに怒ったのは、最近、総参謀長に就くことが決まったことと関係があります」

王洪文はそう指摘し、毛沢東が鄧小平を人民解放軍総参謀長にもするよう指示したことで増長しているのだと示唆した。毛沢東に会うのに「危険を冒して」来なければならなかったと王洪文が強調したのも、周・鄧の権力への野心と陰謀《いんぼう》を毛沢東に印象づけようとしたためのようだった。

毛沢東は「（鄧）小平同志は戦《いくさ》ができる。君は小平同志とよく結束せねばならない」と諭《さと》したが、王洪文の周・鄧攻撃は止まらない。

「周総理は重病といいながら、昼夜、忙しく人と会って話をしています。いつも総理のところに行くのは鄧小平、葉剣英《ようけんえい》（党副主席、中央軍事委員会副主席）、李先念《りせんねん》（政治局員、国務院副総理兼財政部長）同志らです。彼らがこのところ頻繁《ひんぱん》に出入りしているのは四期全人代の人事配置と関係があります」

王洪文は周恩来や鄧小平たち実務派グループによる勢力拡大の画策を暗に警告する一方で、「四人組」の仲間を称賛し、彼らを登用するよう求めた。

毛沢東はしだいに不機嫌となった。「意見があるなら（周・鄧たちに）面と向かって言え。このようにするのはよくない」と王洪文をしかりつけ、「君は江青に気をつけよ。彼女とつるんではならない。帰ったら（周）総理や（葉）剣英同志と話をしたまえ」と忠告した（薛《せつ》慶超《けいちょう》著『歴史転換期の鄧小平』）。

毛沢東の警衛隊長だった陳長江《ちんちょうこう》の『毛沢東の最後の十年』によると、長沙にやってきたとき意気盛んだった王洪文は、一時間あまり毛沢東と話して外に出てきたときは、しょげかえっていたという。

毛沢東は七四年七月に北京を離れて湖北《こほく》省の武漢に滞在したあと、十月から生まれ故郷に近い湖南省の長沙に移り、翌年二月まで三カ月あまりを過ごし、長沙でも六回、外国の賓《ひん》客《きゃく》と会見している（楊篠懐《ようしょうかい》ら編『聚焦《しゅうしょう》 中南海《ちゅうなんかい》』）。その通訳として北京から国務院外交部（外務省）副部長の王海容《おうかいよう》と外交部北米大洋州局副局長の唐聞生《とうぶんせい》が同行して長沙に来た。二人には毛沢東のために党中央や国務院とを結ぶ連絡員のような役目もあった。

江青は王洪文が長沙で毛沢東と会った七四年十月十八日、北京の釣魚台《ちょうぎょだい》に王海容と唐聞生を呼び、国務院の指導的立場にある同志たちが次々に人を抱き込んでいるなどと話し、毛沢東に伝えるように言った。「（鄧）小平と葉（剣英）元帥は結託している。総理が黒幕だ」

十月二十日、デンマーク首相ハルトリンク夫妻に同行して長沙に来た王海容と唐聞生は、江青の話を毛沢東に報告した。毛沢東は「江青はまだそんなに騒いでいるのか」と怒り、周恩来と王洪文あてに次のように伝えるよう指示した。

「総理はやはり総理だ。四期全人代の準備と人事の問題は総理と王洪文がいっしょになって担当せよ」「鄧小平を党副主席、（国務院）第一副総理、中央軍事委副主席兼総参謀長に任ず

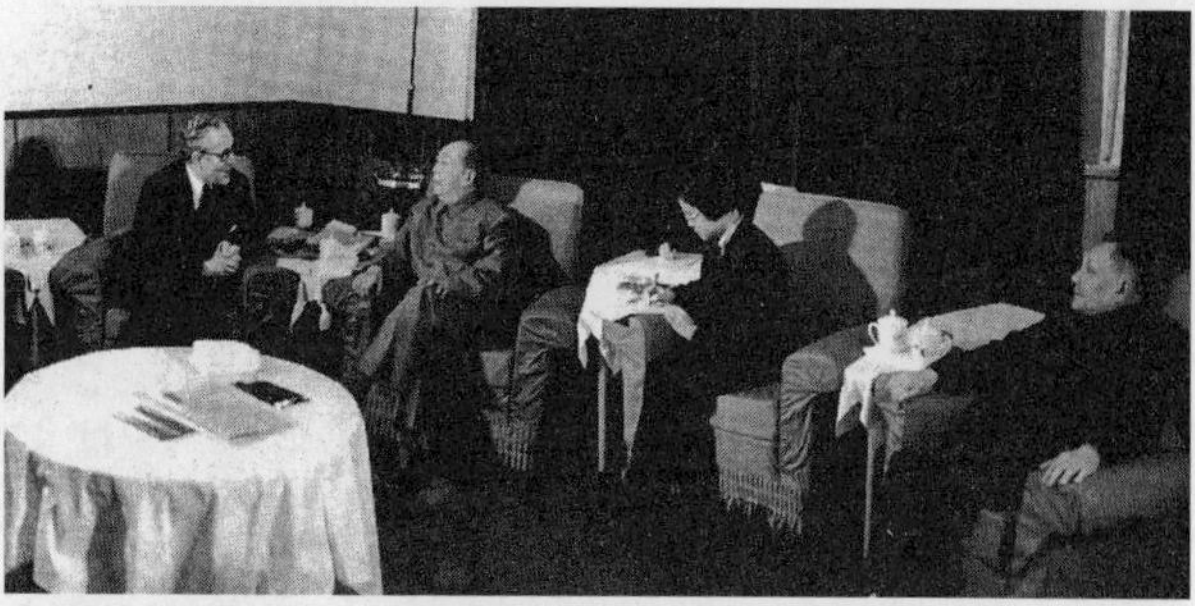

鄧小平（右）は滞在先の長沙で毛沢東が外国要人と会見する際、しばしば同席した＝一九七四年十月二十日、デンマーク首相ハルトリンクとの会見で

るよう提案する」

鄧小平が十一月十二日、外国要人に同行して長沙の毛沢東のもとにきたとき、毛沢東は「君は鋼鉄公司（〝頑《がん》固《こ》会社〟）を営んだな」と冗談《じょうだん》めかして言った。政治局会議で江青相手に一歩も譲らなかったことを評価したのだった。

毛沢東からやはり「鋼鉄工場」といわれたことのある江青もあきらめなかった。毛沢東あての手紙を鄧小平といっしょにやって来た王海容、唐聞生に託していた。四期全人代で決める人事構想を書いたもので、腹心の謝静《しゃせい》宜《ぎ》（党中央委員、北京市革命委員会副主任）を全人代副委員長に、遅群《ちぐん》（清華《せいか》大学党委員会書記）を国務院教育部部長に、喬冠華《きょうかんか》（外交部副部長）を副総理にし、毛沢東のおいの毛遠新《もうえんしん》（遼寧《りょうねい》省党委書記）、遅群、謝静宜、金祖《きんそ》敏《びん》（中央委員、上海《しゃんはい》市革命委副主任）を政治局会議に列席させ、彼らを後継者として育成すべきだと主張していた。

毛沢東はその手紙にこう書き付け、自重を強く促した。

——あまりでしゃばってはならない、文書に意見を付してはならない、組閣しては（黒幕になっては）ならない。お前に対する恨《うら》みつらみは大変大きい。多くの者と団結せねばならない。くれぐれも頼むぞ。追伸……人は己を知るの明あることを貴ぶ。

江青は一週間後、毛沢東に返信を書いた。「私は主席の期待にこたえられず恥ずかしく思います。私は自己を知るの明に欠け、自己陶酔して頭がぼんやりしていたからです」「九大（六九年の第九回全国代表大会＝党大会）以降、私は基本的に無聊《ぶりょう》をかこっています。何の仕事も割り振られず、今はなおさらひどいものです」

毛沢東も翌二十日に返信をしたためた。「お前の職務は国内外の情勢を研究することだ。これは何度も言ったはずだ。仕事がないなどと言ってはならない」

だが、江青はかんたんには引き下がらなかった。江青たち「四人組」が七六年十月に逮捕された直後の王海容と唐聞生の告発によれば、七四年十一月か十二月、江青は二人を通じて毛沢東に、王洪文を（全人代）副委員長に任命するよう伝えさせた。これを聞いた毛沢東はこう言ったという。

「江青には野心がある。彼女は王洪文を委員長にし、自分自身は党の主席になりたいのだ」（『歴史転換期の鄧小平』など）

深夜の呼び出し　毛と周は朝まで語り合った

「張先生、総理は何日か外出できますか？」

一九七四年十一月下旬のある日、いつものように機密電話で中国共産党副主席兼国務院総理（首相）、周恩来《しゅうおんらい》の病状について専属医の張佐良《ちょうさりょう》から説明を受けていた党副主席の葉剣英《ようけんえい》は改まった口調で尋ねた。

膀胱《ぼうこう》がんで手術を受けた周恩来には血尿《けつにょう》のほか不整脈も出ていた。しばらくは無理だと戸惑う張佐良に、葉剣英は周恩来の外泊に備えて優秀な医療スタッフを選ぶよう指示し、今は秘密にしておくよう頼んだ（張佐良著『周恩来の最後の十年』）。

周恩来は病室でなおも執務をとり、北京《ぺきん》の人民解放軍三〇五医院には来客が絶えなかった。国家機関の人事などを承認する第四期全国人民代表大会（全人代＝国会に相当）が近づいていた。毛沢東の妻で党政治局員の江青《こうせい》や党副主席の王洪文《おうこうぶん》たちは国務院（政府）の文化、教育、体育部門などの閣僚に腹心を送り込み、周恩来とその盟友《めいゆう》が国務院に築いた権力をそぎ落とそうと必死だった。

周恩来は副総理の鄧小平《とうしょうへい》や李先念《りせんねん》らと何度も対策を協議し、教育部（文部省に相当）は譲れないが、あとは妥協に応じることでそれ以上の要求を封じようとした（中共中央文献研究室編『周恩来伝』など）。

四期全人代の準備があらかた整った十二月末、周恩来と江青グループの王洪文は報告のため湖南《こなん》省の長沙《ちょうさ》で静養している毛沢東のもとに飛ぶことになった。王洪文にとっては、周恩来たちの「売国主義」ぶりを毛沢東に〝密告〟し、逆に叱責《しっせき》されて以来、二カ月余ぶりの毛沢東との会見だった。

周恩来には直前に血便があったが、出発計画は変えず、治療は後回しになった。「歴史舞台に押し上げられたからには、私は歴史任務を全うせねばならない」と周恩来は医師に主張したという（中共中央文献研究室編『周恩来伝』）。専属医と看護婦のほかに、心血管や泌尿《ひにょう》器《き》の専門医を含む医療スタッフが同行した。

周恩来と王洪文は十二月二十三日、相前後して北京から長沙に飛んだ。最初二人は同じ専用機で行く予定だったが、王洪文は三時間ほど遅れて長沙に到着し、周恩来をいらいらさせた。「寝坊した」と王洪文は言い訳したが、江青らと対策を練るためだったともいわれる（顧保孜《こほし》ら著『聚焦《しゅうしょう》中南海《ちゅうなんかい》』）。

午後七時半ごろ、毛沢東の滞在している湖南省党委員会招待所「蓉園《ようえん》」で毛沢東と周恩来、王洪文の会談が始まった。

周恩来は毛沢東に身体の具合を尋ねた。毛沢東は機嫌がよく、半年ぶりに会う二人の雰囲気は打ち解けたものだった。毛沢東が湖南なまりで「頭も腹も調子はいいが、足がだめなのだ」と言うと、周恩来はかがんで毛沢東の足を押し、「むくみはありますか?」と聞いたりした(曹英《そうえい》ら著『特別別荘』)。

毛沢東も周恩来に病状を尋ね、「四期全人代の後は落ち着いて療養するといい。……国務院の仕事は鄧小平同志にがんばってもらえばいい」と言った。鄧小平について毛沢東は、「ポリティクス(政治)が彼(王)よりすぐれている」と王洪文を指しながら周恩来に言った。毛沢東はろれつが回らなくなっていたので、赤鉛筆で紙に「強(すぐれている)」と書いてみせた。

「鄧小平を軍事委副主席にするのがいい。中央軍事委副主席、第一副総理、総参謀長だ」。改めてそう言った毛沢東は動きが緩慢《かんまん》になった手で懸命に紙に書き始めた。「人材難……」「人材難得(得難い人材である)!」。周恩来がそう言うと、毛沢東はうなずいて鉛筆を置いた(薛慶超《せつけいちょう》著『歴史転換期の鄧小平』など)。

二時間あまりの会談は周恩来の満足のいくもので、晴れ晴れとした顔をしていた。一方の王洪文は毛沢東に冷遇された。

翌日も引き続き会談し、毛沢東は江青グループについて再び王洪文に警告した。「四人組(四人幇《ばん》)をやってはならない。セクトをやると転ぶものだ」

「今後はやりません」。王洪文はすぐにそう答えたが、毛沢東は「徒党を組むなと何度も忠告したのに、お前はいつも言うことを聞かない!」と厳しく言い、自己批判文を書くよう求

一九六六年八月、文化大革命発動直後の毛沢東（左）と周恩来。それから八年が過ぎ、永遠の別れが近づいていた

めた。

うかない顔で宿舎に戻った王洪文はベッドにごろんと横になると、秘書が声をかけても一言も口を利かなかった（葉永烈《ようえいれつ》『王洪文伝』など）。

周恩来と王洪文は十二月二十七日までの五日間で毛沢東と四回会談した。二十六日は毛沢東の八十一歳の誕生日だった。自分の誕生日を祝うことに反対していた毛沢東だったが、執務員が花を飾ったり、「長寿麺《めん》」（誕生日を祝って食べるめん類）や地酒の「芙蓉《ふよう》酒《しゅ》」を用意したりしてもとくにとがめなかった（『聚焦中南海』）。

周恩来もその晩、滞在していた「蓉園二号楼」に湖南省党委員会書記など地元の党、行政府、軍の指導者らを招き、毛沢東の誕生日を祝してささやかな宴席を設けた。周恩来は何度も立ち上がって「毛主席の健康に乾杯」と杯を挙げた。病気になって以来、周恩来がこれほど上機嫌だったことはなかったと専属医の張佐良は回想している（『周恩来の最後の十年』）。

その真夜中、毛沢東はふいに電話で周恩来を呼んだ（ふだん毛沢東は未明まで起きて午前中に眠っていた）。王洪文抜きでさしの会議が始まった。

「なぜレーニンはブルジョア（資産階級）に対する独裁の論文を書かねばならないといったのか。……この問題をはっきりさせておかないと修正主義に変じてしまう。全国に知らしめる必要がある」「プロレタリア（労働者階級）の中に、役所の人員の中に、みなブルジョア生活を生じさせる作風がある」

毛沢東はプロレタリア文化大革命の「偉大な意義」を改めて語り、周恩来の「右傾」の態度をいま一度戒めたのだった（馮治軍《ひょうじぐん》著『周恩来と毛沢東』）。

毛沢東と周恩来の話は党と国家の前途や、中央指導者らの人物評価にまでわたり、徹夜の会談は四時間にも及んだ。二人にとってこれが最後の長時間会談だった（『歴史転換期の鄧小平』など）。

周恩来が毛沢東の宿舎から出ると、東の空はすでに白《しら》み始めていた。孔子《こうし》につながる反動だとあてつけて江青たちが名づけた「儒者宰相」の周恩来と、中国歴代の女帝好みを皮肉って「紅都女皇」とのちにいわれた江青による共産中国の権力闘争史を彩る激闘に決着がつけられ、いよいよ周恩来―鄧小平時代の幕開けか、と思われた。

だが……。

第六部　若干の歴史問題に関する決議

【第六部　あらすじ】

毛沢東の死後に文化大革命路線の継承を叫ぶ毛未亡人の江青《こうせい》たち四人組が逮捕された一九七六年秋の場面から始まった「毛沢東秘録」は、その後、毛沢東が文化大革命を決意する遠因をさぐって一九五〇年代にさかのぼり、そこからおよそ二十年間の歴史をたどってきた。その間、国家主席の劉少奇《りゅうしょうき》や、毛沢東の後継者とされた林彪《りんぴょう》がともに非業の死を遂げる六〇年代後半から七〇年代初頭を第三部と第四部で描いた。第五部は、文革の嵐をくぐり抜けた周恩来《しゅうおんらい》が、復活した鄧小平《とうしょうへい》と連携する一方、文革急進派の江青たちが四人組を形成して周らに対抗する七四年まで進んだ。毛沢東は急進左派の四人組を掌中に温存しつつ、国家運営の実務は「周・鄧」にゆだねる選択をせざるを得なかった。

第六部は、衰弱した毛沢東の後継をめぐる「周・鄧」と四人組との死闘ではじまる。死期が近づきつつあったのは毛沢東だけではなく、周恩来もまた同じであった。建国以来、国務総理（首相）の座にある周恩来のがんとの悲壮な闘いは続いていた。最後の力を振り絞るように、周恩来は一九七五年一月、農業、工業、国防、科学医術の近代化を目指そうと訴えた。「四つの近代化」は周恩来の悲願であったが、毛沢東の継続革命路線の影で本格的に取り組むことはかなわないままここまできた。毛沢東はこの時期、文革の混乱を経て、ようやく秩序と安定を望んでいるかにみえた。周恩来にとっては最後のチャンスであった。しかし、そこにまたしても立ちふさがったのは周恩来を反革命の右派とみなす四人組だった。毛後継の座をうかがう四人組は周恩来と組む鄧小平を最も警戒していた。周恩来を失脚させることで鄧小平の芽を積もうと、激しい批判闘争を仕掛け、そのさなかに周恩来は逝った。

周恩来の死はしかし、四人組にとって朗報ではなかった。死を悼む広範な大衆の怒りが四人組にぶつけられ、全土に広がったのだ。天安門広場は周恩来追悼と四人組糾弾《きゅうだん》の大群衆で埋めつくされた。驚愕《きょうがく》した四人組は武力鎮圧に踏み切り、広場は大量の血で染まった。この強権発動を機に、四人組は全土で攻勢に転じ、すでに理解力を失っていた毛沢東に代わって実質的な権力を振るいはじめていた。七六年九月、毛沢東が死を迎える。その強大な最高権力を握ることができる、と四人組が確信した瞬間、周恩来の盟友たちが決起するのだった。

そして、この「毛沢東秘録」は、その出発点でもあり、終局でもある第一部の場面へと戻ることになる。

四つの近代化　周は「遺言」を鄧に託した

　膀胱《ぼうこう》がんとの闘病で体はすっかりやつれ、やせ細ってはいるが、眼光だけは鋭い周恩来《しゅうおんらい》が北京《ぺきん》の人民大会堂の壇上にすっくと立った。一九七五年一月十三日である。

　この日から北京の人民大会堂で第四期全国人民代表大会（全人代＝国会に相当）が始まった。第三期以来、じつに十年ぶりの全人代開催であった。中国共産党副主席兼国務院総理（首相）の周恩来は病室から直行し政府活動報告を行っていた。

「第一歩は、一九八〇年までに独立した比較的整った工業体系と国民経済体系を打ち立てる。第二歩は、今世紀内に農業、工業、国防、科学技術の近代化を全面的に実現し、わが国の国民経済を世界の前列に立たせる。そうなれば近代化した社会主義の強国を築くことができるだろう」

　この「四つの近代化」は周恩来が十年前の全人代でも訴えながら、その直後に発動された毛沢東のプロレタリア文化大革命によって阻《はば》まれてきた。当時、周恩来が「工業体系の整備」の期間とした一九八〇年までは十五年間あったが、いまや五年しか残されてはいない。

それでも、二十世紀中に中国の近代化を目指すという目標を改めて周恩来が掲げたのは、自分自身に残された時間もあとわずかであることを知っていたからであった。

「わたしはがんになってしまった。治療を受けてはいるけれども、もう(命は)長くはないだろう。できる限り、みなといっしょに頑張《がんば》っていきたい」

この第四期全人代の期間中、周恩来は天津《てんしん》市の代表団と討論したとき、そう語っている。だから、「四つの近代化」はいわば周恩来の〝遺言〟と言ってもよかった。

周恩来は中華人民共和国の建国五年目に開かれた五四年の第一期全人代ですでに、農業、工業、交通運輸、国防の近代化を打ち出している。さらに、五六年の「知識分子問題に関する報告」でも、「世界の科学が最近二十、三十年の間にとくに巨大な進歩を遂げ、この進歩がわれわれを科学発展のはるか後方に置き去りにしている」と痛切な思いで近代化への希求を吐露していたのだ。

それらは、反右派闘争、文化大革命という毛沢東の「継続革命路線」の前に、涙をのんであきらめざるを得なかったが、周恩来は近づく死期を前に、ようやく悲願実現を託す希望の光を見いだしていた。

それが鄧小平であった。

建国以来二十五年余にわたって国務院総理の座にあった周恩来は、七五年一月の第四期全人代でも総理に選出され、周恩来と手を組む鄧小平は副総理十二人の筆頭である第一副総理に昇格した。全人代に先立つ党人事で鄧小平は党副主席、人民解放軍総参謀長(中央軍事委員会副主席）に正式に任命されており、国務院、党、軍の三権力機構の最高指導部にどっかりと席を占めることになった。

これらの人事はいずれも毛沢東の指示によるものであった。毛沢東は文化大革命の意義をけっして否定することはなかったが、文革がもたらした混乱からの回復の必要性は認め、この時期、「安定と団結」を強く望んでいたのだ。

国務院の閣僚人事で周・鄧につながる実務派に完敗した毛沢東の妻で党政治局員の江青たちは激しく動揺した。全人代閉幕後、江青は湖南《こなん》省の長沙《ちょうさ》で静養していた毛沢東のもとに飛び、不満を訴えたが相手にされなかった。二月六日、毛沢東が七カ月ぶりに北京に戻ると、江青は再びすぐに人を毛沢東のもとに送って指導部人事に不平を鳴らした。毛沢東はこう言った。

鄧小平

「彼女のめがねにかなう者などまずいやしないだろう。いるとしたらただ一人、彼女自身だけだ」「（私でさえ）彼女の眼中にないさ」（陳明顕《ちんめいけん》『晩年毛沢東』江西《こうせい》人民出版社、九

一九七五年一月十三日、第四期全人代で壇上に立つ周恩来

八年など）。

闘病中の周恩来に代わって国務院のかなりの日常業務を担《にな》うことになった鄧小平は、周恩来と密接に協議しながら鉄道輸送、鉄鋼業など経済の基盤整備を精力的に進めた。「革命に力を入れるが生産に力を入れようとしない。これは大きな誤りだ」「派閥主義に固執する人と闘争すべきは闘争する。のろのろといつまでも待ってはいられない」

第四期全人代で、「四つの近代化」を掲げた周恩来の政府活動報告は採択されたとはいえ、毛沢東の文化大革命や継続革命路線の大枠ははめられたままであった。しかし、鄧小平は文革で追放された技術者や管理職を大量に復活させ、事実上の「脱文革」、さらに進んで「反文革」を促進していく。

三月に入って、四人組がようやく反撃に転じた。党政治局常務委員の張春橋《ちょうしゅんきょう》は軍幹部を集めた座談会で、「四つの近代化」を進めるにあたっては「衛星は天に上がったが、スターリンの旗印は地に落ちた」という「ソ連修正主義」の失敗の教訓に学ぶべきだと皮肉り、いまや「主要な危険は経験主義だ」と警告した。

四人組は周・鄧たちに対し、理想実現のための理論の有効性を信じず、経験のみを信奉する「経験主義」だとの批判をこれ以降、大々的に展開する。「経験主義」は共産主義を裏切った「修正主義」の共犯者であると江青は叫び、党政治局員の姚文元《ようぶんげん》は「新たなブルジョア階級が生まれる可能性がある」との批判を繰り返した（葉永烈《ようえいれつ》著『姚文元伝』など）。

これは、周恩来や毛沢東に死期が近づきつつある中で、四人組が最高権力奪取に向けて仕掛けた決戦への序章であった。毛沢東は沈黙を守っていた。

妻への諭し　外国人のおならは香《かぐわ》しいか？

一九七五年四月十八日夕、毛沢東は北京《ペきん》の中南海《ちゅうなんかい》にある居宅兼執務室に北朝鮮国家主席で朝鮮労働党総書記の金日成《きんにちせい》を迎え入れた。老いの目立つ毛沢東の動きはぎこちなかったが、金日成は毛沢東の両手を包み込むように握りしめた。

北朝鮮が韓国に侵入して始まった朝鮮戦争（一九五〇―五三年）で延べ三百万人以上の「抗米援朝義勇軍」を送って北朝鮮を支援した中国を金日成が訪れたのは十四年ぶりである。ソ連に配慮してモスクワ経由だった前回とは違い、今回は平壌から列車で直接、中国入りした。

「私から政治は語りません。代わりにこの鄧小平とやってください」。金日成との再会に上機嫌の毛沢東は、離れて立つ中国共産党副主席兼国務院第一副総理の鄧小平《とうしょうへい》を近くに引き寄せた。がんで闘病中の党副主席兼国務院総理の周恩来《しゅうおんらい》に代わって鄧小平が金日成ら北朝鮮代表団との中朝会談を取り仕切ることになっていた。

「鄧小平は戦《いくさ》ができる。修正主義にも反対できます。彼は紅衛兵《こうえいへい》に打倒されて何年にもなるが、また立ち上がりました。われわれは彼を必要としているのです」

文化大革命で「資本主義の道を歩む実権派」として鄧小平を失脚させた毛沢東だが、かつてモスクワを訪問した鄧小平が「ソ連修正主義」との論争で一歩も引かなかったことを常に高く評価していた。だから、金日成の中ソ等距離外交など気にも留めず、「修正主義反対」を持ち出したのだった。

会見後には北朝鮮代表団歓迎の夕食会が控えていたが、金日成が立ち去ると鄧小平は少しの間、その場に残った。「毛主席……」と切り出した鄧小平は、毛沢東の妻で党政治局員の江青《こうせい》たち四人組が、周恩来に対して「計画的かつ組織的な攻撃」を仕掛けていると直訴《じきそ》した。鄧小平の訴えに毛沢東はしばらく考えていたが、やがて無言でうなずいた（余世誠《よせいせい》著『鄧小平と毛沢東』など）。

国政の日常業務を掌握した周・鄧ら実務派を追い落とす奪権闘争の狼煙《のろし》をあげた江青、王《おう》洪文《こうぶん》（党副主席）、張春橋《ちょうしゅんきょう》（党政治局常務委員）たち四人組は、文化大革命の急進左派路線を骨抜きにして経済優先政策を進めるのは革命理論を無視した「経験主義」であり、反革命につながる「修正主義だ」と激しく批判していた。

四人組は大々的なキャンペーンを張り、文革のような大衆運動を盛り上げようとしていたが、このきっかけを与えたのは実は毛沢東であった。毛沢東は前年暮れに周恩来、王洪文と会談したとき、「ブルジョア（資本家）階級に対するプロレタリア（労働者）独裁」の理論学習の必要性を説き、張春橋に論文執筆をさせるよう指示した。

張春橋らはこれを根拠に、「中国ではブルジョア階級の権利がまだ完全に消滅しておらず、党の指導的幹部はブルジョア風に吹かれている」などと名指しこそしないものの、それと分かる形で周恩来や鄧小平らに対する攻撃に転嫁したのだった。毛沢東にしても、周・鄧たちに国家運営の実務を握らせたとはいえ、「継続革命」路線を逸脱《いつだつ》しないよう歯止めをかける必要を感じていたはずで、それを四人組が利用した。

金日成は中国に約十日間、滞在した。このころ、カンボジア共産党最高指導者のポル・ポトらが首都プノンペンを陥落させ、南ベトナムでも共産勢力が首都サイゴンに迫っていた。そうした国際情勢の中で中朝両国は七五年四月二十八日、「朝鮮自主統一」や「インドシナ人民解放闘争支持」などをうたった共同コミュニケを発表し、金日成は帰国の途についた。

サイゴン陥落三日後の五月三日の夜も更けた午後十一時前、中南海の毛沢東邸前には、党政治局員の車が続々と到着し、周恩来も入院先の三〇五医院から駆けつけた。政治局会議を突然、招集した毛沢東が居宅内の会議室入り口で出迎えた。「どうだ？（体調は）まずまずか？」。周恩来にそう尋ねた毛沢東は、さらに一人一人に握手を求め、言葉をかけた。

会議が始まると、毛沢東は江青や張春橋たち四人組が周・鄧糾弾《きゆうだん》のために喧伝《けんでん》する「経験主義」について語り出した。

「君たちは経験主義だけを憎み、教条主義を憎まない」「経験主義であれ教条主義であれ、すべて修正主義なのだ」「（かつて教条主義者は）四年の長きにわたってこの国を統治し、中国の党を威嚇《いかく》し、反対する者をすべて打倒しようとした」

「四年」というのは建国前の一九三〇年代初期に、ソ連共産党の影響下にあった王明らが中国共産党を指導していた時期を指す。教条主義は固定観念にとらわれた硬直した思想や、機械的に理論などを鵜呑《うの》みにする立場をいう。

一九七五年四月十八日、金日成（右）を迎えた毛沢東

「教育界、新聞界、文芸界……まだたくさんある。医学界もそうだ。外国人のおならはみな香《かぐわ》しいという。月でさえ外国のは美しいだと？（そうした）教条主義を見くびってはならない」

　話の途中で江青が口を挟もうとした。すると毛沢東は矛先《ほこさき》を江青に向けた。「江青同志は経験が少なく、彼女こそちっぽけな経験主義者だ。自己批判をしないのはよくない。人にやらせて自分はしないのだ。自己主張をせず、意見があれば政治局で討論するんだ……」

《毛沢東の居宅での政治局会議の模様は、葉永烈《ようえいれつ》著『江青伝』、厳家祺《げんかき》ら著『文化大革命十年史』などによる》

　一カ月後、鄧小平が主催する政治局会議の席上、毛沢東の四人組批判を受けて党副主席兼国防相の葉《よう》

剣英《けんえい》が江青に自己批判を迫った。会議の勢いに押された江青は「自己批判が足りなかった」と短く言った。張春橋はいっさい口を閉ざすことで自らの身を守ろうとし、手元のメモ帳にこう書き付けた。「沈黙、沈黙、そして沈黙」（薛慶超《せつけいちょう》著『歴史転換期の鄧小平』）

江青は六月二十八日、改めて自己批判文を政治局あてに差し出した。「同志の皆さんの批判、助力、啓発は非常に大きな収穫だった。私は四人組が党中央を分裂させる派閥主義に発展する可能性があることも認識できた」（『江青伝』）

江青は居宅にこもりがちになった。だが、みなの面前で江青を諭《さと》してみせた毛沢東は二カ月後、手綱を一気に「左」に引き戻し、江青たち四人組にまたまた新たな反撃の機会を与える。

江青の逆襲「左派の領袖は私めである」

毛沢東は心臓や肺、足などに病を持ち、発する言葉も不明瞭《ふめいりよう》で、散歩もすでに困難になっていた。白内障《はくないしよう》もかなり進んでいたので、大の読書家である毛沢東のため、一九七五年五月から北京《ペきん》大学中国文学科の女性講師、蘆荻《ろてき》が選ばれて古典を読んだり語ったりする相手になっていた（毛沢東は八月に右目の手術をし、視力を回復する）。

八月十四日深夜二時ごろ、毛沢東の秘書から電話で呼ばれた蘆荻は自転車で毛沢東のもとに向かった。この日、毛沢東は中国の古典小説「紅楼夢《こうろうむ》」や「三国志《さんごくし》演義《えんぎ》」などについて語り、梁山泊《りようざんぱく》に集《つど》う百八人の豪傑《ごうけつ》を描いた「水滸伝《すいこでん》」についてはこんな見方を示した。

「『水滸』のよいところは投降にある。反面教材として人民に投降派について教えている」
『水滸』は悪徳官吏に反対しているだけで、皇帝には反対していない。宋江《そうこう》（豪傑の首領）は投降し、修正主義をやった。晁蓋《ちようがい》（宋江の前の首領）の聚義庁《しゆうぎちよう》を忠義堂と改名し、（朝廷に）帰順した」（葉永烈《ようえいれつ》著『江青伝』『姚文元伝』など）

共産中国で「水滸伝」は農民蜂起《ほうき》をたたえたものとして肯定的に評価されてきたが、毛沢東は批判的だった。蘆荻がまとめた毛沢東の談話記録は、その日のうちに中国共産党の宣伝部門を主管する姚文元《ようぶんげん》（党政治局員）に伝わった。「四人組」の一人、姚文元の反応は敏感だった。

「（毛沢東の「水滸伝」論は）中国共産党員、中国のプロレタリア階級、貧農・下層中農とすべての革命大衆が、現在そして将来、今世紀そして来世紀もマルクス主義を堅持し、修正主義に反対し、毛主席の革命路線を堅持していくうえで重大かつ深奥な意義をもっています」

姚文元はすぐ毛沢東あてにこう書き、毛沢東の談話を広く配布して組織的に水滸伝評論を発表すべきだと提案した（李健《りけん》編著『紅船交響曲』中共党史出版社、九八年など）。国家行政の実権を握る国務院総理の周恩来《しゅうおんらい》や第一副総理の鄧小平《とうしょうへい》たち実務派を「水滸伝」の宋江らになぞらえ、革命路線からの投降ぶりを徹底的に攻撃することができる、と姚文元は考えていた。

毛沢東もまたその日のうちに姚文元の提案に同意した。毛沢東の批判にあっておとなしくなっていた妻の江青《こうせい》や姚文元ら四人組に、あらためて浮上のきっかけを与えたのだった。彼らは元気を取り戻した。

姚文元の指導のもと、党機関紙「紅旗《こうき》」は七五年八月二十八日に「『水滸』評論を重視せよ」という評論文を、党機関紙「人民日報」も八月三十一日に「『水滸』を評す」と題した文章を相次いで発表した。

「『水滸』に対する批判を十分に展開し、この反面教材としての効用を十分に発揮し、人民大衆に投降派の真の姿を分からせよう」「修正主義に対抗しその出現を防ぎ、プロレタリア独裁下での継続革命を堅持するには、投降派を知り、投降派を見分け、投降派に反対する必要がある」

さらに九月四日付の「人民日報」は社説で、「(水滸伝批評は）政治思想戦線における新たな重大闘争」であり、その主題は文化大革命を否定する「投降派」を批判することだとはっきり打ち出した。この社説で、水滸伝を批判した毛沢東の談話部分はゴシック体の文字で印刷され、これが「最高指示」であることを示していた。

人民日报
毛主席语录
《水浒》这部书，好在投降。做反面教材，使人民都知道投降派。
开展对《水浒》的评论
社论

「『水滸』の評論を展開せよ」と題する社説を掲げた一九七五年九月四日付の人民日報

水滸伝批判は瞬《また》く間に全国に波及し、新聞や雑誌に次々と「投降派」攻撃の文章が登場する騒ぎとなったが、四人組の矛先《ほこさき》が周・鄧らに向けられていることは明白だった。

「主席の『水滸』に対する批評には現実的な意味がある。核心は晁蓋を祭り上げた点にあるのだ。いま政治局内で、ある人たちが主席を祭り上げている」

八月下旬、江青は国務院文化部部長の于《う》会泳《かいえい》ら文化部内の側近を呼んだ席で、周・鄧たちが思い通りに事を進めていると暗に批判した。江青は九月中旬にも、党中央と国務院が開いた農業関係の全国会議で水滸伝批判を繰り広げた。

「敵は表面だけ改革してわれわれの党内に潜《ひそ》んでいる」「見なさい、宋江がいかに晁蓋を排《はい》斥《せき》し、祭り上げたかを。彼は土豪劣紳《どごうれっしん》（地方の勢力家やボス）や武将、文官を梁山泊に招き入れ、重要な指導的地位をみなさらってしまった」

江青はこんな表現で周・鄧や文革で批判されながら指導部に返り咲いた古参幹部を当てこすっていた。

水滸伝批判が勢いを増すなかで、鄧小平は何度も、毛沢東の水滸伝批判は特定の人物を指しているのではなく、こじつけてはならないと繰り返し、「この文章（毛沢東の水滸伝批判）を借りて陰謀《いんぼう》をたくらんでいる者がいる」と反撃を試みた。

しかし、江青はまったくひるみはしなかった。九月十七日、映画界や言論界ら約百人を集めた会合で、ますます周・鄧攻撃の調子を上げた。

「『水滸』評論は特定の者を指している。宋江は晁蓋を祭り上げたが、現在、主席を祭り上げている者はいるか？　私が見るところ、いる」「党内には穏健《おんけん》派がおり、左派がいる。左派の領袖《りょうしゅう》は私めである」「この私は日々ののしられている。修正主義が私をののしっている」「私は彼らと半年あまりも闘争してきた」

《一連の江青の発言などは、薛慶超《せっけいちょう》著『歴史転換期の鄧小平』（中原農民出版社、九六

年）などによる》

江青の発言内容を知った毛沢東は「ばかをいえ、話がずれている」と怒りはしたが、毛沢東もまた、自らの継続革命路線を堅持するために四人組を利用していた。水滸伝批判が大規模で影響力を持つ運動になりえたのは、「四人組」だけの力ではなく、毛沢東の指示があってこそであった。

七五年の秋も深まるころから、死期の近づいた周恩来に代わって国家行政をほぼ一手に統括するようになった鄧小平に対する攻撃がいっそう強まり、「打倒鄧小平」の闘争の色彩を鮮明に帯びるようになっていく。

反撃右傾翻案風　鄧小平の職務が停止された

がんとの闘病で病床にある国務院総理（中国共産党副主席）の周恩来《しゅうおんらい》の後を継いで国家行政を握る国務院第一副総理（党副主席）の鄧小平《とうしょうへい》に対し、毛沢東の妻、江青《こうせい》たち「四人組」の逆襲が始まった。

それから間もない一九七五年九月、北京《ぺきん》・中南海《ちゅうなんかい》の毛沢東のもとにがっしりした体つきの若い男がやってきた。専用電話が一台新たに設けられ、毛沢東の「最高指示」はこの男を通じて党指導部に伝えられ、外の状況もまた彼を通じて病床の毛沢東に報告された。

この男は毛沢東の実弟、毛沢民《もうたくみん》の息子で当時三十五歳の毛遠新《もうえんしん》である。毛沢東の肺気腫《はいきしゅ》は肺原性心臓病を引き起こして日増しに悪化し、八十一歳の体は動きもままならなかった。そこで毛遠新が連絡員（毛沢東弁公室主任）として常駐するようになったのだった。

毛遠新は幼いときに父親が死に、母親が再婚したため毛沢東に養育され、江青を「母さん」と呼んで仲がよかった。遼寧《りょうねい》省党委員会書記をしていた毛遠新を毛沢東の連絡員とする手はずも江青が整えた（葉永烈《ようえいれつ》著『江青伝』など）。

「外の様子はどうだ？」。毛沢東はよくこんなふうに毛遠新に尋ねた。「外は風が吹いています。文化大革命に反対する風です」。毛遠新は九月二十八日、こう報告した。「口を開けば『三項指示を要《かなめ》とせよ』を言いますが……実はそのうち一項の指示しか残っていません。つまり生産の向上です」

鄧小平批判であった。当時、毛沢東は①マルクス・レーニン主義理論の学習②安定団結③国民経済の向上――を重視せよと指示していたが、鄧小平は③以外を無視しているというのだ。

毛遠新は十一月二日にもこう言った。「私は（鄧）小平同志の講話に注意していて、ひとつ問題を感じました。彼は文化大革命の成果について語ることが少なく、劉少奇《りゅうしょうき》の修正主義路線を批判することもあまりないのです」

国家主席だった劉少奇はプロレタリア文化大革命で「党内第一の資本主義の道を歩む実権派」とされて事実上の獄死を遂げたが、「第二の実権派」とされた鄧小平は全面的に自己批判して復活を許されたはずであった。毛遠新が繰り返すこうした鄧小平攻撃の上申《じょうしん》は毛沢東に深い影響を与えた。

毛遠新が連絡員となって以来、多くの党指導部と切り離された毛沢東は全体的な政治状況を判断できなくなりつつあった。文化大革命の発動前、「国家の三分の一の権力は敵（修正主義者）に握られた」と身を震わせたほど思い込みの激しい毛沢東は、鄧小平に疑いの目を向け始める。

毛沢東は言った。

「二つの態度がある。一つは文化大革命に不満を持ち、一つは文化大革命のつけを取り返そうとするものだ」

《毛遠新や毛沢東の言動は邱石《きゅうせき》編『共和国重大政策出現の前後』（経済日報出版社、九八年）などによる》

毛沢東が鄧小平に不信感を抱いたのには伏線もあった。七五年八月と十月に鄧小平のもとに届けられた二通の手紙が引き起こした事件である。

手紙は清華《せいか》大学党委員会副書記の劉冰《りゅうひょう》らが連名で毛沢東にあてて書いた。劉冰らはその中で、清華大を拠点に四人組の主張に沿う執筆グループを組織していた遅群《ちぐん》（清華大党委書記）と謝静宜《しゃせいぎ》（同副書記）の仕事ぶりや生活態度を批判していた。

劉冰は手紙が毛沢東の手元に着く前に握りつぶされることを恐れ、中央の日常業務を統括している鄧小平から毛沢東に転送してもらおうとした。

《これについては、劉冰自身が共著『私の体験した政治運動』（中央編譯出版社、九八年）に書いている》

手紙は鄧小平から毛沢東に届けられたが、これがかえって毛沢東の疑いを招くこととなった。毛沢東は手紙にこう批評を書き付けた。

「私が見たところ手紙の動機は不純で、遅群と小謝《しょうしゃ》（謝静宜）を打倒しようとしている。彼らの手紙の矛先《ほこさき》は私に向いている。私は北京にいるのに、なぜ手紙を直接私に書かず、（鄧）小平が取り次がねばならないのか。小平は劉冰に肩入れしている。清華大学の問題は独立したものではなく、現在の二つの路線闘争の反映である」

毛沢東の指示で党政治局は七五年十一月二十日に会議を開き、文化大革命に対する評価を討論することになった。毛沢東は会議を鄧小平に主宰させ、「三割は誤り、七割は功績」という文革肯定の決議を出させようとしたのだった。

ところが、鄧小平は陶淵明《とうえんめい》の詩を引いて「私は桃源郷《とうげんきょう》（俗界を離れた別世界）の者で世間の情勢を知らない」という意味のことを言い、「自分が主宰してこの決議を出すのは適当でない」として会議の主宰者となることを辞退した。

文革で批判された自分には資格がない、という建前で路線問題の矢面《やおもて》に立たされるのを回避しようとしたのかもしれなかったが、鄧小平自身がすでに文革中の〃誤り〃を自己批判して問題を清算したことになっている以上、文革評価ができないという言い訳は通りにくい。

江青たち四人組の鄧小平攻撃は勢いづいた。

十一月二十六日、手紙事件で記した毛沢東の批評が党中央名で全国に通知された。「一部の者はいつも文化大革命に不満を持ち、いつも文化大革命のつけを取り返そうとし、いつも処分をひっくり返そうとしている」「これは右からのまき返しの風（右傾翻案風《うけいほんあんふう》）である」

文革で破壊された経済や社会基盤の復興整備を進めていた鄧小平のやり方を苦々しく思っ

ていた江青たち四人組は、ようやく鄧小平打倒の権力闘争を仕掛ける絶好の機会をつかんだ。「反撃右傾翻案風（右からの巻き返しの風に反撃する）運動」の始まりである。

全土の職場、学校に大字報《だいじほう》（壁新聞）がびっしり張られ、党や政府の幹部が次々と批判闘争に引きずり出された。中国科学院を舞台に科学技術の整備復興の責任者だった胡耀邦《こようほう》、国務院鉄道部長（鉄道相）の万里《ばんり》なども免れなかった。気分はまたも、すっかり「文化大革命」となった。

とくに国務院教育部長の周栄鑫《しゅうえいきん》は「教育革命」に反対したとして、運動が始まるなり集中攻撃を受け、五十回あまりも文革高揚期のようなつるし上げに遭《あ》った（周栄鑫は翌七六年四月に批判会場で倒れ、五十九歳の命を失う）。

毛沢東はついに、外交分野を除いて鄧小平を国家行政の日常業務からはずす決定を下したのだった（薛慶超《せつけいちょう》『歴史転換期の鄧小平』）。

周恩来の最期　江青は無言で病室を後にした

「君たちと撮る最後の写真になるが、後になって私の顔に×印を書き込まないでくれよ」

一九七五年九月七日、中国共産党副主席兼国務院総理（首相）の周恩来《しゅうおんらい》が、北京《ペきん》の人民解放軍三〇五医院の病室で、腹心の党政治局員、李先念《りせんねん》らと記念写真を撮った時のことだった（周恩来の専属医だった張佐良《ちょうさりょう》著『周恩来の最後の十年』）。

×は失脚の印である。かつてプロレタリア文化大革命で先兵となった紅衛兵《こうえいへい》たちは、「打倒」された指導者らの顔写真に大きな×を書き入れた大字報《だいじほう》（壁新聞）を盛んに張り出した。

膀胱《ぼうこう》がんがさらに転移し、死期が近いことを覚悟している周恩来は、冗談《じょうだん》めかした口調に紛《まぎ》らわせてはいたが、自らの死後に起こるであろう壮絶な権力闘争を危ぐする胸の内を吐露《とろ》したのだった。

この年の初め、周恩来は党主席の毛沢東の承認を得て、国務院第一副総理となった鄧小平《とうしょうへい》を筆頭とする国家行政の実務派体制を編成し、文化大革命で混乱した行政や経済の再建がようやく軌道《きどう》に乗るかに見えた。しかし、国家運営の日常業務から遠ざけられた毛沢東の妻の江青《こうせい》たち党指導部内の「四人組」は、実権奪取を図って周・鄧打倒闘争を開始する。

その背景には「脱文革」政策の行きすぎに対する毛沢東の警戒心があった。毛沢東が八月、古典小説「水滸伝《すいこでん》」について「皇帝に帰順した投降派とは何かを学ぶ反面教材だ」と批評し、それを公表させたのも警戒心の反映で、四人組は周・鄧たちを革命路線から逃げ出した投降派として断罪する批判運動に火をつけた。

九月二十日、周恩来は四回目の手術を受けることになった。午後二時前、医師団が待機する手術室前では、妻の鄧穎超《とうえいちょう》や鄧小平、李先念のほか四人組の一人である党政治局常務委員の張春橋《ちょうしゅんきょう》らが病室から運ばれる周恩来を待っていた。

手術開始の予定時刻はとうに過ぎていたが、周恩来はこのとき、病室内の衛生室（洗面所とトイレのある部屋）で、毛沢東あての書簡を書いていた。わきに置かれた書類の表紙には「伍豪《ごごう》事件発言記録」とあった。

《伍豪は周恩来の別名で、蔣介石《しょうかいせき》の国民党軍による包囲攻撃を受けていたさなかの一九三二年、伍豪が中国共産党から脱党するという情報が流されたことがあった。文革初期の六七年夏、紅衛兵が古い新聞でこの記事を見つけて江青に送り、江青は政治問題化させようとした。

毛沢東は六八年一月、「この件はすでにはっきりしている。国民党によるデマ中傷である」とはねつけたが、その伍豪事件の資料の一部が再び流出し、投降派批判が渦巻く七五年秋、周恩来攻撃の材料として蒸し返されようとしていた》

術後の体力に自信を持てなかった周恩来は、手術前に改めて問題に決着をつけておかねばならないと考えた。周恩来は七二年のある会合で、毛沢東に促されて伍豪事件について潔白を主張する発言を行い、毛沢東はこれを全国の地方党委員会に配布するよう指示していたが、そのままになっていた。周恩来は手術を前にそのときの発言記録を読み返し、毛沢東にあてた書簡でこれを地方党委に配布するよう訴えたのだった。

書簡を書き終えた周恩来は資料といっしょに大きな封筒に入れて密封し、心配して病室まで戻ってきた妻の鄧穎超に渡した。ストレッチャーに乗せられて手術室前まで来た周恩来は、頭をわずかに右に向け、「小平同志はどこにいる。ちょっと来てくれ」と鄧小平を呼んだ。鄧小平が近寄ると、やせ細った腕を伸ばし、手を探った。「この一年、よくやった。君の仕事ぶりは、私よりはるかに有能であることを証明したよ」。周恩来が張春橋に聞こえよがしにそういうと、鄧小平は黙って周恩来の手を握り返した。

ストレッチャーが再び動き出し、手術室に消えようとしたとき、周恩来は「私は党と人民に忠誠を尽くしてきた。断じて投降派ではない」と驚くような大きな声で言った（専属医の張佐良の述懐を引用した馮治軍《ひょうじぐん》著『周恩来と毛沢東』など）。

周恩来は七五年秋から冬にかけて大小十回もの手術を受け、急速に衰えていく。それとともに、四人組が主導して水滸伝批判に続く「『右からの巻き返し』に反撃する運動」が開始され、中国全土に吹き荒れた。

「権力が彼ら（四人組）の手に落ちることがあってはならない」。十二月のある日、見舞い

一九七六年一月十一日、病院での告別式で中国共産党旗に覆われた周恩来

に訪れた党副主席兼国防相の葉剣英《ようけんえい》に、周恩来は全身を走る激痛をこらえて絞り出すように言った。「闘いかたに気をつけねば……」とも。四人組の背後には毛沢東が控えている。「鄧小平なら私よりうまくやれる」（金聖基《きんせいき》著『人民大会堂実録』）

周恩来は十二月十三日を最後に食事を受け付けなくなり、点滴だけに頼った。二十日には国務院から台湾問題で報告を受けたが、途中で意識を二回失い、昏《こん》睡状態に陥る。年明けの七六年一月七日午後十一時、周恩来は一時的に意識を取り戻し、二十四時間体制で治療を受ける医師団に言った。「ここにもう用はない。他の同志の世話をしなさい」。これが最後の言葉だった。

結党まもない中国共産党の党組織と軍権を握って一時は実質的な最高指導者となり、その後は激しい権力闘争の中で毛沢東に忠実な中央指導者であり続け、「不倒翁《ふとうおう》（起き上がりこぼうし）」と呼ばれた周恩来は翌八日午前九時五十七分、逝《い》った。七十七歳であった。

未亡人となった鄧穎超に続き、政治局員らが続々と病室に詰めかけた。「とうとう逝ってしまった。臨終に間に合わなくて……」。白いシーツに包まれ、眠るように横たわる周恩来に鄧穎超が嗚咽《おえつ》しながら語りかけた。その後はだれもが押し黙り、むせび泣きだけが病室に響いた。毛沢東の姿はそこにはなかった。

政治局員がほぼ全員そろった午前十一時五分、鄧小平が沈黙を破った。「恩来同志、安らかにお眠りください」。これをきっかけにそれぞれ周恩来に哀悼の意を示して退室し始めたころ、江青がやってきた。

江青は周恩来の遺体から約一メートルのところまで近寄ると、クルッと向き直った。「小《しょう》超《ちょう》（鄧穎超）！　小超！　小超はどこ？　私は小超に用があるのよ」。ところが江青は鄧穎超の姿を認めると、なぜかそのまま無言で病室を出ていった（顧保孜《こほし》ら著『聚焦中南海《しゅうしょうちゅうなんかい》』）。

周恩来後継「重厚少文」の華国鋒を選んだ

周恩来《しゅうおんらい》の死を毛沢東はベッドの中で聞いた。息を引き取ってから数分後の一九七六年一月八日午前十時である。手にしていた「魯迅選集」を閉じ、このとき当直看護婦の勤務に入っていた生活秘書の孟錦雲《もうきんうん》から渡された走り書きのメモに目を通すと、毛沢東は無言でうなずき、ベッドわきの机の上にメモを置いた。

周恩来が入院していた人民解放軍三〇五医院は毛沢東の住む中南海《ちゅうなんかい》とは目と鼻の先にある。しかし、中国共産党の草創期から五十年以上にわたる革命の同志であり、いま党内序列二位の党副主席兼国務院総理（首相）の座にある周恩来を党主席の毛沢東が見舞うことはついになかった。毛沢東もまた肺や心臓などに病を抱え、ベッドに横たわることが多かった。

周恩来死亡に関する党政治局の正式な報告書は午後三時すぎに届いた。孟錦雲がそれをゆっくりと読み上げると、毛沢東は静かに聞いていた。「偉大なプロレタリア革命家で、傑出《けっしゅつ》した共産主義戦士の周恩来同志は、がんを患《わずら》い、治療のかいなく、一九七六年……」

毛沢東の閉じた目から涙がこぼれ、ほおを伝った。だが、やはり言葉はなかった（李健《りけん》編著『釣魚台《ちょうぎょだい》国事風雲』）。

周恩来の死は当日には発表されず、翌一月九日未明になって内外に公表された。十、十一の両日は党の各級幹部による告別式が行われ、十一日午後に遺体は荼毘《だび》に付されるため北京《ぺきん》西郊の八宝山《はちほうざん》革命墓地に向かった。

寒風の吹きすさぶ沿道は周恩来を見送ろうと北京市民らで埋め尽くされた。そのあと遺骨が安置された労働人民文化宮で十二日から三日間にわたって市民参加の追悼会《ついとうかい》が開かれたが、弔問《ちょうもん》の列は途切れることなく、その数は百万人に達した。

中国共産党による追悼会は零下十度という厳寒の中で十五日に挙行された。追悼会の参加者名簿や国務院第一副総理の鄧小平《とうしょうへい》が読み上げる弔辞《ちょうじ》を含む報告書は前日の十四日、毛沢東に届けられた。

「主席、追悼会に出席されますか」。秘書の張玉鳳《ちょうぎょくほう》が尋ねると、毛沢東は足をポンポンとたたいて力なく言った。「私も動けないよ」。そして赤鉛筆を取って報告書にある「主席」の二文字に承認を意味する丸印を付け、また沈黙《ちんき》した。

毛沢東は四年前の七二年一月、軍長老の陳毅の追悼会に参加しないと言いながら、突然、姿を現したことがある。だから、周恩来の追悼会当日も警護隊長の張耀祠《ちょうようし》が幹部専用エレベーター付近で毛沢東の出現に備えて待機した。午後三時、毛沢東の居宅に政治局員（党中央弁公庁主任）の汪東興《おうとうこう》が電話を入れ、在宅を確認して、毛沢東不在のまま追悼会はようやく始まったのだった（馮治軍《ひょうじぐん》著『周恩来と毛沢東』など）。

毛沢東は周恩来の後継者を決めねばならなかった。文化大革命で失脚した鄧小平を三年前に復活させたとき、毛沢東はがんに侵された周恩来の後をゆだねるつもりだった。そのために国務院第一副総理にし、党副主席にも人民解放軍総参謀長にも就けたはずであった。

鄧小平は周恩来と二人三脚でこの一年、文革で混乱した国家行政と経済の立て直しを進めてきた。しかし、毛沢東の妻、江青《こうせい》たち四人組が「周・鄧打倒」の猛烈な攻勢を仕掛け、毛沢東は鄧小平の外交を除く日常業務の職務を停止している。周・鄧の政策は文革路線からの裏切りだとの疑念を深めつつあった。

「張春橋《ちょうしゅんきょう》をどう思うか」。周恩来の追悼会から六日後の一月二十一日、毛沢東は指導部との連絡員として身辺に付き添うおいの毛遠新《もうえんしん》にそう問いかけた。党政治局常務委員（上海《しゃんはい》市党委員会第一書記）の張春橋は江青の盟友《めいゆう》で四人組のひとりである。

「張春橋は陰陽怪奇（偏屈でえたいが知れない）です」と毛遠新は言った。「では華国鋒《かこくほう》はどうだ？」。「華国鋒は忠厚老実（忠実で情に厚くたいへん実直）です」。「いや、重厚少文（まじめで重みがあるが質朴《しつぼく》で味がない）だろう」

《毛沢東は毛遠新の言った「忠厚」に、同じ発音（ジョンホウ）の「重厚」をかけたのだ。「重厚少文」は司馬遷《しばせん》の『史記』のなかにみえる。

病床にあった漢《かん》の高祖《こうそ》、劉邦《りゅうほう》に妻の呂后《りょこう》が尋ねた。「あなたに万一のことがあって、宰《さい》相《しょう》の蕭何《しょうか》も亡くなったとき、（私は）だれを宰相に任命しましょう」。劉邦は臣下の名を挙げ、「曹参《そうしん》がよい。つぎは王陵《おうりょう》だが、王陵は堅物《かたぶつ》で知恵がない。陳平《ちんぺい》に輔佐させるがよい。もうひとり、周勃《しゅうぼつ》がいる。『重厚少文』だが、わが劉氏を守るのは周勃だろう。軍事長官にさせるがよい」。

しかし『史記《しき》』によると、周勃は呂后《りょし》の没後、陳平と組んで呂氏を滅ぼしてしまう》

華国鋒は建国後、毛沢東の故郷である湖南《こなん》省湘潭《しょうたん》県の党委員会書記となり、農業問題の論文が毛沢東に気に入られた。毛沢東は七一年に湖南省党委員会第一書記だった華国鋒を中央に引き上げて政治局会議に参加させ、一年前から国務院副総理兼公安部長（党政治局員）にしたが、目立つ存在ではない。

ただ、四カ月前の七五年九月に開催された農業に関する全国大会で、鄧小平を江青ら四人組が攻撃して決裂しかかったとき、会議の主宰者だった華国鋒は玉虫色の総括で収拾する調整能力を示したことがあった。

《華国鋒は七六年九月に毛沢東が没すると、未亡人となった江青たち四人組の逮捕に踏み切り、まさに『史記』の周勃の道を歩むことになる》

「華国鋒は、主席に国務院の責任者をお決めいただいて（それを待って）具体的な業務に取りかかりたい、と言っています」。毛遠新がそう伝えると、毛沢東は「それなら、華国鋒に国務院の責任者となってもらおう。彼はいつも自分では政治レベルが低いと思っているんだ」と言った。「外交は（鄧）小平が管轄《かんかつ》する」

《毛沢東と毛遠新のやりとりは湯應武《とうおうぶ》著『一九七六年以降の中国』（経済日報出版社、九

七年）による》

毛沢東の意向を受け、党中央は二月二日、華国鋒を国務院総理代行とする決定を七六年の「一号文件」として下部に通知した。翌三日、自らの総理代行就任を期待していた張春橋はノートにこう書き付けた。

「昨年も（鄧小平を第一副総理とする）一号文件があったが、誤った路線は行き詰まる。かぎは人民にある。人民大衆の側に立てばただちに勝利する」

張春橋は文化大革命のような大衆動員による奪権に期待をつなぐが、文革発動からほぼ十年が過ぎ、闘争に疲れ切った大衆は急進路線への不満を鬱積《うっせき》させており、それがやがて周恩来追悼運動の姿を借りて噴出する（薛慶超《せっけいちょう》著『歴史転換期の鄧小平』）。

四人組への反撃「江青、帽子を脱ぐんだ！」

中国共産党副主席兼国務院総理（首相）の周恩来《しゅうおんらい》が死去して二日後の一九七六年一月十日、北京《ペきん》の病院で行われた告別式のもようが中央電視台の夜のニュースで放映されていた。毛沢東の妻で党政治局員の江青が帽子をかぶったまま黙祷《もくとう》をささげたのを見て、街頭の市民から怒号が飛んだのだった。

「江青《こうせい》、帽子を脱ぐんだ！」

江青たち四人組は周恩来の死に冷たかった。影響下にある人民日報などで周恩来の功績をたたえる報道を可能な限り抑えたばかりか、周恩来らの批判を意味する「右からの巻き返しに反撃する運動」に関する論文を掲げ、周恩来を追悼《ついとう》する国民感情に水を差したといわれる。

大衆の不満は高まった。四人組の拠点である上海《しゃんはい》で、追悼会《ついとうかい》のあった一月十五日午前九時五十七分、周恩来の死亡時刻に合わせて船舶が一斉に規則違反の汽笛を鳴らし、断続的に三十分以上続いたのも、抗議の意志の表れだった（李健《りけん》編著『紅船交響曲』など）。

一連の公式な追悼行事が一月中旬に終わると、四人組の攻勢は一段と強まる。その標的は文化大革命で破壊された行政や経済の再建を推進してきたものの、いまや周恩来という大きな後《うし》ろ盾《だて》を失った党副主席兼国務院第一副総理の鄧小平《とうしょうへい》ら実務派に向けられた。

二月十三日、民主諸党派機関紙「光明日報」に「孔丘《こうきゅう》（孔子《こうし》）の憂《うれ》い」と題する文章が掲載された。四人組の主張を反映する執筆グループが書いたこの文章には「旧制度の『泣き女』は孔丘の骸《むくろ》を抱いて憂いに沈み、天地に向かって泣きわめくがいい」とあった。

これを、周恩来を悼《いた》んで悲しむ人々を意識の遅れた「泣き女」だと皮肉ったものと多くの大衆は受けとめた。

四人組の拠点である上海の「文匯報《ぶんわいほう》」がそうした大衆の怒りに油を注ぐ。

周恩来の誕生日にあたる三月五日は、執務中に事故死した人民解放軍兵士をたたえて毛沢東が「雷峰《らいほう》同志に学べ」という題辞を発表して十三年目でもあった。

この日、国営通信社の新華社が配信した記事に、生前の周恩来の雷峰に関する有名な題辞「愛憎《あいぞう》の念深き階級的立場、言行一致の革命精神、滅私奉公の共産主義風格、わが身を顧《かえり》みないプロレタリア階級の闘志」も引用されていた。

全国のほとんどの新聞はこの記事をそのまま掲載したが、四人組の張春橋《ちょうしゅんきょう》（党政治局常務委員）や姚文元《ようぶんげん》（政治局員）の指揮下にある文匯報はこれを削除した。

さらに二十日後の三月二十五日、「文匯報」の一面トップに「走資派（資本主義の道を歩む者）はまだ歩み続けている、われわれは彼と戦わねばならない」という記事が載る。「党内のあの走資派は打倒されて今に至るまで悔い改めない走資派を政権の座に押し上げた」

「悔い改めない走資派」はこのころ鄧小平を批判するのに使われる決まり文句になっており、それを政権の座に押し上げた「党内のあの走資派」とののしられているのが周恩来だということも、だれにも分かった。

この二つの記事で、文匯報には四百二十通あまりの抗議の手紙と一千本近い抗議電話が殺到したという（葉永烈《ようえいれつ》著『張春橋伝』）。

「文匯報」に周・鄧攻撃の記事が載った直後の七六年三月二十八日早朝、南京《なんきん》大学数学科の教師と学生数百人が巨大な周恩来の遺影と花輪を掲げて繁華街を練り歩き、建国前に周恩来が革命戦を闘い、暮らしたことのある梅園新村に向かった。沿道からは多数の市民も加わった。

翌二十九日にも南京大学や他校の学生が二十余のグループに分かれて街に繰り出し、主要な通りに「『文匯報』の黒幕を引きずり出せ！」「周総理に反対する者はみな打倒せよ！」などと書かれたビラを張って回った。夜には学生らは駅になだれ込み、鉄道労働者の協力で南京を行き来する列車の車両にもスローガンを書き付けた。

学生たちのスローガンの中には「周総理に反対するロバ頭をたたきつぶせ！」というのがあった。「ロバ頭」とは張春橋の容姿を風刺したものだが、すぐに名指しのものも登場する。「大野心家、大陰謀家《だいいんぼうか》の張春橋を打倒せよ！」。南京市の中心にあるビルに人目を引く大きなスローガンが掲げられたのだ。

南京市は騒然とした異様な雰囲気に包まれた。大衆行動の批判は江青ら四人組に向けられている。十年前の六六年に毛沢東が文化大革命を発動して以来、文革を急進的に進めた江青や張春橋への批判を大衆が公然と行うことなど不可能であった。それがいま、周恩来追悼の形をとって現実化したのだった。

「張（春橋）、江（青）、姚（文元）は多数の老同志を死地に追いやって党の乗っ取りと権力奪取を企てている」

「立ち上がれ！　戦え！　全国人民は緊急に行動を起こし、叛徒《はんと》、野心家、陰謀家の張春橋、江青、姚文元の輩に対し断固闘争を進めよ」

北京でも南京に先立つ二月半ばにこうした宣伝ビラが現れ、四人組を非難攻撃するビラや大字報《だいじほう》（壁新聞）は三月初めまでに、杭州《こうしゅう》や重慶《じゅうけい》、西安《せいあん》、広東《かんとん》などにも広がっていた（范碩《はんせき》著『一九七六年の葉剣英』）。

十四節気《じゅうしせっき》のひとつで、先祖の墓参をし、革命烈士をしのぶ四月四日の「清明節《せいめいせつ》」を前に、周恩来追悼と一体となった四人組への抗議行動は、全国各地に飛び火し始めていた。

江青たち四人組は驚愕《がく》し、その危機感は深かった。

四月一日夜、四人組が主導して党政治局会議が開かれ、対応が検討された。周恩来につながる鄧小平や党副主席兼国防相の葉剣英《ようけんえい》が出席していないこの会議のあと、党中央名で南京問題に関する通知が出された。そこにはこうあった。

「ここ数日、中央の指導者同志に矛先《ほこさき》を向けた大字報、スローガンが南京に現れたことは、毛主席を首とする党中央を分裂させ、鄧小平批判の方向を反らそうとする政治事件である」（『張春橋伝』、『一九七六年の葉剣英』）

この日、四人組の姚文元は日記にこう記している。

「南京の〝大字報〟はすでに張春橋を名指しした。『打倒せよ』『引きずり出せ』『野心家』『陰謀家』……昨晩、政治局は六人の〝緊急会議〟を開き、私は厳しい通知を出すよう主張した。これが下達《かたつ》されれば、狂気のような逆襲の妖風《ようふう》を一喝《いっかつ》することができようが、闘争はこれでは収まらないだろう」（邱石《きゆうせき》編『共和国重大政策出現の前後』）

姚文元の予想した通り、「周恩来追悼」に込められた大衆の抗議行動は収まることなく、さらに激しさを増していく。

流血前夜　鄧はやっぱり「白猫黒猫」なのだ

周恩来《しゅうおんらい》を追悼《ついとう》する大衆行動ははっきりと政治的色彩を帯びてきた。死去から二カ月後の一九七六年三月に南京《なんきん》で発生した数万人規模の追悼デモや大量の大字《だいじ》報《ほう》（壁新聞）は「四人組」への反発の強さを示していた。

中国共産党主席、毛沢東の発動したプロレタリア文化大革命を熱狂的に鼓舞《こぶ》し、大衆をあおってきた毛沢東の妻、江青《こうせい》（党政治局員）ら四人組にくらべ、周恩来には抑制的な態度が目立った。毛沢東の文革路線に周恩来が表立って異論を唱えたことはなかったが、静かで落ち着いた物腰が他の共産党指導者にない信頼感を抱かせてきた。

周恩来の死にあたって、そうした大衆の感情を逆なでするような江青たちの冷淡な対応が大衆の反感をいっそう募《つの》らせる結果を招く。しかし、周恩来とその同盟者の鄧小平《とうしょうへい》（党副主席）から国家行政の実権奪取を目指してきた四人組にとって、周恩来死去もまた権力闘争で優位に立つ絶好の機会であったのだ。

南京で周追悼行動が爆発する一カ月前の二月二十五日、中国共産党中央は各省、市、自治区と大軍区の責任者を招集して会議を開いた。その席上、この一月まで四カ月間に語られた毛沢東の談話が伝えられた。そこには、意のままにならない鄧小平に対する強い不満といらだちが吐露されていた。

「文化大革命とは何をなすものか？　階級闘争だろう」「彼という男は階級闘争を重視せず、一貫してこの大綱を掲げない。やはり『白猫黒猫』なのだ。帝国主義だろうがマルクス主義だろうがおかまいなしだ」

《『白猫黒猫』とはかつて鄧小平が故郷の四川《しせん》省のことわざを引用して語った「黄色い猫でも黒い猫でも、ネズミを捕まえてくれさえすればいい猫だ」を指す。鄧の現実的姿勢を示す言葉として知られるが、階級闘争をあいまいにさせるものとして非難の対象にもなってきた》

「（鄧）小平は本心を明かすことがないから、人は恐れて彼と話をしない。大衆の意見にも耳を傾けない。指導者としてこの態度は大問題だ」

「だがやはり鄧は劉少奇《りゅうしょうき》、林彪《りんぴょう》とはある程度の区別がある。鄧はみずから自己批判した。批判はせねばならないが、一撃のもとに打倒してはならない。失敗を戒めて将来を慎み、病を治して人を救う、である」（薛慶超《せつけいちょう》著『歴史転換期の鄧小平』）

《周恩来と鄧小平が進めてきた国家行政の再建を「脱文革」路線とみなした毛沢東は、国務院第一副総理（副首相）としての鄧小平の外交を除く職務をすでに停止し、周死去後の七六年一月下旬、周後継者として党政治局員兼国務院公安部長の華国鋒《かこくほう》を総理代行に選ん

でいた》

地方責任者を集めた会議で公表された毛沢東の談話は、周恩来の死去に乗じる四人組の鄧小平攻撃をさらに勢いづかせる。

中南海《ちゅうなんかい》の紫光閣《しこうかく》で三月二十六日に開かれた政治局拡大会議では、北京《ペキン》、清華《せいか》両大学「代表」として参加した四人組派の遅群《ちぐん》（清華大党委員会書記）たちが鄧小平を「陰謀《いんぼう》家」「野心家」「一貫して毛沢東思想に反対し、階級闘争に反対した」と痛烈に攻撃し、経済政策や外交路線について「物質刺激をあおった」「中国を帝国主義の植民地にしようとした」と非難した。

鄧小平は両目を閉じて一言も発することなく、業《ごう》を煮《に》やした四人組派は「死んだ豚は熱湯をおそれず」とののしった（范碩《はんせき》著『一九七六年の葉剣英』）。

周恩来という最大の同盟者を失った鄧小平に対する四人組の打倒闘争が激しさを増していたときに南京で起きた周恩来追悼と反四人組の大衆行動は、死者を弔《とむら》う四月四日の「清明節《せいめいせつ》」が近づくにつれ、各地にまたたく間に飛び火していった。

三月三十日、革命闘争で斃《たお》れた人々を記念して北京・天安門《てんあんもん》広場の中央に立つ人民英雄記念碑に、周恩来を追悼し、四人組を批判する弔辞《ちょうじ》が北京市総工会労働者理論グループによって張り出された。十日ほど前から記念碑には周恩来追悼の花輪がささげられてはいたが、首都のど真ん中に公然と四人組批判が登場したのだ。

一九七六年四月三日、周恩来追悼と四人組批判を叫んで天安門広場を埋めた群衆

そのころから記念碑を訪れる人々は日に日に増え、まるで周恩来追悼の祭壇となった。花輪や花かごであふれ、弔辞や詩、スローガンが所狭しと掲げられた。人々は詩を朗読したり、演説したり、黙禱《もくとう》をささげたりと、さまざまに周恩来を追悼する一方で、「妖魔《ようま》」「化け物」「階級の敵」「えせマルクス主義の皮をかぶった党内のブルジョア階級の代表人物」などを非難した。周追悼にからめてのこうした表現が、公然たる四人組批判であることは明らかだった。天安門広場は異様な熱気であふれた。

四人組の主導で北京市党委が出した四月二日の電話通知は、「清明節に花輪を贈るのは旧風習であり、打破せねばならない」「天安門で反革命動乱が起こっている」とし、各職場の労働者たちが天安門広場に行かないよう指示したが、よけいに反発を買う結果となった。

四月二日には、北京で周恩来追悼の最初のデモ隊が登場した。早朝、中国科学院一〇九工場の労働者ら三、四百人が巨大な四つの花輪を担《かつ》いで北京一の繁華街、王府《ワンフー》大街を練り歩き、天安門に入ったのである。同じころ、北京重型電機工場の労働者が、公安当局に持ち去られないよう鋼鉄を組んで制作した高さ四メートルもある花輪も人民英雄記念碑に据え付けられた。

天安門広場が周恩来追悼に名を借りて解放区のようになった異常事態に危機感を強めた北京市公安局は、公安警察、首都労働者民兵の計三千人と人民解放軍北京衛戍《えいじゅ》区部隊による「連合指揮部」を組織し、天安門広場東南の三階建ての建物の中に拠点を置いた。

四人組の一人で党副主席の王洪文《おうこうぶん》は、四月三日早朝四時四十分、私服警官に守られてひそかに天安門広場にやってきた。懐中電灯に照らし出された人民英雄記念碑の周りの花輪や四人組を露骨に攻撃する弔辞やビラを読んで激高する。公安部に電話をかけた王洪文は、「まだ眠っているのか！」と怒鳴りつけ、「あんな反動的な詩文をおまえたちは写真に撮ったのか？　すべて事件として処理せよ」と命じた（葉永烈《ようえいれつ》著『王洪文伝』）。

これを受けて公安部は花輪などの撤去に乗り出し、それに怒って抗議する市民二十六人が逮捕される騒ぎとなった。この強硬手段が引き金となって、さらに凄惨《せいさん》な流血の事態を招くことになる。

鮮血の天安門広場「騒ぎの黒幕は鄧小平だ！」

一九七六年の清明節《せいめいせつ》は四月四日の日曜日にあたった。先祖や死者を弔《とむら》う伝統のこの日、北京《ペキン》の空はどんより曇って肌寒かったが、天安門《てんあんもん》広場は早朝から熱気に包まれていた。一月に没した建国以来の国務院総理（首相）、周恩来《しゅうおんらい》の死を悼《いた》むとともに、その政敵としての「四人組」を糾弾《きゅうだん》する大衆行動は最高潮に達した。広場には全国各地から人々が押し寄せ、延べ二百万人にものぼったといわれる。

無数の花の中にすっぽり台座が埋もれた人民英雄記念碑には周恩来の巨大な肖像画が置かれ、その下には黒地に白字で「われわれは日夜、敬愛する周総理を想《おも》う」と書かれた横断幕が掲げられている。

首都鋼鉄公司の青年労働者が涙ながらに周追悼《ついとう》の演説を始めた。呼応した群衆から「周総理は永遠に不滅！」「周総理に反対する者はだれであろうと打倒せよ！」とシュプレヒコールが起こる。青年は「われわれは信念を持ってあの野心家、陰謀家《いんぼうか》を徹底的にたたきつぶさねばならない」と叫んだ。矛先《ほこさき》が党主席の毛沢東の妻、江青《こうせい》（党政治局員）ら四人組に向けられているのをだれもが知っていた。

夜になってもなお、広場に残った群衆が記念碑を取り囲んでいた。そのとき、記念碑の手すりに「十一回目の路線闘争大事記」と題した大字報《だいじほう》（壁新聞）が登場した。毛沢東は過去に党内で十回の路線をめぐる闘争があったと語ったことがある。「大事記」はいま、四人組との闘いがその十一回目だという。

そこには、周恩来や鄧小平《とうしようへい》（党副主席）と江青たちの抗争などが時系列で克明《こくめい》に記されており、周・鄧を標的とする一連の批判攻撃は「ひとつまみの野心家のひん死のあがきである。彼らはすでに中国の大多数の人心を得ない鼻つまみもののネズミになった」とあった（薛慶《せつけい》超《ちよう》著『歴史転換期の鄧小平』）。

清明節の夜、四人組の働きかけで、国務院総理代行兼公安部長（党政治局員）の華国鋒《かこくほう》が主宰して緊急政治局会議が開かれた。鄧小平や周恩来の盟友《めいゆう》である党副主席兼国防部長の葉《よう》剣英《けんえい》らは呼ばれていない。

《この会議のもようは葉永烈《ようえいれつ》著『張春橋伝』などによる》

北京市革命委員会主任兼市長（党政治局員）の呉徳《ごとく》が、四人組から提供された資料に基づいて天安門広場の状況を説明した。「今回は組織的な行動のようだ。鄧小平は一九七四年から七五年にかけて大規模な世論形成の準備をしていた。党内の走資派（資本主義の道を歩む者）が矛先を直接、毛主席に向けていることは明らかだ」

そのとき、四人組の一人で党政治局員の姚文元《ようぶんげん》に秘書から一枚の紙切れが渡された。四人組の影響下にある党機関紙「人民日報」の記者が報告した「十一回目の路線闘争大事記」だった。姚文元はその場で「大事記」の内容を読み上げた。江青は聞き終わると、机をどんとたたき、華国鋒に詰め寄った。

「中央指導者をあくどく攻撃しているのを、あなたは取り締まっているのか？　だれかが党内の機密を漏らしたのを調査すべきではないか？　大字報を書いた者は捕らえるべきではないか？　あなたがやらないのなら、私が主席のところに行く」

華国鋒はあわてて押しとどめた。江青は不満げに席に着いたが、毛沢東のおいで毛沢東の連絡員をしている毛遠新《もうえんしん》に指示した。「遠新、きちんと記録して帰ったら主席に報告なさい。とくに華総理代行の話は一字一句はっきりと書き留めなさい」

四人組の王洪文《おうこうぶん》（党副主席）は「天安門の騒ぎの黒幕は鄧小平だ！」と決めつけた。やはり四人組の張春橋《ちょうしゅんきょう》（政治局常務委員）は「二十年前のハンガリーを思い出す」と言った。

《ソ連共産党の独裁者スターリンの死後、最高指導者となったフルシチョフによる五六年のスターリン批判をきっかけに、ハンガリー勤労者党（共産党）の改革派や民衆が民主化要求の大衆行動を起こしたが、ソ連軍が武力鎮圧《ちんあつ》した》

四月四日の深夜になると天安門広場の群衆もさすがに減ってきた。五日午前一時、花輪や看板などの強制撤去が始まった。約二百台のトラックが二千余もあった花輪を運び去り、数千人の労働者民兵と公安警察らが人民英雄記念碑を包囲封鎖した。このとき花輪の見張り番

一九七六年四月四日、人民英雄記念碑を埋めた花輪

をしていた五十七人が逮捕された。

　夜が明け、群衆が再び広場に集まってきた。花輪が持ち去られ、大量の逮捕者が出たことを知って怒った数万人が、広場に面した民兵や公安警察の指揮部に押しかけ、衝突が起きる。混乱のうちに指揮部の車が何台か焼き壊され、指揮部の建物にも火がつけられた（范碩《はんせき》著『一九七六年の葉剣英』など）。

「私はここに来る前にわざわざ天安門広場をひと回りしてきました。広場には火薬の煙が立ちこめている。家を焼き、車を焼いている者がいます」

天安門広場にほど近い中南海《ちゅうなんかい》の毛沢東の居宅に、江青が一本の棍《こん》棒を持って突然現れ、病床の毛沢東のそばで叫んだ。

「これは死せる者をもって生ける者を圧するものです！　鄧小平が彼らの黒幕です。私は告発する。鄧小平の党籍を剥《はく》奪するよう提案する！」

毛沢東は江青をちらりと見たきり、何も言わない。「政治局はすでに会議を開いて手配もしました。安心してください」と江青は言った。

夕方六時半、天安門広場でラッパの音が一斉に鳴り響き、市長の呉徳の声がラジオ放送で流された。「この政治事件の反動性をはっきり認識し、彼らの陰謀詭計《いんぼうきけい》を暴き、革命の警戒心を強めてだまされないようにせねばならない。革命大衆はただちに広場を離れなさい」

夜九時半、広場の照明が一斉《いっせい》に消えた。一瞬の間を置いて再びすべてが点灯され、広場を照らし出す。それが合図のように、待機していた一万人の民兵と三千人の公安警察、人民解放軍北京衛戍《えいじゅ》区部隊が棍《こん》棒や革ベルトを手に一斉に出動した。

広場に居残っていた群衆は包囲され、追い詰められた。激しく殴打《おうだ》された群衆は次々と打ち倒された。十五分後、広場の石畳《いしだたみ》にはおびただしい量の鮮血が広がり、顔などがはれ上がった二百人以上が苦痛にうめきながらうずくまっていた。

これが全国と世界に衝撃を与えた七六年の「天安門事件」であった。葉永烈著『張春橋伝』によると、北京で三百八十八人、全国各地で千人近くが逮捕された。

武力鎮圧後の五日深夜、百人の公安警察官は天安門広場の北側に横一列に並び、南に向かってモップと水で地面にこびりついた血痕《けっこん》をこすり流した。

《武力鎮圧の状況は『一九七六年の葉剣英』、厳家祺《げんかき》ら著『文化大革命十年史』による》

「反革命」鎮圧「士気奮い立たせた。好《ハオ》、好《ハオ》、好《ハオ》」

北京《ペきん》の天安門《てんあんもん》広場で周恩来《しゆうおんらい》を追悼《ついとう》する群衆を武力弾圧した流血の惨事《さんじ》から五時間ほど過ぎた一九七六年四月六日午前三時、毛沢東は天安門広場にほど近い中南海《ちゆうなんかい》の居宅兼執務室でまだ起きていた。毛沢東の手元には、ついさっきまで天安門広場に面した人民大会堂で開かれていた中国共産党政治局会議の報告書があった。

その会議には毛沢東の妻で政治局員の江青《こうせい》たち四人組のほか、周恩来死去後の総理代行となった華国鋒《かこくほう》（政治局員）らわずかな人数しか集まらなかったが、周恩来追悼の大衆行動を「反革命動乱の性質がある」と結論づけ、武力鎮圧《ちんあつ》を正当化した。党指導部と毛沢東をつなぐ連絡員（毛沢東弁公室主任）で毛沢東のおいの毛遠新《もうえんしん》がまとめた会議の報告書にはこうあった。

「（天安門広場に集まった群衆の）演説やビラは、毛主席と党中央を集中攻撃し、鄧《とう》（小平《しようへい》）批判をせず、鄧を公然と擁護する者もいた。その背後には『白髪《はくはつ》の人々』がいる。これはファシズムであり、史上類を見ない反革命動乱である」

《「白髪の人々」とは周恩来の同盟者である葉剣英《ようけんえい》（党副主席兼国防相）、李先念《りせんねん》（政治局員）ら軍や党の実務派長老たちを暗に指している。彼らは周恩来ががんに倒れてから党副主席兼国務院第一副総理となった鄧小平とともに、文化大革命で打撃を受けた国家行政の再建に取り組んできた》

毛沢東は天安門広場における群衆鎮圧を伝える報告書に次のように評価を書き付けた。「士気大振（士気を大いに奮い立たせた）。好《ハオ》（結構）、好《ハオ》、好《ハオ》」（李健《りけん》編著『釣魚台《ちょうぎょだい》国事風雲』）

その日の午後、江青、王洪文《おうこうぶん》（党副主席）、張春橋《ちょうしゅんきょう》（政治局常務委員）、姚文元《ようぶんげん》（政治局員）の四人組と毛遠新は、そろって毛沢東のもとにやってきた。このところ体力の衰えがさらに進んだ毛沢東は、ベッドに横たわったまま顔と上半身だけを五人に向けた。

「反革命暴徒の大多数は捕らえられました」。ベッドわきのソファから江青が立ち上がり、毛沢東にそう報告した。毛遠新が口をはさんだ。

「天安門広場の（人民英雄）記念碑に献花した者は毎日数万人、多い日は二十万人に達しました。表向きは（周恩来の）追悼ですが実際は分裂を企てるもので、一部は主席に対する直接攻撃さえ行っていました」

「広場の状況は自分の目で見たのか？」。毛沢東がようやく口を開いた。江青は人民大会堂から撮影した録画があると言い、「お持ちしてお見せしましょうか」と聞くと、「そんな物に興味はない！」と不機嫌そうに答えた。

だが、手にした鉛筆を回しながら黙って宙を見つめていた毛は、やがて言った。

「これには反革命の性質がある」（金聖基《きんせいき》著『人民大会堂見聞録』）

周恩来追悼の大衆運動は明らかに四人組批判の色彩を濃厚に示していた。周死去後三カ月も過ぎて全土にこのような大衆行動が広がったのはなぜか――。江青たち四人組は、背後に、鄧小平らの組織的な動きがある、と疑った。四人組を戦慄《せんりつ》させた天安門事件は、彼らが「右派」とみなす鄧小平たちを一気に追い落とし、党と国家行政の両面で実権を握る絶好の機会となった。

四月七日早朝、姚文元は支配下にある党機関紙「人民日報」の編集長、魯瑛《ろえい》らを人民大会堂に呼び、天安門事件を「反革命動乱」として全土に喧伝《けんでん》するため、現場報告を書くよう指示した。

「組織的に、計画的につくり出された反革命的政治事件という表現を盛り込むのだ。（文章が）少々粗いのはかまわないが、鄧小平（批判）は鮮明に出せ。夜八時のニュースに間に合わせよう」

同じころ、毛遠新は天安門事件を反革命動乱として公開報道してもいいかどうか毛沢東の承認を求めていた。

「鄧小平のすべての職務を剥《はく》奪せよ。党籍は残して今後の態度を見る。以上は三中総会（党第十期中央委員会第三回総会）で審議し、追認するんだ」

「政治局が決議し、公開報道としますか」

「そうだ。政治局で決議し、報道するんだ。今回（の事件）は第一に首都で、第二に天安門で、第三に放火と暴力があった。この三つによって性格が変わったのだ。（鄧を）追い出せ」

こう言いながら毛沢東は何かを振り払うかのように目の前で手を振った。

毛遠新が急いで部屋を出ようとすると、毛沢東は「（鄧）小平は参加させるな。葉（剣英）も呼ぶな」と指示し、続けて言った。

「華国鋒を（国務院）総理に任命しろ。これも政治局決議として新聞に載せるんだ。早く行け。話し合った後、もう一度報告に来い」

毛沢東は午後になって毛遠新を通じて新たな指示を加えた。「華国鋒は党第一副主席にも任命せよ。これも政治局決議に加えるように」

《毛沢東と毛遠新のやとりは『釣魚台国事風雲』から引いた》

天安門事件から二日後の四月七日夜、政治局会議は毛沢東の「最高指示」に基づいて「華国鋒同志の党第一副主席・国務院総理就任に関する決議」と「鄧小平の党内外の一切の職務の解任に関する決議」を行い、一時間後の午後八時、党中央の発表として、中央電視台のテレビニュースで全土に伝えられた。

華国鋒はいきなり党と国家行政の両面で毛沢東に次ぐ序列第二位の指導者へと引き上げられたのだ。四人組はこれ以降、華国鋒を押し立てながら実質的な権力の掌握を図ることになるが、それが再び激烈な権力闘争の火種となっていく。

北京市の東交民巷にある鄧小平の居宅には動向監視のために警衛部隊が派遣され、事実上の軟禁状態になった。鄧小平をかばい続けた葉剣英も、静養を理由に北京西郊にある西山《せいざん》十五号楼にこもった。この別宅はのちに葉剣英たちが四人組逮捕の秘密工作を行う拠点となる。鄧小平は中国共産党草創期の三〇年代初め、毛沢東とともに当時のソ連派指導部に排除され、文化大革命では毛沢東と四人組に批判されて地方に追放された。そのたびに復活を果たしたが、鄧小平にとってこれが三回目の失脚であった。

二つの遺産「和平か戦場か？天のみぞ知る」

周恩来《しゅうおんらい》を追悼《ついとう》する大衆行動が武力で鎮圧《ちんあつ》された一九七六年四月の北京《ペきん》・天安門《てんあんもん》事件は、中国共産党指導部の権力構図に大きな変化をもたらした。周恩来が自ら果たせなかった近代化路線を託した鄧小平《とうしょうへい》が党副主席兼国務院第一副総理（副首相）などすべての職務を解任されて失脚すると、国家行政の再建にあたってきた実務派の勢力が急速に後退する一方で、毛沢東の妻の江青《こうせい》（党政治局員）たち四人組は勢いづいた。

周恩来に代わって国務院総理の座に就いた華国鋒《かこくほう》が、毛沢東に次ぐ党内序列第二位の党第一副主席に抜擢《ばってき》されたことで、一時は毛沢東から後継者として期待された四人組の王洪文《おうこうぶん》（党副主席）の序列は引き下げられた。しかし、四人組は党内基盤の弱い華国鋒を表向きは押し立てつつ実権を握ることに自信を深めていた。

「上海《しゃんはい》民兵を強化せよ」。天安門事件から三日後の四月八日早朝、王洪文は上海市革命委員会副主任で四人組派の王秀珍《おうしゅうちん》に北京から電話をかけ、労働者民兵の訓練強化を命じた。「天安門事件では北京の民兵の弱点が露呈《ろてい》した。連中ときたら学生をもあしらえないまるで豆腐のような兵だ」（葉永烈《ようえいれつ》著『王洪文伝』）

《人民解放軍を補完する大衆武装部隊の民兵は労働しながら戦時に備えるが、一部で常備部隊もあった。人民解放軍に影響力の弱い四人組は、権力の裏付けとなる武力を民兵に求めようとしたが、その主力は四人組の活動拠点である上海であった。毛沢東死後の奪権闘争の中で四人組は上海十万民兵の武力蜂起《ほうき》を準備する》

四人組の一人で政治局常務委員の張春橋《ちょうしゅんきょう》は、ひそかにうかがっていた総理にはなれなかったが、華国鋒が総理に任命された直後に上海の家族あての手紙にこう書いた。「天下は安定し、勝利は広がりつつある」（葉永烈著『張春橋伝』）

天安門事件から一カ月余を過ぎた五月十六日は、毛沢東によるプロレタリア文化大革命の発動十周年であった。四人組が支配する党機関紙「人民日報」はこの日、「文化大革命は永遠に光を放つ」と題した記念論文を掲げた。

「鄧小平批判と右からの巻き返しの風に反撃する闘争に偉大な勝利を得たいま、文化大革命の必要性とその深遠な影響をさらに認識し、プロレタリア独裁のもとでの継続革命の堅持について学び直すことは重要な意義をもつ」

四人組は党中央名で鄧小平批判と新指導部支持の動員集会を全国各地で組織し、文革の再活性化に向けて大衆運動を盛り上げることで反対派粛清《しゅくせい》を推し進めようとしていた。

毛沢東の健康状態は急速に悪化しつつある。手足や口などの運動をつかさどる神経細胞が壊死《えし》する筋萎縮性側索硬化症《きんいしゅくせいそくさくこうかしょう》のほか、肺気腫《はいきしゅ》、心臓病なども抱えていた。

七六年五月二十七日、毛沢東は北京・中南海《ちゅうなんかい》の居宅兼執務室でパキスタンのブット首相と会見した。表情に乏しいやつれた顔、ソファの肘《ひじ》掛けに積み重ねられたちり紙で口元をぬぐう毛沢東の姿がテレビに映し出された。毛沢東はこれ以降、外国要人に会うことはなくなった。六月下旬、毛沢東は何度目かの心筋梗塞《しんきんこうそく》の発作で倒れる。

それから間もない七月六日、人民解放軍の「建軍の父」といわれ、毛沢東と並ぶ革命功労者として人望の厚かった朱徳《しゅとく》（党政治局常務委員）が八十九歳で死去した。毛沢東より七歳年長であった。周恩来、朱徳と相次ぐ革命第一世代の長老の死は、ひとつの時代が終末を迎えつつあることを告げていた。

その直後の七月二十八日、河《か》北《ほく》省の百万都市、唐山《とうざん》を震源とするマグニチュード7・8の大地震が中国を襲った。唐山地震である。死者二十四万人といわれる未曾有《みぞう》の大震災は、周恩来の死で始まったこの年の社会不安をいっそう駆り立てた。

国家行政の責任者として華国鋒が被災地の救援に追われていた八月十一日、人民日報は四人組の姚文元《ようぶんげん》（党政治局員）の談話をまとめた「鄧小平批判を深め、震災を救援しよう」という社説を発表する。鄧小平たち「日和見《ひよりみ》主義者」が唐山地震による一時的な困難に乗じて「革命の方向をねじまげ、資本主義の復活をたくらんでいる」というものであった。

《この社説は、なにごとも政治優先、闘争優先の視点でとらえる四人組の特徴をよく示しているが、このころから華国鋒の「四人組離れ」が始まる》

周恩来の盟友《めいゆう》で鄧小平と共闘してきた党副主席兼国防相の葉剣英《ようけんえい》は、鄧失脚後、四人組によるいっそう激しい批判攻撃の矢面《やおもて》に立たされていた。そんなある日、葉剣英のもとに、やはり四人組から攻撃されていた国務院副総理の王震《おうしん》が訪れた。

「なぜ連中をたけり狂ったままにしておくのですか。逮捕すればすぐに解決するでしょう」

すると、葉剣英は黙って右手のこぶしを王震に突き出し、親指を上に立て、それを下に向けた。王震はその意味をこう理解した。「毛主席が死んだあとだ!」(范碩《はんせき》著『一九七六年の葉剣英』)

天安門事件後、毛沢東は「華国鋒同志を宣伝しろ。全国人民に華国鋒同志を徐々に認識させるんだ」と指示したことがある。華国鋒の威信を高めて党内外の団結を図ろうとしたのだ。

だが、四人組はそのようには動かなかった(葉永烈著『一九七八 中国命運の大転換』)。声に心筋梗塞で倒れる直前の六月十五日、毛沢東は華国鋒と四人組たちを居宅に呼んだ。声に力はなく、発音もはっきりしなかったが、毛沢東は真剣だった。「私は一生で二つのことをやった」と語り、国民党の蒋介石《しょうかいせき》を台湾に追いやったことと、文化大革命の発動を挙げたのはこのときである。

毛沢東はさらにこう続けた。

「この二つのことは終わっておらず、遺産として次世代に引き渡すことになる。どう引き渡すか。和平をもってせねば動揺が起こり、血なまぐさい戦場となる。君たちはどうするか。

天のみぞ知るだ」（馬《ば》斉彬《さいぴん》ら著『中国共産党執政四十年』中共党史資料出版社、八九年）
党内の団結を訴えた毛沢東は九月九日、没した。毛沢東が予期した通り、まもなく党内外は壮絶な権力闘争の「戦場」となる。
《深刻な闘争は毛沢東の死後、その後継権力をめぐって激化した。毛沢東という支えを失った華国鋒は四人組による権力奪取の攻勢にさらされ、葉剣英らが画策していた四人組逮捕を決断するのだが、毛沢東の死去前後のこれらの死闘はこの『毛沢東秘録』上巻の第一部で詳しく描いた。読者はここでその第一部を読み返していただきたい》
四人組逮捕はある種のクーデターであった。それを主導した葉剣英の背後には失脚中の鄧小平の影があった。そして、この権力奪取劇にはさらに第二幕が用意されていた。

「神」の呪縛「無謬性」は崩れさったが……

北京《ぺきん》の街を東西に貫く長安街がいきなり部分閉鎖された。そこを中国製の紅旗《こうき》などの高級車が速度を上げて次々に通り過ぎ、厳重な警戒態勢が敷かれる宿泊・会議施設「京西賓館《けいせいひんかん》」に吸い込まれていく。

一九八一年六月二十七日午前八時すぎである。この日、中国共産党の十一期中央委員会第六回総会（十一期六中総会）が中央委員ら三百六十二人を集め、非公開で開幕した。

毛沢東の死去から四年九カ月が過ぎている。この六中総会は、六六年に毛沢東が発動したプロレタリア文化大革命を断罪する歴史的な会議になる、と事前に観測されていた。文革を否定するなら必然的に毛沢東の誤りを認めざるを得ない。毛沢東をどう評価するのか、内外から強い関心を集めていた。

「文革前の十年は総体的によかった。基本的に健康な発展をしていたと認めるべきだ。この間、曲折もあり、誤りもあったが、成果のほうが主だった。それにくらべ文革は重大な、全面的な誤りである」

六中総会の直前に行われた予備会議で、党副主席兼国務院第一副総理（副首相）の鄧小平《とうしようへい》はそう断じた。そして続けた。「いま四人組の残党と、胸に一物ある一部の連中はだれの旗印を掲げているか？　いまは華国鋒《かこくほう》の旗だ。華国鋒を擁護するというのだ」（厳家祺《げんかき》ら著『文化大革命十年史』）

華国鋒は中国共産党主席であり党中央軍事委員会主席である。その華国鋒を副主席の鄧小平が公然と攻撃した。華国鋒はすでに実権を失い、鄧小平が事実上の最高権力者であった。

《七六年九月の毛沢東死後、未亡人の江青《こうせい》たち四人組は最高権力の奪取に猛然《もうぜん》と動いた。「毛後継者」を任じていた華国鋒は四人組と決別し、党副主席兼国防相の葉剣英《ようけんえい》ら党や軍の長老たちと連携して四人組逮捕に踏み切り、党主席の座に就く。鄧小平は当時、周恩来《しゅうおんらい》の追悼《ついとう》が反四人組の大衆行動に発展して武力鎮圧《ちんあつ》された「天安門《てんあんもん》事件」の黒幕とされ、失脚していた》

「ただちに（鄧）小平同志を職務に復帰させるべきだ」。四人組逮捕の直後、葉剣英らは華国鋒に迫った。だが、鄧小平を警戒していた華国鋒は沈黙し、翌七七年二月、「毛主席が決定したことはすべて断固として守り、毛主席の指示はすべて変わることなく遵守する」という「二つのすべて」を提唱する。

毛沢東が死去する前、ある地方問題について華国鋒が相談したとき、毛沢東から「你辦事、我放心（君がやれば私は安心だ）」と書いたメモを渡されたことを毛後継の根拠としてきた華国鋒にとって、毛沢東路線の継承こそが自らの権力を保証するものだった。

鄧小平は五月、親密な関係にある王震《おうしん》（当時、副総理）らに言った（『二つのすべて』はだめだ。それをやれば私の復活など問題にならず、天安門広場の大衆行動も条理にかなった評価ができない」（程中原《ていちゅうげん》ら著『一九七六―一九八一年の中国』中央文献出版社、九八年）

それでも鄧小平は七月に三度目の復活を果たす。華国鋒は党主席、国務院総理（首相）、党中央軍事委員会主席という党、政、軍の最高ポストを掌握したとはいえ、鄧復活を代償に自らの地位の安定を図らざるを得ないほど鄧小平を推す勢力があなどれないものだったからだ。

周恩来が果たせなかった近代化を軌道に乗せるには、党と民衆を「神格化された毛沢東」の呪縛《じゆばく》から解放しなければならないと考える鄧小平と、毛路線継承を掲げる華国鋒の権力闘争が始まった。

鄧小平の勝利を決定づけたのは腹心の胡耀邦《こようほう》（当時、党中央組織部長）とともに仕掛けた「真理の基準」論争であった。「実践こそ真理を検証する唯一の基準」「事実を通して正しきを求める（実事求是）」という鄧小平らの主張は、毛沢東思想にその根拠を置いていたが、狙いは毛沢東の無謬性《むびゆう》、絶対性を崩すことにあった（瀋宝祥《しんほうしよう》著『真理基準問題の討論始末』中国青年出版社、九八年など）。

「文革は重大な誤りだったのではないか」と考える国民や多くの党員に支持を広げたこの論争によって、鄧小平派は七八年十二月の十一期三中総会で、天安門事件の評価を「反革命事件」から「革命事件」へと逆転させることに成功する。事実上、毛沢東の誤りを認めたことで、華国鋒派は敗北したのだった。

毛沢東の遺体はいまも北京・天安門広場に面した「毛主席記念堂」に安置されている

八一年六月二十七日に開幕した六中総会で華国鋒は党主席を辞任、胡耀邦が後任に就いた。すでに失った国務院総理の座には、やはり鄧小平の腹心の趙紫陽《ちょうしよう》が座っており、党中央軍事委主席となった鄧が党、政、軍を実質的に支配することになった。

「総じていえば、毛沢東同志の評価問題を核心とする決議はよい決議である。過去のいくつかの問題の責任は集団で担《にな》うべきだが、当然、毛沢東同志は主要な責任を負うべきだ」

六中総会の会場に強い四川《しせん》なまりの鄧小平の声が響く。鄧小平が言う決議とは「建国以来の党の若干の歴史問題に関する決議（関於建国以来党的若干歴史問題的決議）」である。

「一九六六年五月から七六年十月に至る『文化大革命』によって、党と国家と人民は建国以来最大の挫《ざ》折《せつ》と損失をこうむった。この文革は毛沢東同志が起こし、指導した「文革は指導者が誤って引き起こし、反革命集団に利用されて、党と国家と各民族人民に大きな厄災《やくさい》をもたらした内乱である」

「毛沢東同志はしだいにおごりたかぶり、実際から離れ、大衆から浮き上がり、日増しに主観主義と独断専行の作風をつのらせ、党中央の上に身を置くようになった」

華字三万五千字、八項目からなるこの「歴史決議」の第五項「文化大革命の十年」で、文革を発動した毛沢東の誤りが初めて公式文書によって公然と指摘された。しかし、同時に第七項「毛沢東同志の歴史的位置と毛沢東思想」は次のように言う。

「毛沢東同志は偉大なマルクス主義者であり、偉大なプロレタリア革命家、戦略家、理論家である。彼は十年にわたる『文化大革命』で重大な誤りをなしたとはいえ、その全生涯からみると、中国革命に対する功績は誤りをはるかにしのいでいる。彼にあっては、功績が第一義的で、誤りは第二義的である」

歴史決議が採択された二日後の八一年七月一日、中国共産党は結党六十周年を迎えた。毛沢東の全面否定はその中国共産党の威信を大きく失墜《しっつい》させ、独裁支配の正当性を根底から揺るがしかねない。だから、中国共産党はいまも「毛沢東の権威」への依存を続けてはいるが、すでに「神」としてのそれではない。中国はこの「建国以来の党の若干の歴史問題に関する決議」によって公式に「毛沢東の時代」と決別する道を歩み始めた。だが、長く、曲折に満ちたこの道の真の終着点にはまだ到達していない。

年表

1893年12月26日　毛沢東、湖南省湘潭県韶山冲に生まれる
1921年7月　中国共産党、上海で結成
1949年10月1日　中華人民共和国成立
1956年2月　フルシチョフ、ソ連共産党第二〇回党大会でスターリン批判
4月　毛沢東、「百花斉放、百家争鳴」を唱える
9月　第八回党大会。劉少奇が政治報告。鄧小平が個人崇拝削除の党規約を起草
10月　ハンガリー暴動
1957年2月　毛沢東が「人民内部の矛盾を正しく処理する問題について」を演説
6月　「反右派党争」が始まる
1958年5月　第八回党大会第二回会議、「社会主義建設の総路線」を提起。大躍進運動開始
7月　フルシチョフ訪中。毛沢東、ソ連提起の中ソ共同艦隊案を拒否
8月　党中央政治局拡大会議、人民公社設立、鉄鋼大増産などを決議
1959年4月　第二期全人代第一回会議、劉少奇を国家主席に選出
6月　彭徳懐がソ連・東欧歴訪でフルシチョフらと会談した後、帰国
7月　廬山会議。大躍進政策を批判した彭徳懐らを解任
9月　林彪、国防相に就任
同月　フルシチョフ訪中、中ソ関係悪化へ

秋 深刻な食糧難発生。「大躍進」の失敗明らかに
1960年4月 中ソ論争が表面化
7月 ソ連が専門家を本国召還
9月 林彪が「四つの第一」提唱、軍内で毛沢東思想学習の運動展開
1961年1月 第八期九中総会、劉少奇、鄧小平が経済調整政策に着手
1962年1月 中央拡大工作会議（七千人大会）、毛沢東らが自己批判
9月 第八期十中総会、毛沢東が「継続革命論」を強調
1963年5月 杭州会議、農村社会主義教育運動（四清運動）の「前十条」を公布
9月 「後十条」を公布
1964年5月 毛沢東、党中央工作会議で「国防三線建設」を提起
8月 トンキン湾事件発生
10月 初の原爆実験に成功
11月 周恩来と賀竜が訪ソ
12月 毛沢東が「党内の修正主義」に警告
1965年1月 党中央、「二十三条」を発表
2月 米軍、北爆開始
5月 羅瑞卿、反米統一戦線を主張
9月 林彪が「人民戦争勝利万歳」を発表

11月　上海・文匯報に「新編歴史劇『海瑞罷官』を評す」掲載
1966年2月　党中央、彭真案の「二月テーゼ」を公布
1966年5月　毛沢東が林彪あての書簡で「5・7指示」
同月　党中央政治局拡大会議、「5・16通知」を採択
同月　中央文革指導小組成立
6月　初の大字報が登場し、北京市党委と大学当局を攻撃
同月　党中央と北京市党委が彭真解任を発表
8月　第八期十一中総会、「プロレタリア文化大革命に関する決定」を採択
同月　毛沢東が大字報「司令部を砲撃せよ」
同月　毛沢東、林彪らが天安門の「百万人大会」で紅衛兵接見
12月　劉少奇、鄧小平打倒の大字報登場
1967年1月　上海造反派、「奪権闘争」で市党委打倒大会を開く
同月　毛沢東、劉少奇と最後の対話
2月　上海コミューン成立
同月　軍長老が文革を非難（二月逆流）
4月　毛沢東が「上海コミューン」の名称を「革命委員会」とするよう指示
同月　全土で革命委員会樹立の動き
7月　「武漢事件」発生

同月　毛沢東が南方視察で「革命的大連合」を呼びかけ
8月　劉少奇、鄧小平、陶鋳に対する「百万人糾弾集会」
同月　王力、関鋒を隔離審査
9月　毛沢東が「武闘禁止」を指示。軍からの掠奪禁止命令
1968年3月　楊・余・傅事件
6月　広西チワン族自治区で大規模武闘、ベトナム支援物資も掠奪
7月　首都労働者毛沢東思想宣伝隊、清華大に進駐。他大学に拡大
同月　毛沢東が紅衛兵に下放を指示
8月　ソ連、チェコ侵入
10月　人民日報は「5・7幹部学校」を報道。党、軍幹部の再教育運動が始まる
同月　第八期十二中総会、劉少奇の党永久除名を決議
1969年3月　中ソ国境で両軍が武力衝突（珍宝島事件）
4月　第九回党大会、党規約で林彪を毛沢東の後継者と明記
6月　新疆で中ソ両軍が武力衝突
9月　北京で周恩来、コスイギン会談
10月　中ソ国境問題協議
11月　劉少奇、監禁先の河南省で死去
1970年3月　中央工作会議、毛沢東の国家主席不設置案を承認

5月　毛沢東が全世界の反米闘争支持の声明
8月　第九期二中総会、国家主席問題で林彪派と江青派が対立
同月　毛沢東が「私の意見」で林彪派の陳伯達を批判
10月　毛沢東、国慶節行事でエドガー・スノーと接見
1970年12月　米中秘密交渉で中国側がニクソン招請の意向伝える
1971年3月　林立果、クーデター計画「五七一行程紀要」を作成
4月　米中両国によるピンポン外交
7月　キッシンジャーが秘密訪中、ニクソン訪中計画を発表
8～9月　毛沢東、南方視察中に林彪批判
同月　林彪ら逃亡途中でモンゴルで墜死
10月　林彪派の軍事委弁事組を廃止。葉剣英が軍事委弁公会議を統括
同月　国連総会、中国の国連代表権復活を決定
11月　毛沢東、二月逆流で批判された軍長老らを名誉復活
12月　「批林整風」運動開始
1972年1月　陳毅死去。追悼会に毛沢東が出席
2月　ニクソン訪中。共同声明発表
4月　文革失脚者の名誉回復が相次ぐ
9月　田中訪中、共同声明調印

1973年1月　人民日報などが批林整風の重点は「極右批判」と主張
3月　鄧小平が国務院副総理として復活
7月　毛沢東が外交部批判
8月　党中央が「林彪反党集団の罪状審査報告」を批准
同月　第十回党大会。周恩来が政治報告
同月　第十期一中総会、王洪文を党副主席に選出。江青ら「四人組」を結成
12月　毛沢東が鄧小平の政治局員、総参謀長などの就任を提案
1974年1月　江青らが「批林批孔」運動を開始
4月　鄧小平、国連で毛沢東が唱える「三つの世界論」を演説
6月　江青が周恩来を「党内の大儒」と批判
7月　毛沢東が政治局会議で四人組のセクト行動を批判
10月　政治局会議で四人組が鄧小平を攻撃。毛沢東は江青の野心を批判
11月　李一哲、大字報「社会主義と民主と法制」を発表
12月　毛沢東が長沙で周恩来と後継問題を討議
1975年1月　第十期二中総会で鄧小平が党副主席、党中央軍事委副主席、総参謀長に就任
4月　蔣介石死去
5月　毛沢東が政治局会議で四人組の分派活動を批判
6月　党中央軍事委拡大会議、葉剣英、鄧小平が「軍隊の整頓」を提唱

7月　党中央、党の思想上、組織上の整頓を提起
8月　毛沢東が「水滸伝批判」。この論評に基づいて江青が周恩来、鄧小平を批判
9月　「農業は大寨に学ぶ」の全国会議
同月　毛遠新が鄧小平を攻撃
11月　「右からの巻き返し風潮に反撃する運動」の開始。鄧小平批判が激化
1976年1月　周恩来死去。追悼大会で鄧小平が追悼の辞
1976年1月　毛沢東、華国鋒の国務院総理代行と党中央の日常業務統括を決定
4月　天安門事件（第一次）
同月　鄧小平失脚。華国鋒、第一副主席兼国務院総理に就任
7月　朱徳死去
同月　唐山大地震
9月　毛沢東死去
10月　四人組逮捕
同月　華国鋒、党主席、中央軍事委主席に就任
1977年2月　三紙共同社説、「二つのすべて」を主張
4月　鄧小平が「二つのすべて」を批判
同月　「工業は大慶に学ぶ」の全国会議
5月　華国鋒が「プロレタリア独裁下で継続革命を推し進めよう」と唱える

7月　第十期三中総会、鄧小平の全職務復帰。四人組の党籍剥奪
8月　第十一期一中総会、党主席に華国鋒、副主席に鄧小平、李先念らを選出
同月　華国鋒が第十一期十一全大会で文革終結を宣言
1978年2月　全人代、華国鋒が政府活動報告
5月　「実践は真理を検証する唯一の基準」の論争開始
11月　「新編歴史劇『海瑞罷官』を評す」を評す」
12月　第十一期三中総会、「二つのすべて」を批判。現代化へと路線変更
陳雲が党副主席となり、彭徳懐、陶鋳らの名誉回復
1979年1月　米中国交樹立
同月　鄧小平が「四つの堅持」を主張
6月　全人代、革命委員会の廃止と人民政府復活を決定
1980年2月　第十一期五中総会で劉少奇の名誉回復
8月　華国鋒が「毛主席は文革期に大きな過ち」と発言
同月　鄧小平が「毛沢東は功績第一、誤り第二」と発言
同月　全人代第三回会議、華国鋒が総理辞任。後継に趙紫陽を選出
11月　林彪、四人組裁判
1981年1月　林彪、四人組裁判で判決
6月　第十一期六中総会、「建国以来の党の若干の歴史問題に関する決議」を採択

1982年9月　華国鋒、副主席に降格。胡耀邦、党主席に就任
1983年1月　第十二回党大会。党の主席制度を廃止。胡耀邦、党総書記に就任
1989年4月　江青、張春橋を無期懲役に減刑
　　　6月　胡耀邦死去。学生デモが激化
　　　同月　天安門事件（第二次）
1993年3月　第十三期四中総会、趙紫陽失脚。江沢民総書記就任
1997年2月　江沢民国家主席就任
2002年11月　鄧小平死去
2003年3月　胡錦濤総書記就任
2012年11月　胡錦濤国家主席就任
2013年3月　習近平総書記就任
2014年9月　習近平国家主席就任
2020年6月　香港で大規模デモ「雨傘運動」起こる
「香港国家安全維持法」を施行

あとがきにかえて

何が語られ　何が語られていないか（産経新聞・平成十一年九月二十五日掲載）

半年前のことし三月二十二日から掲載を始めた『毛沢東秘録』が百二十四回をもって終えた。連載開始にあたって、全体を六部構成とし、各回平均二十回とする構想は、ほぼ予定通りに進んだ。執筆記者が長谷川周人、阪本佳代の二人、担当デスクが私、資料整理の助手が一人の四人チームがこの長期連載の完結にこぎつくことができたのは、読者から多数寄せられた励ましによるところが大きい。「毎日楽しみにしている」という一枚のはがき、一本の電話がどんなに私たちを勇気づけてくれたかわからない。ここで改めて感謝を申しあげたい。

ことし十月一日、中華人民共和国は建国五十周年を迎える。この近くて遠い隣人の波乱と激動に満ちた歩みを、私たちはどれほど知っているだろうか。私自身について言えば、ごくごく概略的な知識しか持ち合わせてはいない。学生時代が「プロレタリア文化大革命」の高揚期の最後のころにあたり、紅衛兵《こうえいへい》のスローガン「造反有理《ぞうはんゆうり》」にはなじみ深い世代である。

毛沢東の後継者といわれ、文革の先頭に立っていた林彪《りんぴょう》の失脚と墜死《ついし》、米帝国主義の親玉ニクソンの訪中――は学生の私にも驚きであったが、それではいったい文化大革命とは何だったのかという疑問は疑問のまま放置してきた。長谷川や阪本は私よりさらに世代が若い。二人とも中国に留学して暮らした経験があるとはいえ、文革は彼らにとっても遠い。その文化大革命の時代を中心に最近の中国では歴史回顧ものの出版が盛んだという。これまで厚いベールに包まれて明らかになっていなかった内幕が描かれているものもあるという。いったい、何が明らかにされ、語られているか？

この疑問と興味が連載のきっかけであった。

長谷川が北京《ぺきん》中の主だった書店を駆けずり回って大量の文献をかき集めてきた。伝記、ノンフィクション、回想記、分析・解説ものとあらゆる種類の文献が二百五十冊ほど収集できた。一次資料もあれば、それを引用した二次資料もある。出典を明記したものや出典不明の記述が混在している。しかし、内容はそれぞれ実におもしろい。

中国研究者や専門家にしてみれば、あるいはすでに周知のことも多いに違いないが、私たちには新鮮な驚きがあった。それは読者にとっても同じではないか、と考えた。江青《こうせい》研究の第一人者である帝塚山大学の伊原吉之助《いはらきちのすけ》教授から、「研究者といえども、次々に出る書物や文献にすべて目を通すことなどできない。それらを渉猟《しょうりょう》し、どの本に何が書かれているかを総覧したうえでまとめる作業は価値がある」という指摘も連載開始の大きな後押しとなった。

種々雑多な文献の記述から、さて何をどう書くか——。それぞれの文献は、扱っている時代も人も事物もばらばらだ。しかし、それらはいずれも、直接的にしろ間接的にしろ、「毛沢東」と結び付かないものはない。善きにつけあしきにつけ、毛沢東を抜きに現代中国を語り、描くことはできない。私たちは、毛沢東を中心軸に据えて連載を構成する手法を選択した。連載のタイトルを『毛沢東秘録』としたのはそのためである。

中国共産党独裁下の中国にあって、出版や表現にはおのずと制約がある。とりわけ歴史問題はそのときの最高権力者や政権によって評価が変わることもある微妙な政治的問題である。たとえば、連載で中心的なテーマになった文化大革命の評価についての現在の中国共産党の公式見解は、連載の最終回で取り上げた「建国以来の党の若干の歴史問題に関する決議」（一九八一年）を踏襲している。

それによると、毛沢東が発動した文化大革命は「誤り」として全面否定され、江青たち「四人組」や林彪派は「最高権力奪取を図った反革命集団」と規定された。私たちが収集した文献もまず例外なくこの「歴史決議」の枠を超えることはない。

もちろん私たちが連載を書くにあたって中国共産党の文革評価をそのまま受け入れる必要もない。もとより、この連載で毛沢東や文革を評価しようというようなつもりもなかった。むしろ、そうした歴史評価を抜きに、「何があったのか」を大量の文献の中から拾いだし、再構成することにのみ腐心した。

しかし、いまの中国では「何があったのか」をすべて自由に書くわけにはいかない。「歴史決議」の評価と矛盾すると考えられる「事実」が私たちの目に触れることは難しい。そうした「事実（要素、材料）」の量的な制約はおのずからある。「ここがもう少し詳しく知りたい」と思っても、それ以上は書けない、あるいは書かない事情が中国側の編著者にはあるに違いない。

それでも、文献をあさっていると、意外なものにぶつかることが少なくなかった。それらは連載の中に随時取り込んだが、その一例を挙げる。

林彪事件に関する中国共産党の公式見解では、林彪は最高権力奪取の野望を毛沢東に見抜かれ、批判されて追い詰められ、毛暗殺とクーデターを図るが失敗して外国逃亡を試みて墜死したという。林彪失脚の背景に米中接近をめぐる党内の路線闘争がからんでいたとの見方が根強いが、それを裏付けるものがなかった。

ところが、中国共産党機関紙「紅旗《こうき》」編集部内のグループが外交資料などをもとにまとめた文献には、ニクソンとの会談で毛沢東自身が「われわれの国にもあなたたちとの関係に反対する反動分子がいたが、彼らは飛行機で国外に逃げました。その後、飛行機はモンゴルのウンドゥルハンの砂漠に墜落したのです」と語ったとあった。毛沢東・周恩来《しゅうおんらい》と林彪との米中接近をめぐる党内路線闘争の存在をうかがわせる貴重な記述であった。

連載で取り上げる文献として、私たちは原則として中国人の編著者によって中国で出されたものにこだわった。それは、この連載を通じて、次のようなことを浮かび上がらせたいと考えたからであった。

二十世紀末の現時点で、中国では、どこまで語ることが許されるようになったか？　何が依然語られていないか？　あるいは、何がこれでもかこれでもかと語られているか？

それらが読者に少しでも感じ取っていただけたのなら、それだけでもこの連載を書き続けた意義があったのではないか、と思っている。

長い間、ご愛読ありがとうございました。

名雪雅夫

解説――毛沢東と習近平の「永続革命」なおも

この『毛沢東秘録』をいま、改めて読むことの意義を、上巻のまえがきで、「二十一世紀の毛沢東になりたい男『習近平』」と書いた。権力集中を急ぐ習近平の心のうちを読み解くカギは、毛沢東の生きざまにある、と考えてのことだ。

第一部は文化大革命で権威を振りかざし、全土を大混乱に陥れた「四人組」の逮捕をめぐる緊迫する場面「江青、あなたを隔離審査する」から始まった。毛沢東の死が契機だ。江青は毛沢東の妻。権力欲に憑りつかれていた。

毛沢東が九月九日の「重陽節」の日に死去した一九七六年から、二〇二一年で四十五年が経過する。一九七六年は一月八日に国務院総理（首相）だった周恩来が七十七歳で死去し、七月六日には軍に強い影響力をもった朱徳も八十九歳で死去している。

相次ぐ訃報の中で、七月二十八日には河北省唐山を震源とする巨大地震が起き、中国当局の発表で約二十四万人、米国地質研究所（ＵＳＧＳ）の推計では約六十六万人が犠牲になったという。不吉な事態の連続に中国の大衆は激しく動揺した。

そこで死去したのが毛沢東であり、「毛沢東秘録」で描かれた「四人組逮捕」という歴史的な瞬間の連続だった。四十五年前の中国は、まさに驚天動地の一年であった。共産党にとってこの一九七六年の記憶は、消し去りがたい恐怖感がある。

二〇一二年十一月から共産党トップの総書記を務め、共産党の人民解放軍も完全に掌握した上、二〇一三年三月に政府トップの国家主席を兼務してきた習近平は、一九七六年に限らず、共産党の負の歴史の轍を踏まぬよう、先回りしてきた。

例えば第三部で描かれた「百家争鳴・百花斉放」だ。共産党による新中国の支配に自信を持ち始めた毛沢東が一九五六年、「たとえ共産党への厳しい批判が含まれようとも、人民からのありとあらゆる主張の発露を歓迎する」とした。

しかし、知識分子たちを中心に強烈な共産党批判、毛沢東批判が飛び出して毛沢東は激怒したという。非難を野放しにすると、自らの地位も追われかねぬと危惧した毛沢東が選んだのが急進路線と言論弾圧、永続革命だった。

国家の最高権力者が鄧小平（一九〇四～九七年）から江沢民（一九二六年生まれ）、胡錦濤（一九四二年生まれ）へと続いた時代、経済再興が最優先され、十三億の人民は「向銭看」に走った。政治よりカネ・カネ・カネの時代に変わった。

中国語で「前を向け！」との号令、「向前看」とまったく同じ発音の「向銭看」は、いまも人民の根底に流れるが、習近平の時代になって大きな矛盾がいくつも噴出した。毛沢東時代に起きた事件との類似性を考察してみると、興味深い。

テレビはもちろん、ラジオも電話もほとんど普及していなかった毛沢東のこの時期に比べ、二十一世紀の中国では、何億人もの人民がインターネットにアクセスし、携帯電話で画像を含む情報や意見の発信ツールを持つにいたった。

二〇〇八年に上海支局長として中国に赴任した筆者は当初、広大なこの国の各地で頻繁に起きる政府機関や工場建設に反対する抗議デモ、テロ行為、政府への政策に批判的な声などをネット上で集めることに力を注いでいた。

アフリカ北部のチュニジアを発端に広がった民主化要求デモ「ジャスミン革命」が中国にも影響を及ぼした二〇一一年、二月から三月にかけ各地で民主化要求を掲げる若者らの集会呼びかけがソーシャルメディア経由で広がった。

上海市内の人民広場前で呼びかけられた集会もそうだ。大学生ら多数の若者が、呼びかけに応じて週末の買い物のような風情で路上に集まってきたが、公安当局にあっという間に拘束されていった現場を取材し、憤った。

カネもうけに目を奪われた人民の一方で、若者の間に政治や共産党に対する不信や不満が鬱積していたことは明らかだった。二〇一二年に総書記に就任した習近平は、ネット規制や監視カメラ、ビッグデータで弾圧する道を選ぶ。

いわば毛沢東を悩ませた「百家争鳴・百花斉放」が、ネット時代に携帯電話、そしてスマートフォンという武器の登場で首をもたげ始めたのだ。携帯電話もソーシャルメディアへの投稿もその後、実名登録制となって、監視対象になった。路上など全土で数十億ともいわれる監視カメラで人民の行動を監視し、航空機はもちろん鉄道の乗車も実名登録が必要になった。スマホによる代金支払いから経済行動もほぼすべて監視される。ネット上から言論空間が消されたのだ。

第五部に描かれた一九七二年のニクソン米大統領の訪中と毛沢東の会談をみてもわかるが、対外的に最重要な問題は「米国」であり、国内向けで最重要のテーマは「台湾」でもあった。このことは習近平時代にあっても全く変わりがない。

二〇二〇年十一月に投開票された米国大統領選挙は混乱を極めた。共和党のトランプ大統領が民主党のバイデン前副大統領に少差で敗れる展開となったが、トランプ氏は民主党陣営に「不正があった」と訴え続けている。

事の真相はこの原稿を書いている時点ではなお不明で、安易な判断は避けねばならないが、選挙に干渉したかどうかは別として、中国共産党が米国の行く末や米中関係に外交において最大の関心を持っていることは事実だ。

一方でバイデン前副大統領の次男、ハンター（一九七〇年生まれ）が父親の権威を笠に着て行ったとされる中国ビジネスをめぐり、米国の司法当局が捜査を行っていることが明らかになった。政治とカネは結びつきやすい。

二〇一六年に誕生したトランプ政権の時代に、貿易摩擦を契機に、ウイグルや内モンゴルなどの人権問題や香港の民主派弾圧問題、台湾海峡の軍事緊張など、米中関係は一九七九年の国交樹立以来、最大の危機を迎えた。

トランプ大統領はこの間、中国共産党と対峙する最前線の「台湾」を重視した。「台湾関係法」を根拠に四年間で六回にわたり、台湾に武器供与を決めた。過去四十年間で十一回の武器供与のうち、過半数がトランプ政権下だ。

対米関係を急速に悪化させた習近平政権の重大な使命は、トランプ再選の阻止と次期政権との関係強化、そして台湾問題で解決の糸口をつかむことだったことは、だれの目にも明らか。ハンター氏はその氷山の一角といえる。

一九七二年二月に国交なき中国を訪れた当時のニクソン大統領は、二十一日に毛沢東と会談している。第五部の記述によれば、毛沢東はまっさきに台湾問題についてニクソンや同席したキッシンジャー大統領補佐官にくぎを刺した。

台湾は中国の領土の一部である、との主張は、習近平政権において「核心的利益」と表現された。習近平も自らを共産党の「核心」と呼ばせ、絶対に譲れない聖域として強く訴える共産党のキーワードになったようだ。

時代はさかのぼるが、太平洋戦争が一九四五年八月に終結した後、中国大陸で再び勃発した国共内戦で、蔣介石（一八八七～一九七五年）率いる中国国民党の軍を一九四九年に圧倒したのは、毛沢東が率いる中国共産党の軍だった。

一九三七年に起きた日中戦争を最前線で戦い、同時に共産党軍を追い詰めていたのは国民党軍。共産党軍は内陸部に退走し、ひたすら国民党軍の疲弊と逆転のチャンスを待っていた。

歴史はなぜか、毛沢東に味方した。

蔣介石とその一族、国民党の幹部や家族、軍の関係者ら二百万をこえる人々が逃げ込んだのが台湾だ。共産党の勝利というよりは、国民党の自滅といったほうが正しい歴史だと考えているが、とにもかくにも毛沢東が勝った。

一九四九年十月一日。北京の天安門広場前の檀上で、毛沢東は故郷の湖南省なまりの北京語で叫んだ。「中華人民共和国！　成立了！」。このとき毛沢東は五十五歳。「中華民国」ごと台湾に逃げた蔣介石は六十一歳だった。

この時代の革命歌の一つに、いまも集会で歌われる「没有共産党、就没有新中国」がある。「共産党なかりせば、新中国などできなかった」という題名だ。「毛沢東秘録」ではスポットを当てられなかった時代も興味深い。

台湾に逃れ、台湾の住民を恐怖政治で弾圧した「中華民国」の国民党と、「中華人民共和国」の共産党はときに、「双子の政党」と呼ばれる。東西両陣営に分かれたとはいえ弾圧の手法における残忍さで中国人の本質は変わらない。

日清戦争の結果、台湾を割譲された日本が一八九五年から一九四五年まで統治した台湾の地は、地政学的に見ても重要な拠点であったが、台湾生まれの住民には大陸の中国人とは決定的に異なる誠実さがあった。

二〇二〇年七月三十日に九十七歳で逝去した元総統の李登輝のように、日本統治時代の教育を高く評価する台湾人も少なくないが、漢民族の流れをくむとはいえ、九州沖縄に連なる島国にあって、風土が日本に近かった。

台湾とはなにか、台湾人とはどのような人なのか、中国と何が異なるのか。筆者は幸運にも、「毛沢東秘録」に準じた長期連載「李登輝秘録」を二〇一九年四月から二〇二〇年二月まで産経新聞紙面に掲載する機会を得た。

上海に赴任する以前、二〇〇二年九月から二〇〇六年二月まで、台北支局長として台湾報道を手掛けた筆者は、二〇〇〇年五月に総統を退任した李登輝に何度も直接取材するチャンスに恵まれた。この人物の「秘録」を残したかった。

独裁政権として戦後の台湾を弾圧した国民党政権において、数々の偶然から総統に上り詰めた台湾生まれで戦前の日本教育を受けた李登輝は、国民党の内部から変革を起こして民主化する「静かなる革命」を選び、成し遂げた。

いまなお中華思想の呪縛の中にあって、独裁的な強権国家を続け、覇権を狙う中国の習近平政権と、台湾を選挙区とする有権者による直接投票で選ばれた正統性のある総統が統治し始めた「台湾」とは完全に異なる存在だ。

李登輝が一九九〇年代後半、政治学者から政治家に転身させて育てた蔡英文が二〇一六年から総統を務め、二〇二〇年一月に再選された。共産党と双子の国民党を下野させた政権党の民主進歩党は、共産党とは赤の他人だ。

その台湾を習近平政権が、共産党がいまも「核心的利益」として固執し、米国との対峙も辞さない姿勢を見せるのはなぜか。「李登輝秘録」も二〇二〇年七月に産経新聞出版から書籍化された。ご一読いただければ幸いだ。

台湾の総統が、台湾の有権者による直接選挙で選ばれたことに正統性があると先に書いた。であるならば共産党のトップはだれが選び、中国の国家元首にだれがふさわしいのか。どのように選出されたのか。ことは重大だ。

この「毛沢東秘録」の全編を通じて描かれた権力闘争が共産党における最重要のポスト獲得手段であった。ただ、一九四九年の新中国成立以後、最高指導者の世代交代において、習近平が唯一、異なるプロセスを経ている。

一九七六年に死去するまで最高権力を握り続けた毛沢東も、その後、紆余曲折はあったものの一九九七年に死去するまで最高指導者とみなされた鄧小平も、中華人民共和国を成立させた「革命第一世代」と呼ばれる国家と共産党の立役者だった。

革命第一世代でも権力闘争に敗れ、不遇の死を遂げた人物は数えきれないが、そこで共産党内部での権力闘争に勝ち残ったことも相まって、毛沢東も鄧小平も、いわば国父のような位置づけとしての正統性を持ち続けていたといっていい。

さらに鄧小平は、毛沢東時代のような独裁政権の再来を強く懸念し、最高指導部による集団指導体制の確立と、二期十年までという指導者の任期や六十七歳を基準とする定年制などによる新陳代謝のしくみを残して、この世を去っている。

総書記兼国家主席になった江沢民、胡錦濤は通常、鄧小平が生前、後継者として直接指名していたことで、最高指導者の座にすわる正統性があったと考えられている。集団指導体制も定年も守った。だが習近平のみは、さまざまな点で異なった。

父親が毛沢東の時代の元帥の一人、習仲勲（一九一三～二〇〇二年）で、共産党幹部を親にもつ「紅二代」「太子党」であるとの毛並みの良さはある。ただ、同じ境遇の人物は共産党でも何千人とひしめいており、権力掌握で決定打にはならない。

まして、共産党の中にも高い教育と訓練を受けたエリート組織、共産主義青年団（共青団）出身者が何万人もおり、胡錦濤や現在の首相、李克強らを輩出している。親の七光りの集団とは異なる組織で、まだしも国際的。話し合いの余地があった。

一方で、習近平がいかに権力闘争を勝ち抜き、最高権力を勝ち得たのかを記述する紙幅はここにはないが、強調したいのは、「中華人民共和国」を成立させた革命第一世代とそのお墨付きによる正統性は胡錦濤までだった、ということだ。

いかに権力集中を進め、人口十四億人を超えた巨大な中国を統一して、永遠に寝首をかかれずに死ぬまで最高指導者であり続けるか。習近平は二十一世紀の毛沢東を目指す以外に生涯の権力闘争に勝ち残る手立てはないと考えた。

二〇二一年は中国にとって重大な年になる。米国次期政権との米中関係をどう再構築して有利に導くか、米国の台湾政策をどのように変えさせるか。そこで変数となる日本との外交をどう進めるか、といった対外交策が大きなカギになる。

一方で国内的には、冒頭に書いたように毛沢東が死去した一九七六年という共産党にとって暗黒のような一年から四十五年となることを覆い隠すためにも、一九二一年からちょうど百年となる共産党創設記念日を七月に盛大に祝うだろう。

毛沢東同志の「偉業」を最大限、称えて、そこに習近平の姿を重ねていく戦術が目に浮かぶ。毛沢東が犯した大躍進や文化大革命などの人民弾圧と権力闘争の負の側面はおくびにも出さず、「中華民族の偉大な復興」を訴えるはずだ。

その最大の狙いは、二〇二二年秋に行われる五年に一度の共産党大会にある。二〇一二年十一月の党大会で総書記に就任した習近平は、鄧小平が定めた党の内規に従えば二期十年を迎える中で、本来なら退任せねばならない。

しかし、すでに二〇一八年三月の全国人民代表大会（全人代）における憲法改定で、国家主席の職は二期十年という規制を取り払ってしまった。政府トップの国家元首である国家主席に、法的に居座ることが可能になった。

次は政府よりも上位にある共産党のトップ、総書記の定年内規を変えさせて、二期十年を超えて三期目の総書記になる腹がある。権力を毛沢東のように生涯、持ち続けるという野望は、十四億人の人民と世界をも巻き込むはずだ。

しかし、革命第一世代のような誰もが認める実績のない習近平は、なおも隠然たる影響力をもつ江沢民など党長老の首を縦に振らせ、ライバルでもある共青団をギャフンといわせ、大衆層にも認められる「手柄」がいますぐ欲しい。

共産党創設百年、次期共産党大会の先に、習近平は二〇二五年、二〇三五年にいくつかの政治経済的な目標を打ち出したが、最終的には二〇四九年十月の中華人民共和国成立百周年までの野心を見据えている。
　この先の中国になにが起きるのか。手柄の欲しい習近平がなにを仕掛けるのか。新型コロナウイルス感染源だったにもかかわらず、問題を反省するどころか他国に責任転嫁した習近平の「永続革命」は二〇二一年、いよいよ佳境に入る。

二〇二一年一月十五日

産経新聞論説委員兼特別記者　河崎眞澄

主な参考文献（上・下巻）

＊『一九七六年の葉剣英』范碩著（中共中央党校出版社、第二版、九五年）【叶剑英在1976】＊『一九七八　中国命運の大転換』葉永烈著（広州出版社、九七年）【1978中国命运大转折】＊『特別別荘』曹英ら共著（改革出版社、九八年）【特别别墅】＊『選択』湯應武著（経済日報出版社、九八年）【抉择】＊『大転換の日々夜々』張湛彬著（中国経済出版社、九八年）【大转折的日日夜夜】＊『歴史の真実』呉旭君ら著（利文出版社、九五年）【歴史的真實】＊『江青伝』葉永烈著（時代文芸出版社、九三年）【江青传】＊『文化大革命十年史』厳家祺、高皋共著（潮流出版社、九〇年／『文化大革命十年史』岩波書店、九六年）＊『王洪文伝』葉永烈著（時代文芸出版社、九三年）【王洪文传】＊『中国の命運を決定した二十八日間』師東兵著（河南人民出版社、九三年）＊【決定中国命运的二八天　粉碎四人帮集团纪实】＊『華国鋒失脚から胡耀邦失脚まで』胡績偉著（明鏡出版社、九七年）【從華國鋒下台到胡耀邦下台】＊『紅壁紀事』李健編著（中国言実出版社、九六年）【红墙纪事】＊『再生中国』李艶編著（中共党史出版社、九八年）【再生中国】＊『紅壁内の瞬間』顧保孜著（解放軍文芸出版社、九七年）【红墙里的瞬间】＊『黒紅内幕』葉永烈著（作家出版社、九九年）【黑红内幕】＊『姚文元伝』葉永烈著（時代文芸出版社、九三年）【姚文元传】＊『獄中の張春橋』師東兵著（繁栄出版社、九七年）【張春橋在獄中】＊『山河を指す』李暁文ら著（中国工人出版社、九八年）【指点山河】＊『私は少奇の秘書だった』劉振徳著（中央文献出版社、九四年）【我为少奇当秘书】＊『劉少奇冤罪事件始末』黄峥著（中央文献出版社、九八年）【刘少奇冤案始末】＊『毛沢東を追想する』張耀祠著（中共中央党校出版社、九六年）【回忆毛泽东】＊『毛沢東と林彪』天華編著（内蒙古人民出版社、九八年）【毛泽东与林彪】＊『紅船交響曲』李健編著（中共党史出版社、九八年）【红船交响曲】＊『晩年毛沢東』陳明顕著（江西人民出版社、九八年）【晚年毛泽东】＊『私の体験した政治運動』蕭克、劉冰ら著（中央編譯出版社、九八年）【我亲历过的政治运动】＊『毛沢東の最後の十年』陳長江ら著（中共中央党校出版社、九八年）【毛泽东最后十年】＊『重要会議体験実録』李鋭ら編（中共中央党校出版社、九八年）【关键会议亲历实录】＊『天安門に登る』董保存著（中国青年出版社、九八年）【走上天安门】＊『劉少奇の最後の歳月』黄峥著（中央文献出版社、九六年）【刘少奇的最后岁月】＊『あの年代のわれわれ』者永平ら編（遠方出版社、九八年）【那个年代中的我们】＊『宝塔山から中南海』趙桂来著（中央文献出版社、九八年）【从宝塔上到中南海】＊『鄧小平と毛沢東』安建設編（中央文献出版社、九五年）【周恩来的最后岁月】＊『周恩来の最後の歳月』余世誠著（中共中央

党校出版社、九五年）【邓小平与毛泽东】＊『聚焦中南海』揚篠懐ら編、顧保孜ら著（中国青年出版社、九八年）【聚焦　中南海】＊『陳伯達伝』葉永烈著（人民日報出版社、九九年）【陈伯达传】＊『「文化大革命」中の陶鋳』権延赤著（中共中央党校出版社、九一年）【陶铸在〃文化大革命〃中】＊『中南海』樹軍編著（中共中央党校出版社、九八年）【中南海　历史档案】＊『劉少奇の受難始末』図們ら共著（中共党史出版社、九八年）【刘少奇蒙难始末】＊『廬山の真相』師東兵著（麦田出版、九二年）【卢山真面目】＊『毛沢東と彭徳懐』張樹徳著（北京出版社、九八年）【毛泽东与彭德怀】＊『廬山会議実録』李鋭著（春秋出版社、八九年）【卢山会议实录】＊『国防部長浮沈記』馬泰泉ら著（解放軍文芸出版社、九七年）【国防部长浮沉记】＊『毛沢東とフルチショフ』権延赤著（内蒙古人民出版社、九八年）【毛泽东与赫鲁晓夫】＊『釣魚台檔案』中国共産党機関紙「紅旗」編集部員編（紅旗出版社、九八年）【钓鱼台档案】＊『劉少奇と毛沢東』唐振南ら著（湖南人民出版社、九八年）【刘少奇与毛泽东】＊『「文化大革命」簡史』席宣、金春明著（中共党史出版社、九六年）【〃文化大革命〃简史】＊『新中国外交啓示録』孫津著（広東人民出版社、九八年）【新中国外交启示录】＊『「文革」前十年の中国』晋夫著（中共党史出版社、九八年）【「文革」前十年的中国】＊『人民大会堂見聞録』金聖基著（中共党史出版社、九八年）【人民大会堂见闻录】＊『中共早期指導者活動紀実』曹英著（改革出版社、九九年）【中共早期领导人活动纪录】＊『若干の重大決策と事件の回顧（改訂本）』薄一波著（人民出版社、九七年）【若干重大决策与事件的回顾】＊『共和国重大事件決策実録』邱石編（経済日報出版社、九八年）【共和国重大事情决策实录】＊『林彪の一生』少華ら著（湖北人民出版社、九四年）【林彪的这一生】＊『毛沢東と周恩来の合作生涯』孫琦編著（吉林人民出版社、九六年）【毛泽东与周恩来的合作生涯】＊『毛沢東の眼の中の米国』徐学初ら編著（中国文史出版社、九七年）【毛泽东眼中的美国】＊『微行――一九六七年の楊成武』権延赤著（広東旅遊出版社、九七年）【微行―杨成武在1967】＊『共和国領袖の重要珍聞』楊勝群ら編（中央文献出版社、九八年）【共和国领袖要事珍闻】＊『秘密専用機上の指導者たち』李克菲ら著（中共中央党校出版社、九七年）【秘密专机上的领袖们】＊『歴史転換期における鄧小平』薛慶超著（中原農民出版社、九六年）【历史转折关头的邓小平】＊『毛家湾紀実――林彪秘書回憶録』張雲生著（春秋出版社、八八年／邦訳『林彪秘書回想録』蒼蒼社、八九年）＊『汪東興の回想：毛沢東と林彪反革命集団の闘争』汪東興著（当代中国出版社、九七年）＊【汪东兴回忆―毛泽东与林彪反革命集团的斗争】＊『一九七二年の毛沢東・ニクソン』陳敦徳著（解放軍文芸出版社、九七年）【毛泽东・尼克松在１９７２】＊『林彪反革命集団壊滅紀実』熊華源ら編（中央文献出版社、九六年）【林彪反革命集团覆灭纪实】＊『乒乓（ピンポン）外交』銭江著（東方出版社、九七年）【乒乓外交】＊『周恩来年譜』中共中央文献研究室編（中央文献出版社、九七年）【周恩来年谱】＊『葉群の謎』焦燁編著（甘粛省文化出版社、九八年）【叶群之谜】＊『周恩来　外交風雲』楊明偉ら著（解放軍文芸出版社、九八年）【周恩来　外交风云】＊『世紀偉人　毛沢東』蔣建農ら編（紅旗出版社、九六年）【世纪伟人毛泽东】＊『毛沢東と陳毅』袁徳金著（北京出版社、九八年）【毛泽东与陈毅】＊『釣魚台国事風雲』李健編著（太白文芸出版社、九五年）【钓鱼台国事风云】＊『最高首脳部の知恵』張湛彬ら編（金城出版社、九八年）【党和国家高层智慧】＊『周恩来伝』中共中央文献研究室編（中央文献出版社、九八年）【周恩来传】＊『周恩来の最後の十年』張佐良著（上海人民出版社、九七年）【周恩来的最后十年】＊『張春橋伝』葉永烈著（時代文芸出版社、九三年）【张春桥传】＊『周恩来と毛沢東』馮治軍著（皇福図書、九八年）【周恩来与毛泽东】＊『歴史転換期の鄧小平』薛慶超著（中原農民出版社、九六年）＊『「文化大革命」中の周恩来』瀋丹英編（中共中央党校出版社、九七年）【周恩来在文化大革命中】＊『共和国重大政策出現の前後』邱石編（経済日報出版社、九八年）【共和国重大决策出台前后】＊『一九七六年以降の中国』湯應武著（経済日報出版社、九七年）【１９７６年以来的中国】＊『一九七六―一九八一年の中国』程中原ら著（中央文献出版社、九八年）【１９７６―１９８１年的中国】＊『中国文化大革命事典』（中国書店、九六年）＊『現代中国事典』（岩波書店、九九年）

の解放日報記者、上海市党委事務主管室主任などを歴任。75年党機関紙人民日報編集長。76年の天安門事件で、姚文元の指示を受けて周恩来追悼の大衆行動を「反革命動乱」と断罪する報道を行う。四人組逮捕後、党籍を剥奪されるが、のちに人民日報の編集業務に携わる。

魯迅（ろ・じん／1881－1936）　中国現代文学史における代表的作家。浙江省紹興市出身。本名は周樹人。清朝末期の1902年日本留学。９年に帰国後、全土に広がる辛亥革命の挫折感に失望。12年中華民国臨時政府成立後、教育部幹部として小説「狂人日記」を発表。その後の作品で時局批判を展開。毛沢東は「中国文化革命の主将であり、偉大な思想家、偉大な革命家だった」と評価し、文革中は神格化された。

録」を出版するなど毛沢東神格化を推進した。大躍進・人民公社化による急進的な社会主義建設の失敗で毛沢東が自己批判した62年の中央工作会議（七千人大会）では孤立する毛沢東を強く擁護した。65年毛沢東の戦略論に従って「人民戦争の勝利万歳」の論文を発表し、軍内の政治優先に反対する軍幹部らの追い落としを進める一方、66年2月には毛沢東の妻の江青を押し立てて部隊文芸工作座談会を開催し、文化大革命の露払いをした。5月に文革が発動されると、江青らとともに国民を熱狂に駆り立てた。軍長老に対する批判攻撃を強めるとともに、劉少奇ら「実権派」の失脚にも積極的に関与、69年の第9回党大会で党規約に、毛沢東の「後継者」と明記される。

しかし、毛沢東が文革収束に動き出すと、周恩来ら実務派が国家行政を掌握したため、国家主席の座を目指して毛沢東の不信を買う。さらに、周恩来が対米接近の実務を主導する中で林彪の孤立感は深まり、毛沢東からの林彪批判が強まった71年、モンゴルで、妻の葉群、息子の林立果らとともに墜死。党中央は、林彪らが毛沢東暗殺とクーデターを図ったが失敗して逃亡しようとしたと断罪した。

林立果（りん・りつか／1945－71）　林彪の長男。湖北省黄岡県出身。文革初期、北京大学から空軍に入隊。69年林彪の意志で空軍司令部弁公室副主任兼作戦副部長に昇進。70年秘密組織「連合艦隊」を結成したとされる。71年毛沢東暗殺計画といわれる「『五七一工程』紀要」を策定する。両親の林彪、葉群らと逃亡途中にモンゴルで墜死。

林立衡（りん・りつこう／1944－　）　林彪の娘。湖北省黄岡県出身。北京の清華大学から北京大学に編入。67年解放軍に入隊し、「空軍報」副編集長。結婚問題で林彪の妻、葉群と摩擦が生じたが、71年河北省北戴河で婚約式の最中、林彪の逃亡計画を知って警護当局に通報し、林彪事件の発覚につながったとされる。事件後、審査処分となったが、毛沢東が擁護した。

魯瑛（ろ・えい／1927－　）　山東省竜口市出身。渤海新聞記者、上海共産党入党。55年少将。67年の武漢事件後、武漢軍区政治委員。68年湖北省革命委副主任。71年毛沢東の武漢視察時、毛沢東の談話を林彪派に伝え、林彪派のクーデター計画を推進する引き金になったとされる。林彪事件後、隔離審査。

梁必業（りょう・ひつぎょう／1916－2002）　江西省吉安県出身。32年中国共産党入党。第４野戦軍38軍政治委員などを歴任。建国後、中南軍区政治部副主任、人民解放軍政治学院教育長などに就き、55年中将。文革初期、羅瑞卿とともに林彪に批判され、職務解任の後に監禁。文革後に名誉回復され、軍事科学院政治委員。87年党中央顧問委委員。

廖沫沙（りょう・まっさ／1907－90）　湖南省長沙市出身。30年中国共産党入党。41年香港紙「華商報」を創刊。建国後、北京市党委宣伝部副部長、統一戦線部長などを歴任。61年呉晗らと「馬南邨」のペンネームで故事を通じて現代を風刺する随筆「三家村札記」を執筆、毛沢東や江青に批判された。四人組逮捕後、北京市政協副主席、全国政協委員。

林彪（りん・ぴょう／1906－71）　軍人で「十元帥」の一人。政治家。毛沢東の個人崇拝を鼓舞し、神格化を進める。毛沢東の後継者となるが、のちに毛沢東からの批判が強まるなか、モンゴルで墜死した。湖北省黄岡県出身。25年黄埔軍官学校に入学、中国共産党入党。国民革命軍の小隊長として北伐に従軍。27年南昌蜂起に参加。28年井崗山の革命根拠地で毛沢東部隊に合流。32年紅第４軍軍長。長征では紅第１軍軍団長。抗日戦中、八路軍第115師長として活躍、名を馳せた。38年被弾して脊椎（せきつい）損傷、苦痛を和らげるためにモルヒネを使って以来、麻薬中毒になったといわれる。国共内戦期には第４野戦軍司令員。建国後、中南軍区司令員など歴任。55年元帥。56年党政治局員。58年党副主席兼政治局常務委員。

59年廬山会議で毛沢東の大躍進路線の失敗を指摘して失脚した彭徳懐の後任の国防部長（国防相）となる。人民解放軍で政治優先を唱えて毛沢東思想による教化に努め、64年には「毛沢東語

員。34年長征に参加し、毛沢東が党の指導権を握った遵義会議で毛沢東を支持。43年延安で党中央書記処書記兼党中央軍事委副主席。45年の第7回党大会の党規約改正報告で「毛沢東思想を党の活動指針」とし、党副主席となる。

49年の建国後、中央人民政府副主席、人民革命軍事委副主席。56年の第8回党大会の政治報告では穏健前進の社会主義建設を提唱したが、毛沢東が大躍進・人民公社化の急進路線を進めると、これを支持。59年、毛沢東に代わって国家主席、国防委主席に就く。大躍進路線の失敗が明らかになると、鄧小平らとともに経済調整政策を推進した。さらに、毛沢東が階級闘争の一環と考える社会主義運動の位置づけをめぐっても毛沢東と合わず、不信を買う。毛沢東は劉少奇・鄧小平によって党内に修正主義・実権派の「司令部」が形成されているとみなし、66年に発動したプロレタリア文化大革命で打倒の標的とした。同年8月の第8期11中総会で党内序列は2位から8位に転落、激しい批判攻撃にさらされ、監禁。68年に全職務を解任、党永久追放。69年10月、監禁状態のまま河南省開封に移送され、翌月、倉庫部屋で事実上の獄死を遂げる。80年名誉回復。

劉沛豊（りゅう・はいほう／？－1971） 67年以降林彪の長男、林立果の補佐役となり、毛沢東暗殺計画とされる「『五七一工程』紀要」の立案に加わり、71年9月林彪らと逃亡を図ってモンゴルで墜死。

劉伯承（りゅう・はくしょう／1902－86） 「十元帥」の一人。四川省開県出身。26年中国共産党入党。27年南昌蜂起の指揮に加わった後、ソ連のフルンゼ軍事学院に留学。32年紅軍第1方面軍参謀長、33年党中央軍事委総参謀長として長征の進軍を指揮。国共内戦期に第2野戦軍司令員（政治委員は鄧小平）。建国後、中央軍事委副主席など歴任。55年元帥。58年ソ連式の軍近代化路線を提唱して林彪の攻撃を受け、党政治局員を解任される。66年党中央軍事委副主席。69年政治局員。82年健康上の理由で職務を引退。

劉豊（りゅう・ほう／1915－93） 河南省澠（べん）県出身。34年中国部長。文革中、「二月逆流」で批判され、75年鄧小平の経済再建に貢献したが、四人組の攻撃に遭って政務から離れる。四人組逮捕後、鄧小平復活に尽力。77年華国鋒体制下で党副主席。鄧小平体制に移行した83年国家主席。

李徳生（り・とくせい／1916－2011）　河南省南県出身。32年中国共産党入党。長征参加後、解放軍第2野戦軍師団長など歴任。51年朝鮮戦争で人民志願軍師団長。55年少将。文革中、南京軍区副司令官などを兼務。71年北京軍区司令官。73年党副主席、瀋陽軍区司令員などを兼任。四人組と対立して75年党副主席など辞任。四人組逮捕後の80年名誉回復。国防大学政治委員、政治局員など歴任し、党中央顧問委員。88年上将。

李富春（り・ふしゅん／1900－75）　湖南省長沙市出身。19年フランスに苦学生として留学。22年中国共産党入党。34年長征参加。建国後、政務院財経委副主任、国家計画委副主任、国務院副総理など歴任。文革中は「二月逆流」で糾弾され、党中央委員の肩書きを残し、政治局常務委員などを解任。72年国務院副総理として復活。

劉志堅（りゅう・しけん／1912－2006）　湖南省平江県出身。32年中国共産党入党。長征に参加。紅軍第4面方面政治部宣伝部長、党中央軍事委情報部長などを歴任。文革中の66年中央文革指導小組副組長。全軍文化革命小組組長。だが、軍内の造反運動に歯止めをかけたと江青の批判を受け、職務解任された。74年名誉回復。軍政治学院院長、中央顧問委委員。

劉少奇（りゅう・しょうき／1898－1969）　国家主席として毛沢東の後継者とみなされるが、毛沢東に「資本主義の道を歩む実権派」と糾弾され、紅衛兵らの激しいつるし上げの末に監禁先でだれにも看取られず、死去した。妻は王光美。湖南省寧郷県出身。湖南陸軍講武堂で学ぶ。21年モスクワ東方共産主義労働者大学に入る。同年中国共産党入党。22年安源鉄道・鉱山労働者ストを指導。25年労働者組織の中華全国総工会副委員長。同年逮捕。26年釈放後、広州、武漢で労働運動を組織する。27年党中央委員。上海などの国民党支配区（白区）で地下活動にあたる。31年党政治局候補委

入党。建国後、国務院鉄道部副部長、北京大学学長などを歴任。65年北京大学の聶元梓ら造反派の活動を批判し、文革を破壊したとされ、職務解任。75年の復活後、第7機械工業部副部長。四人組失脚後に名誉回復され、全国政治協商会議常務委員、同会議秘書長。

李作鵬（り・さくほう／1914－2009） 江西省吉安県出身。32年中国共産党入党。第4野戦軍43軍軍長などを歴任。55年中将。62年海軍常務副司令員。67年海軍第1政治委員。69年党政治局員。71年林彪事件の首謀者の一人とされ失脚。81年懲役17年、政治権利剥奪5年の判決を受ける。

李志綏（り・しすい／1920－95） 北京市出身。45年四川省の華西協会大学医学院卒業後、47年オーストラリア聖ビンセント病院勤務。49年帰国後、中南海医師会幹事に任命され、54－76年毛沢東医師団のひとり。文革後の88年米国移住。94年毛沢東の日常生活を暴露する「毛沢東の私生活」を出版したが、事実をねつ造したとして他の毛医師団が95年に「『毛沢東の私生活』の真実」を出版した。

李瑞山（り・ずいさん／1920－97） 陝西省延長県出身。36年中国共産党入党。建国後、湖南省党委組織部長などを経て、69年陝西省革命委主任。71年陝西省党委第一書記。四人組失脚後、国家農業委副主任、全人代常務委員。

李雪峰（り・せつほう／1907－2003） 山西省永済県出身。33年中国共産党入党。党中原局組織部長などを経て、建国後、全人代常務委員、全人代常務委副委員長など歴任。66年に失脚した彭真の後任として北京市党委第1書記。73年林彪グループと結託したとされ、党籍剥奪。82年名誉回復後、党中央顧問委委員、全国政治協商会議常務委員。

李先念（り・せんねん／1909－92） 国務院財務部長として周恩来の右腕となった。湖北省黄安県出身。27年中国共産党入党。31年紅軍第4方面軍政治委員、35年長征参加。中原軍区司令官、党中原局副書記など歴任。建国後、湖北省党委書記、国務院副総理兼財務治局員。毛沢東の軍事思想、軍の政治工作をめぐり林彪と対立した。

羅瑞卿（ら・ずいけい／1906－78）　四川省南充県出身。28年中国共産党に入党。34年長征に参加。建国後、政務院公安部長、公安軍司令員兼政治委員、国務院副総理、人民解放軍総参謀長など歴任、公安、軍、軍事産業に大きな影響力を持った。林彪と対立し、文革前夜の65年末に上海で開かれた政治局常務委拡大会議で厳しく批判され、隔離審査に移される。66年北京で再び批判会議が開かれ、飛び降り自殺を図るが未遂に終わり、両足を骨折。彭真・陸定一・楊尚昆と共に「反党集団」とされ、職務解任。この後、長期間拘留され、足の傷が癒えないまま批判集会に連行され、暴力的つるし上げに遭う。73年復活。四人組逮捕後に完全な名誉回復がなされる。77年中央軍事委常務委員兼秘書長。

李偉信（り・いしん／不明）　林彪の息子の林立果が結成したとされる「連合艦隊」の主要メンバー。林彪逃亡後、ヘリで逃亡するが、北京郊外に不時着し、逮捕。81年懲役15年の判決。

李強（り・きょう／1905－96）　江蘇省常熟出身。25年中国共産党に入党。延安時代、毛沢東、朱徳の政治秘書を務める。28年最初の党無線放送局を設立。帰国後、郵電部電信総局長、無線電総局長。54年国務院対外貿易部副部長、60年外交部第２アジア局副局長などを歴任。73年党中央委員、81年まで対外貿易部長。82年中央顧問委員。

陸定一（りく・ていいつ／1906－96）　江蘇省無錫（むしゃく）市出身。25年中国共産党入党。28年から30年までソ連滞在。長征参加後、労農紅軍総政治部宣伝部長、「解放日報」総編集長などを歴任。建国後、党中央宣伝部長、国務院副総理、党中央委書記処書記。文革直前の「文化革命五人小組」のメンバーとなるが、文革発動後、呉晗の「海瑞罷官」への批判を押さえ込もうとしたとされ、失脚。四人組逮捕後の78年に名誉回復。のち党中央顧問委常務委員、全国政治協商会議副主席。

陸平（りく・へい／1914－2002）　吉林省長春市出身。33年中国共産党

同年11月「新編歴史劇『海瑞罷官』を評す」を発表、文化大革命の口火を切る。66年には「『三家村』を評す」で北京市党委に矛先を向ける。文革発動で創設された中央文化革命指導小組のメンバーとなり、上海で張春橋とともに上海市党委打倒の活動を行う。67年に上海市革命委員会が成立すると副主任。69年党政治局員。71年上海市党委第２書記。73年政治局に江青・張春橋・王洪文が揃い共闘関係ができあがり、のちに「四人組」と称される。批林批孔運動で周恩来を攻撃、75年には復活した鄧小平批判を展開。76年の第１次天安門事件で鄧小平ら党・政府・軍の実務派幹部を攻撃。毛沢東死去後の同年10月、逮捕。77年党除名。81年「林彪・江青反革命集団の主犯」として懲役20年、政治権利剥奪５年の判決を受ける。96年服役を終え釈放。

余秋里（よ・しゅうり／1914－99） 江西省吉安県出身。31年中国共産党に入党。長征に参加。建国後、党中央軍事委委員兼副秘書長、石油工業部部長などを歴任。65年国家計画委副主任、72年主任。文革期には造反派の批判闘争に遭いながらも周恩来の経済運営に協力。67年党政治局連絡会議で文革の誤りを強く批判。江青グループ失脚後、国務院副総理、国家エネルギー委主任、人民解放軍総政治部主任など歴任。政治局員を経て87年中央顧問委常務委員。

余立金（よ・りつきん／1913－79） 湖北省大冶県出身。30年中国共産党入党。長征に参加し、紅６軍師団政治委員などを歴任。建国後、南京軍区空軍司令員などに就き、55年上将。文革発動後、林彪グループの標的となり、「楊・余・傅事件」で失脚。73年名誉回復。空軍第２政治委員など歴任。

【ラ－ロ】

羅栄桓（ら・えいかん／1902－63） 湖南省衡山出身。26年中国共産党に入党。農民運動に参加し、毛沢東の労農紅軍第１軍１師に所属、長征に参加。50年総政治部主任。53年からの軍正規化で毛沢東の著作を学習し、ソ連軍を機械的に模倣しないよう主張。56年党政

に反するとして激しい批判を浴びる。文革では打倒対象となり、67－75年投獄され、さらに陝西省に下放された。80年名誉回復。

楊尚昆（よう・しょうこん／1907－98）　鄧小平に近い軍事、政治家。四川省潼南県出身。26年中国共産党に入党。27年モスクワ中山大学に留学。31年帰国後、全国労働組合総連合会宣伝部部長、党中央宣伝部長、労農紅軍第1方面軍政治部主任、中央軍事委総政治部副主任、第3軍団政治委員などを歴任。長征に参加。38年党北方局書記。45年党中央軍事委秘書長。48年党中央弁公庁主任、副秘書長。56年中央書記処候補書記。65年、党中央弁公庁主任を解任され、広東省党委に転任。66年に文革が始まると彭真、羅瑞卿、陸定一とともに「反党集団」として迫害され、逮捕され78年まで拘禁。78年に名誉回復後、広東省党委第2書記・副省長、広州市党委第1書記などを歴任。81年から中央軍事委常務委員兼秘書長、常務副主席となり、軍の近代化を進めた。82年から党政治局員。88年国家主席となる。93年国家主席、中央軍事委などを辞任。

楊振寧（よう・しんねい／1922－　）安徽省合肥市出身。42年西南連合大学卒。45年渡米。理学博士。57年「パリティ非保存の法則」の研究でノーベル物理学賞を受賞。林彪事件後、周恩来に中国の基礎科学教育の重要性を指摘した。

楊成武（ようせいぶ／1914－2004）　福建省長汀県出身。30年中国共産党入党。長征参加。建国後、北京軍区司令官など歴任。55年上将。65年羅瑞卿罷免の後、副総参謀長代理、中央軍事副秘書長。67年全軍革命小組副組長として奪権闘争に参加したが、林彪グループの攻撃に遭い、「楊・余・傅事件」で余立金、傅崇碧とともに失脚。73年名誉回復。83年政治協商会議全国委副主席。

姚文元（よう・ぶんげん／1932－2005）　四人組のひとり。文芸評論家。浙江省諸暨（しょき）県出身。48年中国共産党に入党。胡風批判運動で発表した論文が毛沢東の目に留まる。58年上海市委の理論雑誌「解放」の編集委員となり、同時に張春橋が編集長だった「解放日報」編集委員・文芸部主任を兼ねる。65年上海に来た江青が張春橋と「海瑞罷官」批判を組織し、姚が執筆者に選ばれる。

【ヤ－ヨ】

葉群（よう・ぐん／1917－71） 林彪の妻。福建省閩侯（びんこう）出身。38年延安に行き、42年林彪と結婚。建国後、林彪の秘書（林彪弁公室主任）を務める。67年全軍文化革命小組副組長、党中央軍事委弁事組メンバーなど。69年党政治局員。71年、息子の林立果らに毛沢東暗殺とクーデター計画を準備させたとされる。9月林彪らと軍用機で国外逃亡中、モンゴルで墜死。73年党から除名。

葉剣英（よう・けんえい／1897－1986）「十元帥」の一人で周恩来の盟友。毛沢東死去後、四人組逮捕で主導的役割を果たした。広東省梅県出身。雲南講武堂卒業後、広東革命政府軍に参加。24年黄埔軍官学校教授部副主任となり、同校における中国共産党の政治委員だった周恩来と知り合い、その影響で、27年に中国共産党入党。広州蜂起を指揮。28年モスクワの中国共産主義労働大学に留学。30年帰国後、党中央軍事委参謀長など歴任。34年長征に参加。41年より延安で中央軍事委参謀長として作戦指揮。45年党中央委員。国共内戦では解放軍参謀長などとして作戦指揮にあたる。建国後、党華南局第1書記、広東省人民政府主席兼広州市長、国防委副主席などを歴任。66年党中央書記処書記。党中央軍事委副主席兼秘書長として軍事委の日常業務を主宰した。文革期の67年の「二月逆流」で事実上、党と軍の指導的任務を解かれるが、71年の林彪事件後に復帰。73年党副主席、75年国防部長（国防相）。76年の四人組逮捕に決定的な役割を果たす。78年から全人代常務委員長、中央軍事委副主席、党副主席などを歴任。

揚献珍（よう・けんちん／1896－1992） 哲学者。湖北省鄖（うん）県出身。26年中国共産党に入党。マルクス・レーニン学院長、中共中央高級党学校校長などを務め、マルクス主義哲学を講義。56年から党中央委員、全人代代表、全国政協常務委員。59年に大躍進政策を批判。64年には「二を合して一とする」という弁証法哲学が、階級闘争を強調する毛沢東の「一が分かれて二になる」観点

崗山に後退し、土地革命を発動して農村革命根拠地を拡大した。30年労農紅軍第１方面軍が組織されると総政治委員となる。31年江西省瑞金に成立した中華ソビエト共和国臨時中央政府の主席になったが、毛に批判的な王明らの指導部はソビエト区での党権と軍権を接収した。

35年国民党軍に追われた長征の途上の政治局拡大会議（遵義会議）で、当時、軍権を握って党の中心的な指導者だった周恩来らを批判、自己批判に追い込んで指導権を回復した。長征でたどり着いた陝西省北部の延安に根拠地が築かれ、中央軍事委主席に就任した。37年から日中戦争が拡大すると、抗日民族統一戦線を展開。42年からの延安整風運動で反対派を粛清し、指導権を強固にした。43年党中央政治局主席に選出され、党の最終決定権を獲得、45年の第７回党大会で「毛沢東思想」が党の指導思想と定められる。土地改革によって農民大衆を共産党に引きつけ、46－49年の国共内戦に勝利した。49年中華人民共和国の樹立で中央人民政府主席に就任。50年には朝鮮戦争に参戦した。54－59年初代国家主席。

58年から「大躍進」運動と人民公社推進政策を強行し、59年の廬山会議で大躍進の失敗を指摘した国防相の彭徳懐を失脚させ、59年から61年にかけての３年間の自然災害と相まって大飢饉など被害を招いた。62年の七千人大会（党中央拡大工作会議）で自己批判を行う。その後、経済復興のための調整政策を推進する劉少奇らによって党や国家の実権を奪われつつあるとの危機感を抱く。このため、劉少奇を「資本主義の道を歩む実権派」と批判し、「実権派」「修正主義者」追い落としなどを目指し、66年に第二革命としてのプロレタリア文化大革命を発動した。死去５年後の81年に鄧小平の指導下で開かれた党11期６中総会の「歴史決議」（「建国以来の党の若干の歴史問題に関する決議」）によって、文革は全面否定されたものの、毛の歴史的役割は「功績第一、誤り第二」との評価が下された。

にさらされ、迫害に遭う。78年名誉回復。

彭珮雲（ほう・はいうん／1929－　）女性。湖南省瀏陽県出身。46年中国共産党に入党。49年清華大学社会学系卒業。建国後、清華大学党総支部書記。文革直前、北京大学党委副書記。66年に聶元梓の大字報で「北京大学の黒い一味」と批判され、迫害に遭う。四人組失脚後、名誉回復。その後、国家計画生育委員会主任などを歴任。92年党中央委員、98年全人代副委員長。

【マ－モ】

毛遠新（もう・えんしん／1941－　）毛沢東の甥。湖南省湘潭県出身。毛沢東の実弟である父・毛沢民が殺害されたため、幼少から毛沢東のそばで成長する。64年ハルビン軍事工程学院卒。文革開始後、黒竜江省紅色造反革命委員会を組織し、68年に遼寧省革命委員会副主任。その後、瀋陽軍区政治部副主任・政治委員、遼寧省党委書記などを歴任、「東北の太上皇」と呼ばれた。75年北京で毛沢東弁公室主任となり、毛沢東の連絡員として病床の毛の身辺で活動。76年四人組逮捕で隔離審査され、77年逮捕。86年瀋陽中級人民法院で懲役17年、政治権利剥奪４年の判決を受ける。

毛沢東（もう・たくとう／1893－1976）革命家で思想家、戦略家。中国革命を指導し、中華人民共和国の建国に導いた。死後、党から「プロレタリア文化大革命」発動の誤りを指摘され、「功績第一、誤り第二」との評価を受ける。30年代から終身、中国共産党の主席。詩作でも名高い。湖南省湘潭（しょうたん）県韶山冲の農家に生まれる。14年から18年まで湖南第１師範学校に学ぶ。五四運動の前後にマルクス主義に触れ、20年湖南共産主義小組を組織。21年中国共産党の創立大会に参加。23年中共第３回党大会で中央執行委員。このころから農民運動を重視し、武装闘争を唱えて次第に党の指導権を握っていく。27年中国国民党との武力対決を決めた緊急会議で臨時中央政治局の候補委員となり、湖南・江西省境界地区で「秋収蜂起」を指導するが失敗、江西・湖南省境の井

林彪墜死から３年後の74年に毛沢東が名誉回復を承認、北京軍区政治委員などに就く。

方志純（ほう・しじゅん／1905－93）　江西省弋陽県出身。24年中国共産党入党。弋陽県党委員会書記などを経て南部で遊撃戦を指導。建国後、江西省省長代理、江西省党委書記などを歴任。文革で「裏切り者」などと批判され、失脚。これは、59年に江西省廬山で党政治局拡大会議が開かれたとき、毛沢東とその前妻、賀志珍の再会に協力したことで江青の恨みを買ったからだともいわれる。75年５月に名誉回復。江西省革命委員会副主任、党中央規律委員会委員などに就く。

彭真（ほう・しん／1902－97）　劉少奇派の中心人物として文革初期に失脚した。山西省曲沃県出身。1923年中国共産党入党。唐山市党委書記、天津市党委書記、中央党学校副校長などを経て、45年党中央組織部長、党中央委員。建国後、政務院政法委副主任のあと51－66年北京市長、56－66年党中央書記処書記。60年ころから中ソ論争で活躍する一方、劉少奇、周恩来の下で中央の日常業務にかかわる。64年「文化革命五人小組」組長。呉晗の「海瑞罷官」への批判が始まると、呉晗を擁護したため、文革発動とともに失脚、文革中に激しいつるし上げに何度も遭う。79年名誉回復し全人代常務委副委員長、党政治局員。83－88年全人代常務委員長。

彭徳懐（ほう・とくかい／1898－1974）「十元帥」の一人で毛沢東の「大躍進」政策を批判して失脚した。湖南省湘潭県出身。湖南陸軍軍官講武堂を卒業。28年中国共産党に入党。長征に参加し、抗日戦争・国共内戦期には八路軍副総指揮、中国人民解放軍副総司令、同第１野戦軍司令員兼政治委員などを歴任。建国後、党中央西北局第１書記・西北軍政委員会主席。50年人民志願軍司令員兼政治委員として朝鮮戦争を指揮。54年から国務院副総理兼国防部部長として軍の近代化を推進。第６・７・８期党政治局員。59年の廬山会議で「大躍進」などの政策を批判する書簡を毛沢東宛てに出し、毛の怒りをかって職務解任。65年党西南局「三線」建設委員会副主任に任命される。文革開始とともに全国的な批判の嵐

て山西省で抗日運動後、太岳軍区政治委員、党華北局第1書記など歴任。45年党中央委員。建国後、政務院財政委副主任、財政部長、56年党政治局候補委員、国務院国家経済委主任兼国務院副総理。文革中、国民党の監獄からの出獄をめぐる〝裏切り者問題〟で林彪や康生らから激しく攻撃され失脚。79年党中央委員に復活し、国務院副総理などを経て、82年から92年まで中央顧問委員。

馬天水（ば・てんすい／1912－88） 河北省唐県出身。中国共産党には30年代に入党し、49年安徽省皖南区党委副書記。53年党華東局工業部長、55年上海市党委副書記、60年同党委書記。文革中、張春橋、江青らのちの四人組に従う。67年上海市革命委員会副主任、71年上海市党委書記、73年党中央委員。76年に四人組逮捕後、まもなく逮捕され、78年党籍剥奪。82年上海人民法院は心因性精神病を理由に起訴猶予。

馬連良（ば・れんりょう／1901－66） 著名な京劇俳優。北京市出身の回族。10歳で舞台に立つ。51年北京京劇団団長。60年に新編歴史京劇「海瑞罷官」の脚本を発注し、自ら海瑞を演じて毛沢東から称賛された。しかし、「海瑞罷官」批判をきかっけに文革が発動されると批判を受け、紅衛兵らから暴力的なつるし上げを受け、66年に死亡した（自殺説がある）。79年名誉回復。

範瑾（はん・きん／1919－2009） 浙江省紹興県出身。女性。38年中国共産党入党。八路軍総政治部前線記者団、「冀中（きちゅう）導報」社長などを経て、建国後、北京市党委宣伝部副部長、北京市副市長。52年から北京市党委機関紙「北京日報」社長。文革発動直後の66年北京市党委改組で北京日報社長を解任され、批判を受ける。75年北京市党委研究室主任として復活し、のち北京市人民代表大会常務委員会副主任などに就く。

傅崇碧（ふ・すうへき／1916－2003） 四川省通江県出身。33年中国共産党入党。華北軍区第10旅団旅団長、第19兵団軍長など歴任。55年少将。文革発動当時、人民解放軍北京衛戍区司令官として周恩来らの指示で古参幹部らの保護にあたる。68年、林彪、江青たちから反革命集団「楊・余・傅」事件の首謀者とされ、逮捕、解任。

人」「裏切り者」と断じ、批判キャンペーンの渦中で自殺。79年名誉回復。

陶鋳（とう・ちゅう／1908－69）　湖南省祁陽（きよう）県出身。26年黄埔軍官学校入学、中国共産党入党。27年南昌蜂起、広州蜂起に参加。29－33年福建省秘書長。33年国民党に逮捕され、37年中共の救援で釈放。湖北省党委宣伝部長。40年延安に入り、党中央軍事委秘書長、総政治部秘書長兼宣伝部長、遼寧、遼北省党委書記などを経て48年人民解放軍平津前線司令部代表として北平（現、北京）に潜入し、傅作義と無血開城を交渉。建国後、中南軍区政治部主任、党中南局第１書記兼広東省党委第１書記など歴任、66年党中央書記処書記に引き上げられ、党中央宣伝部長。文革発動で中央文革小組顧問（宣伝担当）となり、党政治局常務委員に大抜擢。67年劉少奇らへの批判に消極的とされ、江青ら文革小組メンバーからの攻撃を受け、毛沢東もこれを支持して失脚、急進派から激しいつるし上げに遭う。69年安徽省に移封され、病没。78年名誉回復。

唐聞生（とう・ぶんせい／1943－　）　米国生まれ。50年帰国。北京外語学院に学び、71年中国共産党入党。67年外交部に入り、通訳、北米大洋州局副局長を歴任。毛沢東の通訳も担当。78年免職となり、審査を受ける。

鄧撲方（とう・ぼくほう／1944－　）　鄧小平の長男。陝西省延安生まれ。65年中国共産党入党。文革中の67年鄧小平に連座して逮捕監禁。68年に在籍する北京大学で迫害を受けて下半身不随。80年カナダでの手術。82年帰国後、障害者事業にかかわる。89年蓄財疑惑が発覚し、鄧小平が一部職務を解任。84年中国国際友好連絡会顧問。88年国連特別賞受賞。

【ハ－ホ】

薄一波（はく・いっぱ／1908－2007）　山西省定襄県出身。25年中国共産党入党。31年国民党に逮捕され、党獄中支部書記。36年出獄し

表団長として訪ソし、フルシチョフらと渡り合った。その一方で、急進的な毛沢東の殖産政策「大躍進」が破たんした60年代初めには、〝白猫黒猫論〟で知られる現実主義的な経済調整策を重視。66年からの文革では劉少奇に次ぐ「資本主義の道を歩む党内第2の実権派」とされて失脚、軟禁状態となり、69年からは江西省に移封され、トラクター工場で労働した。73年いきなり国務院副総理で再復活し、74年国連特別総会に中国代表団長で出席。75年中央軍事委副主席、解放軍総参謀長、党副主席、党政治局常務委員となり、病身の周恩来に代わって党と政府の日常業務を担い、江青ら四人組との対立が先鋭化した。76年周恩来が死去し、大衆の追悼行動が第1次天安門事件を招くと、その責任を負わされる形で3度目の失脚。

しかし、毛沢東の死、四人組逮捕を経て、77年に3度目の復活を果たし、党副主席。78年第1副総理、78年12月の党11期3中総会で近代化に向けた路線転換を導いた。80年に華国鋒が国務院総理を辞任、81年の11期6中総会では文化大革命を否定した「歴史決議」を採択、華国鋒が党主席を退き、鄧小平は軍事委員会主席として最高指導者の地位を確立し、市場経済を大胆に導入した経済の改革・開放路線を突き進んだが、89年には民主化運動の盛り上がりを弾圧し、流血の第2次天安門事件を引き起こした。90年中央軍事委主席を辞任。92年改革・開放の加速を訴えた南巡講話を発し、5年後に病没。

鄧拓（とう・たく／1912－66） 福建省閩侯（びんこう）県出身。30年中国共産党入党。37年河南大学卒。晋察冀（しんさつき）辺区で晋察冀中央局宣伝部副部長、晋察冀日報社長など歴任。44年中国初の毛沢東選集を編集。建国後の50－59年党機関紙「人民日報」副社長、編集長、社長を務める。59年北京市党委書記、同党委機関紙「前線」編集長。61－62年「北京晩報」に随筆「燕山夜話」、同時に61－64年「前線」に呉晗、廖沫沙と随筆「三家村札記」をそれぞれ連載、社会を風刺した。66年の文革発動直前、毛沢東は燕山夜話と三家村札記を反党・反社会主義と批判、鄧拓を「悪共和国臨時中央政府財政人民委員兼財務部長。長征には参加せず、閩西（びんせい）で遊撃戦に加わる。のち新四軍政治部主任、党華中分局書記兼華中軍区政治委員など歴任。建国後、中南局第2書記兼第2政治委員などを経て53年党農村工作部長、54年国務院副総理。55年に農業合作化に慎重論を唱え、62年には農業の個別請負を支持して毛沢東から批判され、65年国務院副総理を解任され、全国政治協商会議副主席。文革中に攻撃され、病没。81年名誉回復。

鄧小平（とう・しょうへい／1904－97）　中国共産党を代表する軍事戦略家であり、指導的政治家。文革中は「党内第2の実権派」とされ失脚したが、毛沢東の死後5年ほどで党内の最高指導権を確立、中国を改革・開放路線へと大転換させ、鄧小平時代を築いた。四川省広安県出身。父親は地主。20年に働きながら学ぶ「勤工倹学」運動で渡仏、21年から25年まで鉄工所などで労働しながら勉学。現地で中国社会主義青年団在欧支部の指導者だった周恩来と親交を結ぶ。24年中国共産党入党。モスクワに数カ月滞在して26年帰国、国民革命軍第7軍政治委員。漢口、上海で中共中央委の活動をし、29年広西で百色蜂起などを指導。31年江西省瑞金を中心とする中央ソビエト区に移り、紅軍総政治部副主任、党機関紙「紅星報」編集長。33年王明ら左派の党中央による毛沢東批判で鄧小平も失脚。長征に参加し、まもなく中央秘書長として復活。抗日戦争期には八路軍総政治部副主任、129師団（師団長は劉伯承。のち人民解放軍中原野戦軍から第2野戦軍となる）政治委員。45年からの国共内戦でこの劉伯承・鄧小平軍の戦功は大きく、序盤の上党戦役や、勝利を決定づけた終盤の三大戦役のうち淮海（わいかい）戦役、さらには長江渡河作戦をやり抜いた。

49年の建国後、西南局第1書記などを経て政務院（のち国務院）副総理、54年国防委副主席、中央秘書長。55年党政治局員、56年政治局常務委員兼党総書記となり、文革で失脚するまで10年間にわたって党の日常組織業務を統括する。反右派闘争で陣頭指揮をとるなど毛沢東に忠実で、中ソ対立さなかの63年には中共代共産党入党。建国後、空5軍政治委員など。文革中の68年浙江省革命委員会第1副主任。71年林彪の息子の林立果のクーデター計画での指揮要員とされる。林彪事件後、隔離審査。四人組逮捕後の78年除名。

丁盛（てい・せい／1913－99）江西省于都県出身。30年工農紅軍に参加、32年中国共産党入党。長征に加わったあと、第4野戦軍の師団長などを歴任。建国後、新疆軍区副司令員などを務め、55年少将。文革中の68年広州軍区副司令員、のち司令員。73年南京軍区司令員となり、江青グループと接近。76年の四人組逮捕後、職務解任。82年解放軍軍事検察院が起訴免除の決定。

田家英（でん・かえい／1922－66）四川省成都市出身。中学時代の37年に反日運動に参加し、除籍。延安に行き、36年中国共産党入党。39年マルクス・レーニン学院で学ぶ。41年党政治研究室、43年党宣伝部を経て48年から毛沢東の秘書（～66年）。建国後、党中央弁公室副主任などを兼務、毛沢東選集の編集実務全般に関わる。59年の廬山会議では大躍進政策を批判して解任された彭徳懐の意見に内心で共鳴し、62年農業の個別請負に同調したとして毛沢東との関係に溝が生まれる。文革発動前後に急進派から「一貫した右翼」などと批判され、自殺。四人組失脚後、名誉回復。

鄧穎超（とう・えいちょう／1904－92）周恩来の妻。古参婦人革命家。河南省信陽区出身。15年天津第1女子師範に入学後、周恩来の指導する革命組織に参加。25年中国共産党入党。天津地区党委婦女部長。周恩来と結婚。28年党婦女部長。長征に加わった後、武漢、重慶など統一戦線工作。建国後の53年婦女連合会副主席、55年国際民主婦女連合会執行委員などを経て59年党婦女工作委員会書記。文革中はあまり表面に出ず、69年党中央委員。76年全人代常務委副委員長、78年党政治局員、83年全国政治協商会議主席などを歴任し、87年引退。実子はなく李鵬（全人代常務委員長）ら革命遺児を養子にした。

鄧子恢（とう・しかい／1896－1972）福建省竜岩県出身。25年中国国民党入党、26年中国共産党入党。31年江西省瑞金の中華ソビエト

陳独秀（ちん・どくしゅう／1879－1942）中国共産党草創期の指導者。安徽省安慶県出身。日本留学から帰国後、安徽省で革命運動。辛亥革命後の15年に上海で「青年雑誌（のち新青年）」を創刊。21年の中国共産党結成に尽力し、総書記など歴任。22年コミンテルンの方針を受け、国共合作に転換。27年に国民革命で中共が排除されると総書記を事実上解任される。29年党批判により除名。31年「中国共産党左派反対派」総書記。32年逮捕。37年の釈放後、四川省で隠遁生活を送る。

陳伯達（ちん・はくたつ／1904－89）毛沢東の秘書を務めた理論派で、文革で党中央文革指導小組組長となるが、のち失脚。福建省恵安県出身。上海労働大学に学び、27年中国共産党入党。ソ連留学。29年帰国し、31年北平（北京）の中国大学教授。37年延安で毛沢東の政治秘書となり、多くの論文作成に協力した。建国後、中国科学院副院長、中央宣伝部副部長など歴任。この間、毛沢東選集の編集に関わる。56年党政治局候補委員、58年発刊した党機関誌「紅旗」総編集。62年国家計画委員会副主任。

66年毛沢東の指示で文革の綱領的文書「五・一五通知」を起草、文革発動とともに中央文化革命指導小組組長。江青、張春橋たちと劉少奇、鄧小平らの文革への対応を批判、編集権を握った人民日報などを通じて文革を鼓舞し、多数の党・軍幹部の粛清に積極的に関与した。66年のうちに党政治局員、さらに政治局常務委員へと駆け上がる。69年党政治局常務員に再選され、党内序列４位となるが、このころ江青、張春橋らとの間に亀裂が生まれ、林彪に接近する。70年８月の党第８期２中総会で、林彪は国家主席への道を確保するため、国家主席廃止を考える毛沢東に国家主席に就任するよう主張、陳伯達は毛沢東「天才論」を唱えて林彪と共同戦線を張った。この「天才論」を毛沢東が「ペテン」と痛烈に批判し、陳伯達は失脚。81年「林彪・四人組裁判」で林彪反革命集団の主犯のひとりとして懲役18年、政治権利剥奪５年の判決。88年刑期満了で釈放。翌年病死。

陳励耘（ちん・れいうん／1919－2004）四川省成都市出身。38年中国捕され21年に強制送還。北京中法大生だった23年、中国共産党入党。27年武漢中央軍事政治学校で政治工作担当後、朱徳の部隊に入り、28年湖南蜂起に参加。井崗山で毛沢東部隊と合流、工農革命軍第4軍政治部主任。30年紅軍第6軍政治委員、第22軍長、32年江西軍区総指揮兼政治委員。長征では南方にとどまり遊撃戦を指導。その後、新四軍創設に関与し、41年新四軍長代理、45年新四軍長兼山東軍区司令員、党中央委員（～72年）。47年から華東野戦軍司令員など歴任し、49年第3野戦軍司令員兼政治委員として南京、上海など解放にあたり、上海市長兼務。

建国後、華東軍区司令員を兼務し、54年周恩来に呼ばれて国務院副総理、55年元帥、56年党政治局員（～69年）、58年周恩来の後を継いで国務院外交部長。文革中の67年、軍長老らと江青・林彪が対立した「二月逆流」で職務停止。その後も急進派による追い落とし攻撃が続き、69年には一介の中央委員に格下げ。地方に移封され工場労働。70年がん治療で北京に戻った。72年1月の追悼式に毛沢東は突然参列した。

陳再道（ちん・さいどう／1909－93）　湖北省麻城県出身。28年中国共産党入党。長征に参加後、中原野戦軍第2縦隊司令員など歴任。55年上将。武漢軍区司令員だった67年、造反派と軍区が対立した武漢事件の首謀者とされ、解任。71年林彪事件後に復活。75年中央軍事委顧問などを経て82年党中央顧問委員。

陳錫連（ちん・しゃくれん／1915－99）　湖北省紅安県出身。30年中国共産党入党。紅軍第4方面軍の連隊政治委員、八路軍の旅団副旅団長、第2野戦軍第3兵団司令員などを歴任。建国後の50年人民解放軍砲兵司令員、55年大将、59年瀋陽軍区司令員など。毛沢東の甥の毛遠新と近く、文革急進派を支持。68年遼寧省革命委員会主任、69年党政治局員。林彪墜死後の73年北京軍区司令員。75年国務院副総理兼中央軍事委常務委員。76年の毛沢東死後、一転して文革急進派の江青ら四人組逮捕に協力したが、80年党政治局員、北京軍区司令員、国務院副総理を解任。82年以降、党中央顧問委、さらに同常務委員。

張聞天（ちょう・ぶんてん／1900－76）　上海市出身。19年の五・四運動（反日学生運動）に加わり、20年から東京、サンフランシスコで苦学し、24年に帰国。25年中国共産党入党後、ソ連にわたり、コミンテルン東方部で活動。31年帰国し、党中央宣伝部長、政治局常務委員として最高指導部の一員となる。34年からの長征に参加、遵義会議で毛沢東の指導権確立を支持し、党総書記。38年以降、マルクス・レーニン学院長、党中央宣伝部長など歴任。建国後は外交部門に移り、51年駐ソ大使、54年から国務院外交部第1副部長（外務次官）。59年の廬山会議で毛沢東の大躍進・人民公社政策の問題点を指摘した彭徳懐に同調、毛沢東から「反党集団」の一員とされ失脚した。文革中も批判攻撃され、軟禁や地方に移封されながらも林彪、江青ら文革急進派への抵抗姿勢を維持した。四人組逮捕直前に病死。79年名誉回復。

陳雲（ちん・うん／1905－95）　中国共産党内で屈指の経済政策通とされた。上海市出身。上海商務印書館の植字工として働き、25年の五・三〇労働運動に参加、中国共産党入党。農民運動、労働運動に従事し、31年党中央委員、34年党政治局員兼白区（国民党支配地区）工作部長。長征途上の遵義会議で毛沢東を支持し、上海で地下活動。その後、コミンテルン中共代表団でモスクワに行き、37年延安に戻り、党組織部長。東北財政経済委員会主任などを経て、48年全国総工会主席。建国後、政務院（のち国務院）副総理兼財経委主任。56年党副主席。毛沢東の大躍進失敗後の経済困難に対処するため劉少奇らと経済調整を主導して毛沢東に冷遇され、文革では「資本主義復活の急先鋒」などと激しい攻撃を受けた。72年国務院副総理として復活、75年全人代常務委副委員長。78年党政治局常務委員兼副主席、82－87年も党政治局常務員、87－92年党中央顧問委主任。その経済理念は、計画経済の枠内で市場調節の役割を認めるもので、改革・開放にはくみしなかった。

陳毅（ちん・き／1901－72）　革命功臣の「十元帥」のひとり。のち外交部長（外相）。四川省楽至県出身。工業学校を出たあとの19年、働きながら学ぶ留学運動「勤工倹学」で渡仏、留学生のデモで逮

張春橋（ちょう・しゅんきょう／1917－2005？）　文革で台頭した「四人組」のひとり。山東省巨野県出身。32年省都、済南の中学入学後、国民党組織「華帯社」設立発起人のひとりとなり、雑誌「華帯」に小説を発表。35年上海に出て雑誌社で校正係をしながら文芸や評論を書き、「大晩報」の文芸欄に狄克（ディック）のペンネームで魯迅批判の論文を執筆し、魯迅が反論を発表した。38年延安に入り、中国共産党入党。理論宣伝畑を歩み、建国後、上海市党委機関紙「解放日報」社長兼編集長、上海市党委書記。65年、江青、姚文元とともに呉晗の「海瑞罷官」批判の論文作りを進め、姚文元の名で発表した。これが文革の狼煙（のろし）となる。

66年の文革発動後、江青たちの党中央文化革命指導小組の副組長。66年から67年にかけて王洪文ら造反派による上海市党委攻撃と奪権闘争を鼓舞し、初の革命委員会樹立につなげ、自ら上海革命委員会主任（のちに上海市党委第１書記）。その後も江青と一体となって軍長老や古参幹部らへの攻撃を仕掛け、数々の粛清に大きな役割を果たした。文革が収束期に入った69年に党政治局員。林彪派との対立で攻撃目標とされるが、71年に林彪が失脚（墜死）。その後、周恩来ら実務派の台頭を警戒した毛沢東の支持で73年政治局常務委員となり、同じく政治局常務委員兼副主席に大抜てきされた王洪文、政治局員の江青、姚文元と「四人組」を成す。75年国務院副総理、解放軍総政治部主任を兼任。江青らと復活した鄧小平への攻撃を展開し、76年１月の周恩来死後に鄧小平を失脚に追い込んだ。毛沢東死去翌月の76年10月、華国鋒、葉剣英ら主流派によってほかの四人組メンバーとともに逮捕。裁判では黙秘を続け、81年１月、死刑（執行猶予２年）、政治権利終身剥奪の判決。83年無期懲役に減刑。その後、死亡したとされる。

張鉄生（ちょう・てつせい／1950－　）　遼寧省興城県出身。73年労農兵学生として大学を受験し、白紙答案の裏に知識偏重型の入試を批判する文章を書く。毛遠新が英雄として扱い、鉄嶺農学院に入学。全人代常務委員となる。四人組逮捕後、懲役15年、政治権利剥奪３年。

譚震林（たん・しんりん／1902－83）　湖南省攸（ゆう）県出身。26年中国共産党入党。34年長征に加わり、43年から新四軍第６師団長兼政治委員、第３野戦軍副政治委員など。49年からは浙江省人民政府主席、江蘇省人民政府主席などを経て59年国務院副総理（この間、党政治局員）。文革中の67年には江青、林彪らの軍幹部攻撃に怒り、「二月逆流」の首謀者のひとりとして厳しい迫害を受け、地方で軟禁。林彪墜死後の73年党中央委に復活、75年全人代常務委副委員長、82年党中央顧問委副主任。

遅群（ち・ぐん／1932－99）　山東省乳山県出身。要人警護にあたる中央警衛隊「8341部隊」宣伝科副科長だった文革中の68年、毛沢東の指示で武闘派紅衛兵一掃の「毛沢東思想宣伝隊」とともに清華大学に進駐、同大党委書記兼革命委主任となり、江青たちの意を受けてさまざまな粛清に関与した。74年には清華大・北京大の「両校」をもじった「梁效」執筆グループを組織、鄧小平、周恩来批判などの宣伝工作を行った。四人組とともに失脚し、83年に懲役18年、政治権利剥奪４年の判決。

遅浩田（ち・こうでん／1929－　）　山東省招遠県出身。46年中国共産党入党。第３野戦軍の中隊政治指導員などを経て建国後、朝鮮戦争に従軍。60年軍事学校卒後、人民解放軍の各連隊や師団の政治委員。75年北京軍区副司令員、76年の四人組逮捕後に人民日報に派遣されて軍事管制を敷く。77年解放軍副総参謀長などのあと87年総参謀長、93年から現職の国務院国防部長（国防相）。97年から党政治局員。

張玉鳳（ちょう・ぎょくほう／1945－　）　毛沢東の晩年の女性秘書。黒竜江省牡丹江市出身。60年国務院鉄道部に入り、毛沢東専用列車の服務員をしていて気に入られた。70年から中南海の毛沢東の居宅で身辺の世話をする服務員となり、75年からは重要書類なども扱う機密秘書。76年に毛沢東が死去すると、江青らから毛文書の引き渡し攻勢を受けた。四人組逮捕後、江青らに内通した疑いで隔離審査されるが、四人組の裁判では江青らの罪状を証言。その後、檔案館（文献資料館）勤務。

入学。卒業後、北京大学で教職に就く。45年中国共産党入党、建国後、北京市党委高等教育機関委副書記などを経て、文革当初、北京市党委大学部副部長。北京市や大学の党委を批判した聶元梓の大字報で名指しの攻撃を受け、毛沢東がこれを支持したため、失脚。その後も紅衛兵らから暴力的な攻撃にさらされる中で病死した。80年名誉回復。

曹荻秋（そう・てきしゅう／1909－76） 四川省資陽県出身。29年中国共産党入党。上海、武漢などを中心に活動し、建国後、重慶市党委書記兼市長などを経て上海市党委書記兼市長。文革発動後、造反派による「奪権」闘争の標的とされ、失脚。その後も激しい迫害を受けた。78年名誉回復。

蘇振華（そ・しんか／1912－79） 湖南省平江県出身。28年平江農民蜂起に参加。30年中国共産党入党。34年長征に従軍し、第２野戦軍第５兵団政治委員などを経て、建国後、貴州軍区司令員など歴任し、57年から海軍政治委員、中央軍事委常務委員など。林彪派と対立し、文革で批判されて67年失脚。林彪死後に復職、75年中央軍事委常務委員。76年の四人組逮捕後、上海市党委第１書記兼上海市革命委員会主任として、上海における四人組派の粛清にあたった。77年政治局員となるが、78年にミサイル駆逐艦事故で政治的責任を問われて実権を失う。

孫玉国（そん・ぎょくこく／1941－ ） 河北省出身。20歳で旋盤工から人民解放軍に入り、63年中国共産党入党。69年黒竜江省軍区の烏蘇里（ウスリー）江河畔に駐屯する国境警備所長。同年３月に管内で起きた中ソ国境武力衝突（珍宝島事件）の戦功で戦闘英雄の称号。その後、黒竜江省軍区副司令員などを経て74年に瀋陽軍区副司令員（この間、73年には党中央委員）。同軍区政治委員の毛遠新を通じて江青たち四人組と関係を深めた。四人組逮捕の翌77年瀋陽軍区副司令員を解任。

【ター ト】

(24年入学)。27年中国共産党入党。広州蜂起に参加後、紅軍第4方面軍総指揮など歴任。長征では35年、毛沢東ら党中央・第1方面軍と合流するため陝西ソビエト区を出て西進するも、毛と意見対立した張国燾に従って途中で引き返した。36年延安に合流するが、毛沢東に批判された紅4軍の他の幹部とともに格下げされた。八路軍第129師副師団長、人民解放軍第18兵団司令員兼政治委員を経て、49年の建国後、人民解放軍総参謀長（～54年)。55年元帥。66年党政治局員。文革発動後の67年に中央軍事委文革小組組長となるが、軍長老批判に抵抗していわゆる「二月逆流」の首謀者のひとりとされ、文革中、繰り返し糾弾された。68年から69年にかけ北京機関車車両工場で労働に従事し、その後、地方に移封された。75年全人代常務委副委員長、77年党政治局員、78－80年国務院副総理兼国防相。

戚本禹（せき・ほんう／1931－2016）　山東省威海県出身。中央共青団学校を経て党中央弁公庁に派遣され、毛沢東の秘書で中央弁公庁副主任の田家英の秘書。のち信訪（投書・陳情）科長。61年、労働災害に関する調査報告や、63年には太平天国蜂起の指導者、李秀成を裏切り者と断定した論文が毛沢東に評価され、党機関紙「紅旗」歴史組組長。文革で江青らの中央文革指導小組メンバー、党・軍幹部攻撃の急先鋒として活動。68年毛沢東から極左派とされて失脚、身柄拘束。83年反革命宣伝扇動、破壊、掠奪罪などで懲役18年、政治権利剥奪4年。85年釈放。

翦伯賛（せん・はくさん／1898－1968）　湖南省桃源県出身。ウイグル族。1919年武昌商業専門学校卒、24年米カリフォルニア大学に留学し、経済学を学ぶ。26年帰国後、国民革命軍総政治部に入り、中国国民党入党。37年中国共産党入党。39年「歴史哲学教程」を出す。建国後、北京大学歴史系主任、62年同大副学長。文革直前、戚本禹が反マルクス主義的歴史観と批判する論文を発表、毛沢東が支持。文革中、紅衛兵らの暴力的つるし上げに遭い、68年軟禁中に妻とともに自殺。78年名誉回復。

宋碩（そう・せき／1923－69）　浙江省杭県出身。41年北京大学工学院

蕭勁光（しょう・けいこう／1903－89）　湖南省長沙市出身。20年毛沢東のロシア研究会に参加、21年モスクワの東方労働者共産主義大学留学。22年中国共産党入党。24年帰国し、北伐に加わり、27年レニングラード軍政学院に留学。帰国後、紅第３軍連隊政治委員など歴任し長征に参加。八路軍陝甘寧（せいかんねい）留守兵団司令員、人民解放軍第４野戦軍副司令員など歴任。建国後の50年海軍司令員（～80年）、54年国防部副部長兼任。文革期には林彪らの批判を受けながらも地位を保った。

聶元梓（じょう・げんし／1921－2019）　文革期の大学造反派の女性指導者。河南省滑県出身。38年中国共産党に入党、延安に入り、康生の妻、曹軼欧と知り合う。ハルビン市区党委宣伝部長などを経て63年北京大学哲学科講師となり、64年同大学哲学系党総支部書記。文革発動直後の66年５月、曹軼欧の勧めで北京市と北京大学の党委を攻撃する大字報（壁新聞）を大学構内に張り出し、毛沢東から「全国初のマルクス・レーニン主義の大字報」と称賛されて一躍全国に名をとどろかせ、北京大学文化革命委主任となって造反運動を指揮した。67年北京市革命委副主任、首都大学専門学校紅衛兵代表大会中核小組組長。68年他の紅衛兵指導者らとともに毛沢東から武闘を批判された。69年党中央委候補委員に選出されるが、まもなく下方され、78年「林彪・江青反革命集団に積極的に加担した」として逮捕、83年懲役17年、政治権利剥奪４年の判決。

徐景賢（じょ・けいけん／1933－2007）　上海市奉賢県出身。上海市党委写作組（執筆班）支部書記を経て、文革初期に張春橋ら急進派の側に立つ造反派として市党委の奪権闘争を行う。67年上海市革命委員会の成立で副主任となり、実質的に指導権を握った。69年党中央委員、71年上海市党委書記を兼任。76年の江青、張春橋ら四人組逮捕直前にクーデターを計画したとして逮捕。82年に上海市高級人民法院で懲役18年、政治権利剥奪４年の判決。

徐向前（じょ・こうぜん／1901－90）「十元帥」の一人。山西省五大県出身。第１次国共合作中に創設された黄埔軍官学校の第１期生員などを経て、長征に加わる。37年、八路軍晋察冀（しんさつき）軍区司令員兼政治委員、48年華北軍区司令員などを経て、建国後、人民解放軍副総参謀長、北京市長。54年人民革命軍事委副主席。55年元帥。58年国家科学技術委主任、59年中央軍事委副主席として原水爆開発を推進した。文革発動後の67年、急進派の攻撃に軍長老らが激怒した「二月逆流」に加わったとして批判されたが、林彪墜死後に復活し、76年の四人組逮捕で葉剣英に協力、政治局員となり、87年に引退。

蕭華（しょう・か／1916－85）　江西省興国県出身。30年紅軍に参加、中国共産党入党。34年長征に加わり、八路軍115師政治部主任、第４野戦軍特種兵司令員。建国後、人民解放軍空軍政治委員などを経て、61年軍総政治部主任代理、主任。文革発動後の67年軍文革小組副組長となるが失脚。75年復活し軍事科学院第２政治委員、77年蘭州軍区政治委員、83年全国政協副主席。

蔣介石（しょう・かいせき／1887－1975）　軍人出身の中国国民党の最高指導者であり、中国共産党を率いる毛沢東の宿敵。浙江省奉化県出身。９年新潟で日本陸軍の士官候補生として入隊。11年の辛亥革命後、孫文のもとで革命に身を投じた。広州で臨時政権を樹立した孫文を軍事面で補佐し、24年黄埔軍官学校の初代校長に就任。孫文死後、中共と対立し、28年南京国民政府主席に就任。この間に宋美齢と結婚。36年西安事件で張学良に監禁され、周恩来の調停で内戦停止を条件に釈放。45年抗日戦争後の重慶会議で国共はいったん和平に合意したが破綻し、49年この国共内戦に敗れて、80万国民党軍とともに台湾に渡った。その後、中華民国政府の正統性を主張して大陸反攻をスローガンに掲げ、台湾総統に就任した。

鐘漢華（しょう・かんか／1909－87）　江西省万安県出身。26年中国共産党入党。長征に参加。55年中将。67年武漢事件で、武漢軍区第２政治委員として文革急進派の王力の身柄を保護する。71年の林彪事件後、広州軍区副政治委員、装甲兵団政治委員、成都軍区司令員などを歴任。のち中央顧問委委員。

としに遭うが失脚しなかった。四川省儀隴（ぎろう）県出身。成都の高等師範学校卒。９年雲南陸軍講武堂に入学するとともに孫文の中国同盟会（のち国民党）に入る。11年の辛亥革命では雲南の武装蜂起に参加、地方軍閥内で地歩を固めるが、22年フランス経由でドイツにわたり、ベルリンで周恩来と会って中国共産党に入党。26年ソ連を経て帰国し、北伐に参加。27年南昌蜂起に加わるも失敗、部隊を率いて転戦しながら、28年井崗山で毛沢東の部隊と合流、工農革命軍４軍を組織して軍長となり、毛沢東を政治委員に据えた。工農革命軍はほどなく中国工農紅軍（紅軍と略称）となった。当時の紅軍が〝朱毛軍〟と呼ばれたのは朱徳の存在の大きさを示す。

29年、毛沢東とともに進軍して中央ソビエト区の下地を作り、30年紅軍総司令、31年中華ソビエト革命軍事委主席、34年党政治局員。この年、国民党軍に追われて紅軍は長征を開始、途上の遵義会議（党政治局拡大会議）で毛沢東の指導権確立を支持した。37年国共合作で紅軍を改称した国民革命軍八路軍の総司令として抗日戦を指揮。45年党政治局員、中央書記処書記。国共内戦で八路軍と新四軍が合流して生まれた中国人民解放軍の総司令。

建国とともに解放軍総司令のまま中央人民政府副主席、人民革命軍事委副主席。54年国家副主席兼国防委員会副主席。55年に就任した「十元帥」の序列１位。56年には党副主席兼政治局常務委員として毛沢東、劉少奇、周恩来とともに四人の最高首脳に列したが、政治的に目立った指導力は発揮しなかった。59－75年全人代常務委員長も兼ねた。この間の文革中には軍長老らへの攻撃を批判、林彪や江青ら急進派から「毛沢東に反対した」と糾弾され、政治局員に一時格下げされるが失脚はせず、林彪事件後、死去するまで政治局常務委員。

聶栄臻（じょう・えいしん／1899－1992）　四川省江津県出身。1919年、働きながらフランスで学ぶ留学運動「勤工倹学」で苦学生として渡仏。22年中国共産党入党。25年黄埔軍官学校の政治部秘書兼政治教官。南昌蜂起、広州蜂起に参加し、32年紅軍第１軍団政治委府の政務院（のち国務院）総理兼外交部長（総理は死去するまで、外交部長兼任は58年まで）となる。以後一貫して党副主席、政治局常務委員や中央軍事委副主席など最高指導部にあって政府と党の実務を取り仕切り、ほぼ党内序列３位以内の地位を保った。64年に「四つ（農業、工業、国防、科学技術）の近代化」を提唱し、近代国家建設への理想をもち続けたが、66年に始まった文化大革命に対し積極的に反対することはなく、ときに林彪や江青ら急進左派の攻勢にさらされながらも、毛沢東に忠実な実務者の顔を保ち続けた。

文革収束期に入った69年以降、実務派を率いて権限を拡大し、71年に林彪が失脚（逃亡途中にモンゴルで墜死）したあと、毛沢東に次ぐ党内序列２位となってさらに威信を高め、これに対抗する江青ら四人組との対立が深まる中で、死去した。

周小舟（しゅう・しょうしゅう／1912－66）湖南省湘潭県出身。31年北京大学に入学し、学生運動の指導者となる。35年中国共産党入党。北平（現在の北京）臨時市党委宣伝部長などを経て、延安時代に毛沢東の秘書となる。建国後、湖南省党委宣伝部長などを経て同党委第１書記をしていた59年、廬山会議（党政治局拡大会議および党第８期８中総会）で、毛沢東の「大躍進」の問題点を指摘した国防相の彭徳懐に同調し、失脚。文革発動後にも再批判され、自殺した。79年名誉回復。

周培源（しゅう・ばいげん／1902－93）江蘇省宜興県出身。59年中国共産党入党。24年清華学校（現清華大学）卒業後、米独などに留学し29年帰国。36－37年再渡米し、プリンストン高等研究所でアインシュタインの指導下、物理学を学ぶ。建国後、北京大学副学長、中国科学院学部委員などを歴任。72年以降、周恩来の指示で総合大学における理科教育改革の必要性を訴える論文を発表、四人組の批判に遭う。四人組失脚後、北京大学学長、第５期政治協商会議副主席などに就任。

朱徳（しゅ・とく／1886－1976）人民解放軍創建の立役者で「建軍の父」といわれ、毛沢東と並ぶ革命功労者とされた。文革で追い落

81年「林彪・四人組裁判」で主犯の一人と認定。

周宇馳（しゅう・うち／1940－71） 林彪の息子、林立果グループの主要メンバーとされ、空軍司令部弁公室処長として林立果が結成した秘密結社「連合艦隊」の事実上の参謀長となる。クーデター計画とされる「『五七一工程』紀要」の策定に参画し、林彪逃亡後、ヘリで脱出を図るが強制着陸させられ、短銃自殺。

周栄鑫（しゅう・えいきん／1917－76） 山東省蓬莱県出身。37年中国共産党入党。革命根拠地の延安で中央党学校教務処幹事。建国後、中央人民政府財政経済委員副秘書長、教育部副部長、秘書長など歴任。文革で批判されたが、75年に復活し国務院教育部長。しかし、再び四人組の攻撃に遭い、76年4月糾弾集会に引き出され、心臓発作を起こして翌日死亡した。77年名誉回復。

周恩来（しゅう・おんらい／1898－1976） 中華人民共和国建国後、死去するまで一貫して国務院総理（首相）を務めた。プロレタリア文化大革命を含め、激しい権力闘争の中でも常に最高指導部の座にあり、〝不倒翁（起き上がりこぼうし）〟の異名がつけられた。原籍は浙江省紹興市、生まれは江蘇省淮安県。17年天津南開学校卒後、日本に留学し、東亜高等予備校に学ぶが19年帰国、天津学生運動の指導者となる。20年フランスに渡り、現地で中国共産党員となる。24年帰国し、黄埔軍官学校政治部主任などを経て、27年党中央委員、政治局員、中央軍事委書記、中央秘書長を兼任。賀竜らと南昌蜂起を指揮する。28年政治局常務委員、組織部長、軍事委書記となり、この時期、党の実質的な最高指導者であった。国民党に追われた中国共産党は34年、江西の中央ソビエト区を放棄して長征を開始。35年に貴州省遵義での拡大政治局会議（遵義会議）で軍事指導の失敗を糾弾する毛沢東の批判を受け入れ、毛沢東の指導権確立に協力し、毛指導部に加わる。

36年、張学良らが国共内戦停止を訴えて蔣介石を監禁した西安事件で、中共代表として調停に入り、抗日民族統一戦線の下地を作った。45年政治局員。日本敗戦後の国共内戦期の46年、中央軍事委副主席兼総参謀長代理。中華人民共和国建国と同時に中央政軍政委宣伝部長などを経て、54－56年に党機関紙「人民日報」副総編集。文革中に批判され、四人組逮捕後の76年に総編集（編集長）、82年社長。83年全人代常務委員。精神汚染反対運動に対して人道主義を主張して人民日報退社。89年の天安門事件（第2次）では戒厳令に反対し批判を受ける。

呉法憲（ご・ほうけん／1915－2004）　江西省永豊県出身。30年労農紅軍に参加、32年中国共産党入党。長征に加わる。第4野戦軍第39軍政治委員など歴任。建国後、空軍政治委員・司令員など。55年中将。67年副総参謀長兼空軍司令員。69年党政治局員。70年8－9月の党9期2中総会（廬山会議）で林彪の腹心として四人組の張春橋の批判攻撃に加わり、その後、毛沢東から自己批判を迫られる。71年の林彪事件に加わったとされ、空軍司令員を辞任、73年党除籍処分。81年林彪・四人組裁判で懲役17年、政治権利剥奪5年の判決。

【サーソ】

謝静宜（しゃ・せいぎ／1935－2017）　河南省商丘出身。女性。68年毛沢東の指示で労働者・解放軍毛沢東思想宣伝隊として清華大に進駐し、清華大革命委副主任に就任。73年中央委員、北京市革命委副主任。江青の腹心の遅群とともに「右傾逆戻りに反対する運動」などを創出。74年北京大学の批林批孔小組と合流し、「梁効」と称する四人組の宣伝組織を結成する。四人組失脚後、隔離審査となり、党籍剥奪の上で職務解任されるが、後に起訴免除。

謝富治（しゃ・ふじ／1909－72）　文革中に国務院公安部長（公安相）として粛清に重大な関与をした。湖北省紅安県出身。30年紅軍に参加、31年中国共産党入党。36年長征に加わり、八路軍縦隊政治委員、第2野戦軍縦隊（軍団に相当）政治委員などを歴任。49年の建国後、雲南省党委第1書記などを経て、59年国務院公安部長、65年副総理兼公安部長。67年北京市革命委主任も兼務。69年党政治局員、71年北京市党委第1書記。72年病死。80年党から除名、復帰し、反右派闘争で「右派」摘発にあたる。62年党中央書記処書記、66年文革発動とともに「中央文革指導小組」顧問に就き、江青らに協力して劉少奇をはじめ党内の大規模な粛清に暗躍、隠然とした権勢を誇った。69年政治局常務委員、70年党中央組織宣伝組組長、73年党副主席。75年病死。80年党から除名、林彪・江青反革命集団の首謀者とされたが死亡のため刑事訴追されず。

江騰蛟（こう・とうこう／1919－2009） 湖北省黄安県出身。30年労農紅軍に参加、37年中国共産党入党。東北野戦軍115師政治部主任など。55年少将。文革中の67年南京軍区空軍政治委員。71年林彪の息子、林立果のクーデター計画とされる「『五七一工程』紀要」の総責任者に任命され、林彪事件後に逮捕。81年林彪・四人組裁判で懲役18年、政治権利剥奪５年の判決。

耿飈（こう・ひょう／1909－2000） 湖南省醴陵（れいりょう）県出身。28年中国共産党入党。34年長征に参加。八路軍第129師団第385旅団副旅団長、隴東（ろうとう）軍分区司令員など歴任。60年国務院外交部副部長、71年党対外連絡部長。76年の四人組逮捕時に中央電視台制圧を指揮。77年党政治局員、78年国務院副総理、79年中央軍事委常務委員兼秘書長、81年国防部長（国防相）、82年国務委員、第６期全人代常務委副委員長。

呉晗（ご・がん／1909－69） 京劇脚本として書いた「海瑞罷官」に対する批判が文革発動ののろしとなった。浙江省義烏（ぎきゅう）県出身。34年清華大学卒後、清華、雲南大学などで歴史教授。43年中国民主同盟加入。建国後、清華大歴史系主任・文学院長。北京市副市長。中国民主同盟副主席。57年中国共産党入党。59年「海瑞罷官」を書く。65年11月に姚文元の論文「新編歴史劇『海瑞罷官』を評す」が発表され、江青らによって反動的な「大毒草」との批判運動が展開された。これがきっかけで当時、北京市長の彭真ら北京市党委員会指導部への批判に発展、文革の幕開けとなる。文革中にも繰り返しつるし上げなど迫害を受け、自殺。

胡績偉（こ・せきい／1916－2012） 元「人民日報」社長。四川省威遠出身。四川大学在学中の30年代から党宣伝部門の仕事をし、西北画事業指導委委員、党中央宣伝部映画処長などの肩書を持つが、活発な政治的活動はしていない。64年毛沢東の後押しで文化芸術批判を始め、「京劇革命」をうたって革命模範劇の創作なども推進した。

65年11月、張春橋と協力して姚文元に執筆させた「新編歴史劇『海瑞罷官』を評す」を上海の文匯報などに発表させ、これが文革ののろしとなった。66年4月に林彪が後ろ盾となって「部隊文芸工作座談会紀要」を出し、「文芸界の黒い反動路線」に強く警告した。66年5月、文革の正式発動とともに組織された「中央文化革命指導小組」第1副組長となって文革急進派の最先頭に立ち、劉少奇、鄧小平ら中央指導者や軍長老らを標的とした批判攻撃を展開し、失脚に追い込んだ。文革後退期に入りつつあった69年の第9回党大会で政治局員となったが、文革でともに権勢を誇った林彪が71年に失脚し、周恩来を中心に実務派も伸長して勢いを失った。しかし、73年4月に鄧小平が復活すると、それとバランスをとるように文革急進派の王洪文がいきなり党政治局入りして党副主席に、張春橋が政治局常務委員となり、政治局員の姚文元を含めて「四人組」が形成され、鄧小平、周恩来らに対抗した。76年1月に周恩来が死去すると攻勢に転じて鄧小平の追い落としに成功、同年9月の毛沢東死去とともに一気に権力掌握に動いたが、同年10月6日華国鋒、葉剣英ら主流派によって他の「四人組」メンバーとともに逮捕された。81年「反革命集団」の首謀者として最高人民法院特別法廷で死刑（執行猶予2年）判決を受けた。83年無期懲役に減刑されたが、91年自殺。

康生（こう・せい／1898－1975）　山東省膠（こう）県出身。25年中国共産党入党。30年党中央審査委員、31年党中央組織部長。33年ソ連に行き、党の駐コミンテルン代表団副団長。34年党政治局員。37年帰国し、延安入り。党中央社会部長から情報部長となり「反党分子」摘発など特務工作に従事し、42年からの延安整風運動で多数の幹部粛清に関係した。建国後、党山東分局書記となるが病気を理由に長期間、党活動を休む。56年党政治局候補委員として黄永勝（こう・えいしょう／1910－83） 湖北省咸寧県出身。27年中国共産党入党。長征に参加。第4野戦軍13兵団司令員など歴任。建国後は広州軍区司令員など。55年上将。文革が発動され、68年に広東省革命委員会が成立すると主任となり、「広東地下党」「反革命集団」の粛清事件を起こし、大量の拘留、迫害を行ったとされる。68年軍総参謀長、党中央軍事委弁事組長。69年党政治局員。71年林彪事件に関与したとされ、職務解任。81年の林彪・四人組裁判で懲役18年、政治権利剥奪5年。

黄華（こう・か／1913－2010） 河北省磁県出身。学生運動を経て36年中国共産党に入党し、延安に入る。米ジャーナリスト、エドガー・スノーの毛沢東との会見を通訳。朱徳の政治秘書、党海外工作委秘書長などを経て、建国後、毛沢東とスチュアート米大使との接触に関与。53年朝鮮戦争停戦政治交渉の中国代表、駐カナダ大使など歴任。71年米中秘密接触を担当後、国連主席代表。76－83年国務院外交部長（外相）。87年党中央顧問委常務委員。

黄克誠（こう・こくせい／1902－86） 湖南省永興県出身。25年中国共産党入党。北伐に参加、紅軍総政治部組織部長、新4軍第3師団長、東北軍区副司令員など歴任。建国後、湖南省党委書記、人民解放軍副総参謀長から総参謀長。59年の廬山会議で毛沢東の大躍進政策を批判した彭徳懐に同調し、「反党集団」メンバーとされて解任。文革中も批判された。77年中央軍事委顧問、78年名誉回復し、党中央規律検査委常務書記、82年同委第2書記。

江青（こう・せい／1915－91） 毛沢東の3番目の妻。「四人組」の中心。本名は李進。山東省諸城県出身。大工の父親と別れて地主の住み込みとなった母親と暮らす。29年山東実験劇院入学。33年青島に出て青島大学図書館員となる。この年、中国共産党入党。34年上海で俳優生活に入る。34年国民党当局に逮捕され、釈放後も「藍蘋（らんぴん）」の芸名で映画や舞台で活動を続けた。このころ映画監督の唐納と結婚するがまもなく離婚し、37年革命根拠地の延安に入り、毛沢東に見初められた。38年毛沢東と結婚、江青と改名。女児、李訥をもうける。建国後、政務院（政府）文化部映

姫鵬飛（き・ほうひ／1910－2000）　山西省臨猗（りんい）県出身。31年労農紅軍に参加、33年中国共産党入党。長征に加わる。建国後、外交部（外務省）入り。50年駐東ドイツ大使、52年外交部副部長、71年外交部長代理、72－74年外交部長として周恩来を支える。75年全人代常務委員兼秘書長。78年中央対外連絡部長、国務院副総理。82－90年国務院香港マカオ弁公室主任。

邱会作（きゅう・かいさく／1914－2002）　江西省興国県出身。29年労農紅軍に参加。32年中国共産党入党。長征に参加。第４野戦軍第45軍政治委員など歴任。建国後、華南軍区政治部主任など。55年中将。59年軍総後勤部長。69年党政治局員。70年の党９期２中総会（廬山会議）で林彪の国家主席就任のための工作に加わり、毛沢東から自己批判を要求される。71年の林彪事件に関与したとして、辞任、73年党除籍。81年林彪・四人組裁判で懲役16年、政治権利剥奪５年の判決。

喬冠華（きょう・かんか／1913－83）　江蘇省塩城県出身。33年清華大卒。33－35年日本留学（東大）、35－38年ドイツ留学。39年中国共産党入党。42年重慶の「新華日報」編集責任者。46年「新華社」華南分社長。49年建国後、国務院外交部外交政策委員会副主任、54年外交部長補佐、64年外交部副部長。文革初期に急進派から批判。74年外交部長（外相）。76年江青ら四人組に協力したとして免職。

金祖敏（きん・そびん／1935－97）　浙江省紹興市出身。60年中国共産党入党。66年上海で労働者造反組織に参加、上海市革命委副主任など歴任。江青の腹心として四人組の奪権闘争に加担。四人組逮捕後、全職務を解任され、党除名。

倪志福（げい・しふく／1933－2013）　江蘇省川沙（現、上海市）出身。50年上海青工政治学習班などで学び、北京永定機械廠総工程師となる。58年中国共産党入党。69年党中央委員。73年党政治局候補委員。その後、北京市党委書記、上海市革命委第１副主任、天津市党委書記などを経て、82年党政治局員。88年から全人代常務委副委員長。

中の傷や病気治療も兼ねて37年モスクワに行き、東方労働者共産主義大学で学ぶ。この間、毛沢東は江青と知り合って38年に同居し、のち結婚。賀子珍との離婚時期は不明。47年帰国し、上海市党委組織部長などしたあと江西省南昌に移る。76年毛沢東が死去し、江青らが逮捕されると、79年公職に復帰し、第5期政治協商会議全国委員会委員に選出された。

賀竜（が・りゅう／1896－1969）　湖南省桑植県出身。孫文に共鳴して16年に農民蜂起などを組織、湖南省、四川省を転戦したあと、26年北伐に参加、27年南昌蜂起の部隊総指揮にあたった。その年、中国共産党入党。紅第2方面軍総指揮などとして各地で革命戦に従事し、長征に参加。抗日戦争開始後は八路軍第120師団長、西北軍区司令員などを務めた。49年の建国後、西南軍区司令員、国務院副総理兼国家体育運動委員会主任など歴任、55年に誕生した「十元帥」の一人。56年党政治局員、59年党中央軍事委副主席。66年の文革発動後、林彪の追い落としに遭い、「大軍閥」などと批判された。周恩来も協力して北京西郊に保護されたが、林彪、江青らから逆に軟禁状態にされ、迫害の中で没した。74年に名誉回復の動きがあったが不十分だったとして、82年に党中央が名誉回復の徹底を決定。

関鋒（かん・ほう／1918－2005）　山東省慶雲県出身。33年中国共産党入党。58年党機関紙「紅旗」編集委員、のち副総編集。66年文革公式発動の「5・16」通知の起草に参加、中央文革小組メンバー、軍総政治部副主任。67年全軍文革小組副組長。7月に軍内の造反派に奪権を呼びかけ、8月極左分子として王力とともに失脚。四人組逮捕後、党籍剥奪（起訴免除）。

紀登奎（き・とうけい／1923－88）　山西省武郷県出身。38年中国共産党入党。49年河南省許昌地区党委書記、59年洛陽地区党委第1書記、63年河南省党委常務委員兼秘書長、68年河南省革命委副主任。69年党政治局候補委員に抜擢され、73年政治局員。75年国務院副総理となるが、80年華国鋒失権とともに失脚。83年国務院農村発展研究センター研究員。

中央統戦部副部長など歴任。建国後、南京市長、江蘇省党委書記などを経て58年上海市長から党中央華東局第１書記。毛沢東の大躍進政策を積極的に推進した。65年国務院副総理。

華国鋒（か・こくほう／1921－2008）　毛沢東死去後の中国共産党主席。山西省交城県出身。38年入党。交城県抗日救国会主任、交城県、陽曲県党委書記などを歴任。建国後、湖南省湘陰県党委書記、湖南省党委統一戦線部長。55年、農業問題に関する論文が毛沢東に気に入られ、59年の廬山会議で湖南省党委第１書記の周小舟が失脚すると、毛沢東が同党委書記に指名した。66年の文革初期には急進的な造反派に抵抗したが、67年に「毛主席の革命路線に戻る」と自己批判、毛沢東に称賛された。68年湖南省革命委員会副主任、69年党中央委員、70年湖南省党委第１書記、72年毛沢東の指名で国務院業務組副組長となり、党政治局会議に列席。73年政治局員、75年国務院副総理兼公安部長。

76年１月の周恩来死去で国務院総理代行に毛沢東が指名、同年４月党第１副主席兼国務院総理。同年９月に毛沢東が死去し、10月には葉剣英らと協力し、毛沢東未亡人の江青ら四人組逮捕に踏み切り、政治局会議で党主席・中央軍事委主席に指名、77年党第10期３中総会で指名を承認。その年、毛沢東路線の堅持を主張する「二つのすべて」方針を提起して鄧小平らと確執が生まれ、80年８月国務院総理辞任、12月政治局拡大会議は党主席・中央軍事委主席の辞任を通達。81年６月党第11期６中総会で党副主席（政治局常務委員）に降格、82年９月第９回党大会で肩書は党中央委員だけとなる。

賀子珍（が・しちん／1909－84）　毛沢東の２番目の妻。江西省永新県出身。25年、中国共産党の青年組織「中国共産主義青年団（共青団）」に加入、26年入党。党永新県婦女委書記などを経て初期の革命根拠地、井崗山に入る。中央軍事委などで毛沢東の秘書役をし、28年毛沢東と結婚（毛沢東は21年に恩師の娘、楊開慧と結婚し、３人の息子がいたが当時は別居中だった）。長征に参加した後、延安で長女嬌嬌（李敏）を出産。抗日軍政大学を経て、長征

64年党中央対外連絡部副部長。66年の文革発動後、中央文革小組メンバーとなる。67年7月に武漢で反軍区の造反派を扇動して反対派の軍民集団に拉致され、救出される（武漢事件）。8月には国務院外交部内で造反派の奪権を呼びかけ、北京の英国代理大使館焼き打ち事件が発生。毛沢東の承認で関鋒、戚本禹とともに失脚。

【カ－コ】

蒯大富（かい・だいふ／1945－　）　文革で台頭した典型的な武闘造反派。江蘇省濱海県出身。文革発動当時、清華大学生で文革急進派の造反学生組織「井岡山兵団」の指導者。「首都大学専門学校紅衛兵代表大会」中核組副組長、北京市革命委員会常務委員となり、王光美批判闘争大会や劉少奇引きずり出し運動を組織し、反対派との派手な武闘を展開した。68年極左分子と批判され、寧夏回族自治区の工場労働者として下放。71年林彪事件との関連で隔離審査を受け、北京の工場で監視下に置かれながら労働。78年逮捕、83年反革命罪で懲役17年の判決。87年釈放。

郭沫若（かく・まつじゃく／1892－1978）　中国現代文学の開拓者で、社会運動家。四川省楽山県出身。地主の家庭に生まれ、辛亥革命に触れて学生活動に参加。13年に訪日、一高予科から六高、九州大学医科。帰国後、国民革命軍総政治部秘書長として北伐戦争に加わる。27年南昌蜂起に参加後、中国共産党入党。国共分裂後の28年再来日し、10年間、千葉県市川市で亡命生活。盧溝橋事件後、帰国して抗日文化宣伝工作に参画。建国後、政務院副総理、中国社会科学院院長、中日友好協会名誉会長、第1－3期全人代常務委副委員長など歴任。文革発動後、毛沢東に自己批判を迫られ、迫害を受ける。文革後の78年全人代常務委副委員長、全国政治協商会議副主席。

柯慶施（か・けいし／1902－65）　安徽省歙（きゅう）県出身。22年中国共産党入党。2回の訪ソ後、26年安徽省党委書記、中央秘書長、官学校入学。27年中国共産党入党。長征に参加し、八路軍第359旅団長兼政治委員。49年第1野戦軍第1兵団司令員として西安、新疆入りした。54年新設の鉄道建設兵団司令員兼政治委員。55年上将。56年国務院農墾部長、党第8期中央委員。文革で批判され68年から72年まで江西省紅星開拓場に下放されたが、75年国務院副総理。76年の逮捕で重要な役割を果たし、78年党政治局員、82年中共中央党校校長、83年中日友好協会名誉会長。85年党中央顧問委副主任、88年国家副主席。

汪東興（おう・とうこう／1916－2015）江西省弋陽（よくよう）県出身。32年中国共産党入党。34年長征に参加。建国後、公安部第9局長、公安部副部長、江西省副省長、党中央弁公庁副主任兼中央警衛局長。文革発動直前の65年11月、楊尚昆の失脚で中央弁公庁主任。文革中は管轄していた要人警護の中央警衛部隊（8341部隊）司令員として劉少奇、鄧小平らの身柄拘束・護送の責任者となる。69年政治局候補委員、73年政治局員。76年の四人組逮捕では積極的な役割を果たすが、77年、党主席の華国鋒とともに毛沢東路線の堅持を主張する「二つのすべて」方針を提起して鄧小平らと対立。同年党副主席となるが、78年に政治局会議で中央弁公庁主任を解任、80年2月、党第11期2中総会で党と国家の指導的職務を解職。82年党中央委候補委員、85年中央顧問委員。

王任重（おう・にんじゅう／1917－92）河北省景県出身。33年中国共産党入党。建国後、湖北省党委第1書記、武漢人民解放軍部隊第1政治委員、党中南局第1書記など歴任。66年5月の文革発動で中央文革小組の副組長となるが、江青ら急進派と確執。67年から「反革命修正主義分子」とされて本格的な批判を受け、失脚。江青ら四人組逮捕後に復活し、78年陝西省党委第1書記、国務院副総理、中央書記処書記兼宣伝部長など歴任。83年第6期全人代常務委副委員長。

王力（おう・りき／1921－96）江蘇省淮安（わいあん）県出身。39年中国共産党入党。党山東分局で「大衆日報」記者。山東渤海区党委宣伝部長を経て、建国後、河北省副省長、「紅旗」副総編集。

王光美（おう・こうび／1921－2006）故・劉少奇国家主席の妻。父は天津の民族資本家。43年北平輔仁大学物理系卒、45年理学修士となり、同大物理系助手。そのころ革命運動に参加、46年軍事調停執行部の中共側通訳。同年延安に入り、48年中国共産党入党、劉少奇と結婚。49年党中央弁公庁に配属され、以後、劉少奇の秘書。66年の文革初期、劉少奇の指示で工作組メンバーとして北京の清華大に赴き、急進左派学生を批判。毛沢東が工作組は学生を弾圧したとして劉少奇らを叱責し、王光美も清華大で自己批判を迫られる。67年、劉少奇批判の激化とともに王光美もつるし上げなどの迫害を受ける。67年９月、毛沢東の妻、江青が主導する王光美特別審査組によって「米国、日本、国民党のスパイ」などとされて逮捕、投獄。江青ら四人組逮捕から２年後の78年10月釈放、79年名誉回復。中国社会科学院外事局長、第５期全国政協委員、第６期全国政協常務委員。

王洪文（おう・こうぶん／1935－92）文革で台頭した「四人組」のひとり。吉林省長春市出身。52年中国共産党入党。朝鮮戦争に従軍、復員後、上海綿紡績第17工場の労働者。文革が始まると急進左派を組織して「上海市工人（労働者）革命造反総司令部」の指導者となり、上海市党委員会からの「奪権」闘争を展開、67年２月に上海市革命委員会副主任となる。その後も反対派が支配する工場などに武闘を仕掛け、69年党第９期中央委員に選出。毛沢東に期待をかけられて73年党第10期政治局常務委員、副主席に大抜擢され、江青、張春橋、姚文元と「四人組」を構成した。毛沢東死後の76年10月、江青らとともに逮捕され、81年１月、最高人民法院特別法廷で無期懲役の判決を受け、服役中に病没。

王若水（おう・じゃくすい／1926－2002）湖南省出身。北京大学哲学系卒。建国後、人民日報の理論部門で働き、のちに編集委員。文革後の72年に極左思潮を批判、80年代には社会主義における疎外を論じ、ヒューマニズム擁護を唱えた。89年の天安門事件（第２次）で民主化運動を扇動したとされ、93年米国に移住した。

王震（おう・しん／1908－93）軍人。湖南省瀏陽県出身。25年黄埔軍

人名録（上・下巻）

【ア－オ】

ウランフ（烏蘭夫／1906－88）　現在の内蒙古自治区出身のモンゴル人。1925年中国共産党入党。モスクワ留学後、29年から内蒙古で活動。38年延安入り。47年内蒙古自治政府主席。54年国務院副総理、党8期中央委員。文革期の67年、民族分裂を画策したとして批判され失脚。73年に復活し党第10期中央委員、75年第4期全国人民代表大会（全人代）常務委員会副委員長。83－88年国家副主席。

王維国（おう・いこく／1919－93）　河北省元氏県出身。空4軍政治委員だった69年末、林彪の息子、林立果の花嫁探しグループを組織、70年に林立果はこれを自分の私的集団とした。71年、林立果らのクーデター計画とされる「『五七一工程』紀要」で指揮者の一人となり、林彪事件後、隔離審査を受け、懲役14年、政治権利剥奪3年の判決。

王恩茂（おう・おんも／1913－2001）　軍人。江西省永新県出身。30年中国共産党入党。長征に加わり、八路軍第359旅団副政治委員、第1野戦軍第2軍政治委員など歴任。49年新疆入りし、55年中将。建国後から文革期まで新疆の指導者として新疆ウイグル自治区党委第1書記、新疆軍区司令員兼政治委員など歴任。党8期中央委員。文革初期に造反派に攻撃されるが、68年新疆ウイグル自治区革命委員会副主任。その後、南京軍区副政治委員、吉林省党委第1書記、新疆ウイグル自治区党委第1書記など歴任。党第11期、12期中央委員、86年政治協商会議全国委副主席など。

王海容（おう・かいよう／1938－2017）　湖南省湘潭県出身。女性。父親の王季範は毛沢東のいとこ。北京外語学院英語系を出て、国務院外交部で通訳。71年中国国連代表団副団長などを経て72年外交部長補佐、74年外交部副部長。四人組逮捕後、職務解任。のち復権し、国務院参事室副主任など。

本書は平成十三年三月に刊行された扶桑社文庫
「毛沢東秘録　上・中・下」を再刊したものです。

写真・参考／新華社・中国通信・UPI・サン・AP・
産経新聞社

産経NF文庫

毛沢東秘録 下

二〇二一年二月二十二日 第一刷発行

著者 産経新聞「毛沢東秘録」取材班

発行者 皆川豪志

発行・発売 株式会社 潮書房光人新社

〒100-8077 東京都千代田区大手町一-七-二

電話／〇三-六二八一-九八九一(代)

印刷・製本 凸版印刷株式会社

定価はカバーに表示してあります

乱丁・落丁のものはお取りかえ致します。本文は中性紙を使用

ISBN978-4-7698-7032-6 C0195

http://www.kojinsha.co.jp

産経NF文庫の既刊本

毛沢東秘録 上

産経新聞「毛沢東秘録」取材班

覇権を追い求め毛沢東時代に回帰する現代中国。なぜ鄧小平が定めた集団指導体制を捨て、独裁と覇権という中世に歴史の歯車を戻そうとするのか。中国共産党が毛沢東とともに歩んだ血みどろの現代史を知らずして習近平の心のうちを読むことはできない!

定価〈本体880円+税〉 ISBN978-4-7698-7031-9

プーチンとロシア人

木村 汎

ロシア研究の第一人者が遺したプーチン論の決定版! 防衛的膨張主義——防衛の名目のもとに、結果においてはれっきとした膨張に終わる——に代表されるロシア人の本質を知らなければプーチンは解けない。その闘争哲学を人間学的アプローチで読み解く。

定価〈本体900円+税〉 ISBN978-4-7698-7028-9

産経NF文庫の既刊本

中国人の少数民族根絶計画

楊 海英

香港では習近平政権に対する大きな抗議活動が続き、「改造」政策に対する懸念が広がる。さらに内モンゴル、チベット、ウイグルへの中国の少数民族弾圧は凄まじさを呈している。内モンゴルに生まれ、中国籍を拒絶した文化人類学者が中国新植民地政策に対して警告する。

定価〈本体830円＋税〉 ISBN978-4-7698-7019-7

中国人が死んでも認めない 捏造だらけの中国史

黄 文雄

真実を知れば、日本人はもう騙されない！中国の歴史とは巨大な嘘！中華文明の歴史が嘘をつくり、その嘘がまた歴史をつくる無限のループこそが、中国の主張する「中国史の正体」なのである。だから、一つ嘘を認めれば、歴史を誇る「中国」は足もとから崩れることになる。

定価〈本体800円＋税〉 ISBN978-4-7698-7007-4

産経NF文庫の既刊本

北朝鮮がつくった韓国大統領 文在寅

龍谷大学教授 李 相哲

「積弊清算」と称し、前政権の高官を次から次へと逮捕、起訴し、日本との間で結んだ前政権との約束を反故にする動きを露骨に見せてきた文在寅——その登場以後、韓国は「従北・親中、反日・脱米」の傾向を強めている。朝鮮半島問題を攪乱する文政権の秘密を探る。

定価〈本体810円+税〉 ISBN978-4-7698-7022-7

金正日秘録 なぜ正恩体制は崩壊しないのか

龍谷大学教授 李 相哲

米朝首脳会談後、盤石ぶりを誇示する金正恩。正恩の父、正日はいかに権力基盤を築き、三代目へ権力を譲ったのか。北朝鮮研究の第一人者が機密文書など600点に及ぶ文献や独自インタビューから初めて浮かびあがらせた、2代目独裁者の「特異な人格」と世襲王朝の実像!

定価〈本体900円+税〉 ISBN978-4-7698-7006-7